KARIN SCHREINER

EIN PAAR – ZWEI KULTUREN

fischer & gann

KARIN SCHREINER

EIN PAAR – ZWEI KULTUREN

SO GELINGT DIE LIEBE IN EINER GLOBALISIERTEN WELT

fischer & gann

Bibliografische Information der Deutschen Nationalbibliothek:
Die Deutsche Nationalbibliothek verzeichnet diese Publikation
in der Deutschen Nationalbibliografie; detaillierte bibliografische Daten
sind im Internet über http://dnb.d-nb.de abrufbar.

Umschlaggestaltung | Layout: Gesine Beran, Turin | Hamburg
Umschlagmotiv: © 2/Janne Savon/Ocean/Corbis
Gesamtherstellung | Druck: Aumayer Druck + Verlag Ges.m.b.H & Co KG, Munderfing
Printed in the European Union

ISBN 978-3-903072-01-5
ISBN E-Book: 978-3-903072-12-1
www.fischerundgann.com

INHALT

VORWORT

DIESES BUCH IST ERGEBNIS LANGJÄHRIGER AUSEINANDERSETZUNG mit der interkulturellen Thematik. Dabei bilden die Interviews mit interkulturellen und interreligiösen Paaren den Kern der Arbeit. Ich habe insgesamt 25 Interviews mit Paaren oder Einzelpersonen aus ganz unterschiedlichen Ländern geführt. Die Auswahl der Personen war willkürlich und beschränkte sich auf den Radius eigener und einiger neuer Netzwerke. Für die Interviews hatte ich einen Katalog offener Fragen vorbereitet, überließ es dann allerdings eher den Gesprächspartnern, welche Themen sie zur Sprache bringen wollten. Die Nähe, die dabei im Gespräch entstand, habe ich als etwas Besonderes erlebt. Daher möchte ich mich bei allen meinen Interviewpartnerinnen und -partnern sehr bedanken, denn sie haben dieses Buch erst ermöglicht. Die Neugierde, das Interesse und die Offenheit, die mir von allen Gesprächspartnern entgegengebracht wurden und die in den Interviews ihren Niederschlag finden, haben mich zutiefst berührt. Die Interviews sind in anonymisierter Form wiedergegeben und beschränken sich auf wesentliche Aspekte interkultureller Paarbeziehungen.

Mein Dank gilt auch einer weiteren Personengruppe, die mich in meinen theoretischen Ausführungen sehr unterstützt hat: Fachexpertinnen und -experten aus Psychotherapie, Paartherapie, Mediation und systemischer Therapie sowie Beraterinnen und Beratern für interkulturelle und interreligiöse Paare, mit denen ich ausführliche Gespräche führen konnte. Die Einsichten, die ich dabei gewann, sind in meine Ausführungen eingeflossen. Die Namen und Referenzen dieser Personen finden Sie in den Anmerkungen.

EINLEITUNG

EIN PAAR – ZWEI KULTUREN

WENN PAARE AUS ZWEI UNTERSCHIEDLICHEN KULTUREN KOMMEN, stehen sie in ihrem Alltag immer wieder vor Herausforderungen. Wie gehen sie mit diesen interkulturellen Herausforderungen um? Wie können die Partner die Tatsache, dass sie an Lebensentwürfe und Alltagsthemen unterschiedlich herangehen, als Gewinn erleben und nutzen? Vor welchen Fragen stehen sie? Welche Verhaltensmuster müssen sie hinterfragen? Worüber müssen sie grundlegend nachdenken und womit sich auseinandersetzen? Welche Problembereiche oder Konflikte bleiben ungelöst? Was ist an einer interkulturellen Beziehung bereichernd? Diese und andere Fragen wollen bedacht sein.

Interkulturelle Paare wissen in der Regel, dass ihr Weg nicht einfach ist und sie Hürden nehmen müssen, die Paare mit einem ähnlichen kulturellen Hintergrund so nicht kennen. Um kulturelle Unterschiede im Paaralltag anzusprechen und Lösungen zu finden, bei denen beide Partner gleichermaßen zu ihrem Recht kommen, müssen die beiden sich mit sich selbst und dem anderen auseinandersetzen. Das ist natürlich bei allen Paaren so. Bei interkulturellen Paaren tauchen jedoch zusätzliche Themen auf, die das Paar angehen und bewältigen muss. Um welche

Themen es sich dabei handelt und wie gute Lösungen aussehen können, darum geht es in diesem Buch.

In einer interkulturellen Partnerschaft gibt es zum Beispiel Spannungen, was Werte, verschiedene Sichtweisen oder auch Alltagsabläufe betrifft, und damit müssen beide sich im Lebensalltag immer wieder auseinandersetzen. Auch das soziale Umfeld kann Druck auf das Paar ausüben, damit es den Normen und Erwartungen von Familie und Freunden entspricht. Gleichzeitig möchte das interkulturelle Paar seinen eigenen Lebensstil finden. Hin- und hergerissen zwischen den Erwartungen ihrer Familien und ihren eigenen Vorstellungen von Familienleben, sind interkulturelle Paare oft überfordert.

Eine interkulturelle Partnerschaft erfordert also eine intensive Auseinandersetzung mit diesen Themen, damit sie gut gelingen kann. Das bestätigen auch die zahlreichen Gespräche mit interkulturellen Paaren, die ich für dieses Buch geführt habe. Interkulturelle Paare brauchen Reflexionsfähigkeit, Einfühlungsvermögen und ein hohes Maß an Flexibilität.

Zahlreiche Aspekte, die das Leben interkultureller Paare bestimmen, werden in diesem Buch an Hand von Beispielen aufgezeigt. In den Gesprächen berichteten die Paare aus ihrem gemeinsamen interkulturellen Lebensalltag, und es wurde deutlich, wie vielschichtig interkulturelle Beziehungen sind – und das will ich in diesem Buch zeigen. Die Ausschnitte aus den Interviews sollen als Beispiele dienen und verdeutlichen Kernthemen, die viele interkulturelle Paare betreffen.

Ein erklärtes Ziel dieses Buches ist es, Paare zum Gespräch über ihre kulturellen Unterschiede anzuregen. Ich möchte jenen Menschen, die in einer interkulturellen, aber auch in einer interreligiösen Paarbeziehung leben, zeigen, wie hilfreich eine beständige Auseinandersetzung und Offenheit sind, um mit den Unterschieden gut umgehen zu können und vor allem unterschiedliche, tief liegende Werte und Einstellungen des Partners besser zu verstehen.[1]

Dieses Buch richtet sich daher an Leserinnen und Leser, die in interkulturellen Partnerschaften leben oder es beabsichtigen zu tun und sich mit dieser komplexen Thematik auseinandersetzen möchten. Zahlreiche zentrale Aspekte, die in einer interkulturellen Paarbeziehung zu Tage treten, werden aufgezeigt und diskutiert, natürlich nicht mit dem Anspruch auf Vollständigkeit. Die Lektüre dieses Buches erspart aber nicht den Weg zu Beratungsstellen, Paartherapeuten oder Mediatoren, wenn das Paar mit ernsthaften Problemen kämpft. Als interkulturelle Trainerin und Coach bleibe ich in meinen Ausführungen bei meinem Kernbereich und zeige mögliche Wege auf, wie ein Paar konstruktiv mit kulturellen Unterschieden umgehen kann. Die Erweiterung des gegenseitigen Verständnisses steht daher im Zentrum meiner Ausführungen.

WAS HEISST EIGENTLICH »INTERKULTURELL«?

Paare, die aus unterschiedlichen kulturellen Kontexten kommen und nicht die gleiche Staatsbürgerschaft besitzen, werden mit ganz unterschiedlichen Begriffen belegt: binational, bikulturell, interkulturell, interethnisch, transnational, deutsch-ausländisch, gemischt, auch Weltfamilien; in Deutschland und der Schweiz dominiert der Begriff binational, in Österreich bikulturell. Da die Staatsangehörigkeit der Betroffenen aus rechtlichen Gründen, wie etwa bei der Wohnungssuche oder der Anerkennung von Ausbildungen im Heimatland, wichtig ist, wird oft die Bezeichnung »binational« verwendet.[2]

In diesem Buch spreche ich von »interkulturellen Paaren«, ausgehend von dem Kulturbegriff, den ich in diesem Kontext verwende und als passend erachte. »Interkulturell« bedeutet in erster Linie eine Verständigung zwischen zwei Kulturen, wie dies auch in einer interkulturellen Paarbeziehung der Fall ist.

Die Definition von »Kultur« hat sich in den letzten Jahrzehnten sehr gewandelt. Im Zuge der Gründung von Nationalstaaten galt Kultur als Bezeichnung für abgeschlossene und in sich homogene Gruppen, während sie heute als etwas Dynamisches und Offenes verstanden wird, das sich nicht mehr auf nationalstaatliche Grenzen beschränken lässt.[3] In den 1980er-Jahren stand das gegenseitige Verständnis von Kulturen im Mittelpunkt. Man wollte die jeweiligen Nationalkulturen besser verstehen, um im Geschäftsleben den Umgang miteinander zu verbessern.

Die Diskussion drehte sich um Begriffe wie »kulturelles Bewusstsein«, »interkulturelle Sensibilität«, »Kulturschock« oder »kultureller Anpassungsprozess«.[4]

In dem begehrten Einwanderungsgebiet Europa gibt es auf Grund der Migrationsgeschichte unterschiedliche Weisen, »bikulturell«, also zwischen zwei Kulturen, zu leben.[5] Manche Menschen wechseln je nach Kontext zwischen den Kulturen hin und her, andere verbinden problemlos beide Kulturen in ihrem Lebensalltag, und wieder andere empfinden eine kulturelle Gespaltenheit und können sich nicht recht entscheiden, wohin sie gehören.

Auch Menschen, die aus beruflichen Gründen längere Zeit in einem anderen Land leben – sogenannte Expatriates (von engl. *expatriate*, »aus dem Vaterland«) – sind von mehreren kulturellen Zugehörigkeiten geprägt. Denn das Leben in unterschiedlichen Ländern hat Auswirkungen auf die Identität eines Menschen. Solche Menschen sind durch ihren internationalen Hintergrund offen, flexibel und anpassungsfähig, und ihre Kinder sozialisieren sich während der Pubertät, wenn ihre Identität gebildet wird, in einem internationalen Kontext. Sie sprechen meistens mehrere Sprachen und sind interkulturell höchst kompetent.[6]

Heute spricht man immer öfter von »Transkulturalität«, um die erlebte Verflechtung von Kulturen zu beschreiben. Gemeint ist damit ein gesellschaftlicher Zustand als Folge weltweiter demografischer Veränderungen durch Migrationsbewegungen und internationalem Austausch. In diesem Zusammenhang bezeichnet Kultur eine konstante dynamische Veränderung und Inhomogenität. Kulturelle Erscheinungsformen lassen sich nicht mehr auf einzelne Nationalkulturen zurückführen, sondern es entstehen neue Umgangsformen, die ihre Wurzeln in mehreren Kulturen haben. Vor allem in Sprache, Alltagskultur und Arbeitspraxis werden transkulturelle Aspekte sichtbar.[7] Der Begriff Transkulturalität wird aber auch in anderen Zusammenhängen gebraucht, zum Beispiel im Gesundheitsbereich, wo von transkultureller Pflege, transkultureller Psychotherapie usw. die Rede ist.[8]

Die Bezeichnung »interkulturelle Paare«, die ich in diesem Buch verwende, stützt sich auf einen Kulturbegriff, bei dem die Verständigung zweier Personen aus unterschiedlichen Kulturen oder »kulturellen Kontexten« im Zentrum steht. Ich bevorzuge den Ausdruck »kultureller Kontext« in diesem Buch, um die Komplexität von Kulturen zu unterstreichen und eine zu große Verallgemeinerung zu vermeiden. In den Interviews wurde immer wieder betont, dass kulturelle Unterschiede nicht nur auf die Nationalität der Betroffenen zurückgeführt werden können. Die Bedeutung der nationalen Herkunft schwingt als Differenzierungsmerkmal dennoch oft im Bewusstsein mit. Daher möchte ich diesem Aspekt in der Begrifflichkeit, die ich verwende, Rechnung tragen.

TEIL 1
WER HEIRATET WEN?
TRADITION UND WERTEWANDEL

»Man mag in einer Familie oder in einem Nationalstaat geboren werden, aber wo man sich zugehörig fühlt, ist eine Frage der Wahl und des Aushandelns.«[9]

DURCH DIE ENORME RÄUMLICHE UND SOZIALE MOBILITÄT stehen den Menschen heute deutlich mehr potenzielle Partner und Partnerinnen zur Verfügung. Immer häufiger gehen Menschen Beziehungen über nationale und kulturelle Grenzen hinweg ein, und zwar aus sehr unterschiedlichen Gründen. Lassen Sie uns zunächst ein paar Fakten zum demografischen Wandel unserer Gesellschaft näher betrachten.

EUROPA IM DEMOGRAFISCHEN WANDEL

Die zunehmende berufliche und soziale Mobilität, eine Pluralisierung von Lebensformen und Einwanderungen haben in Europa zu großen sozialen Veränderungen geführt. Das Ergebnis ist eine kulturelle Vielfalt, deren Herausforderungen wir noch lange nicht alle bewältigt haben. Wir müssen unsere Gesellschaft mit dem Blick auf diese kulturelle Vielfalt betrachten, und das gilt auch für Paarbeziehungen. Studien zeigen, dass interkulturelle Paare die Chance für soziale Integration von Einwanderern und für einen sozialen und kulturellen Wandel unserer Gesellschaft verbessern.[10]

Im Jahr 2013 hatte in Österreich bei 18,6 % aller Eheschließungen ein Partner nicht die österreichische Staatsbürgerschaft. In Deutschland waren 2013 immerhin 11,6 % aller geschlossenen Ehen interkulturell, und in der Schweiz waren es sogar 36,1 %. Eine Statistik von Eurostat für den Zeitraum 2008-2010 besagt, dass in Europa im Durchschnitt eins von zwölf Paaren »gemischt« ist, d.h. ein Partner oder eine Partnerin nicht im jeweiligen Aufenthaltsland geboren ist.[11]

Die Unterschiede innerhalb Europas sind groß. Sie reichen von etwa jedem fünften Paar in der Schweiz und in Litauen bis nahezu keinen interkulturellen Paaren in Rumänien. Österreich und Deutschland liegen mit etwa 12,5 % gemischten Ehen für den angegebenen Zeitraum im Mittelfeld. In allen untersuchten Ländern hat die Zahl interkultureller Partnerschaften zugenommen. Natürlich hängen Partnerwahl und Partnerfindung von vielen Faktoren ab, zu denen wir später noch kommen werden. Die Zahlen belegen auch, dass es weit mehr Eheschließungen bei interkulturellen Paaren als bei monokulturellen Paaren gibt. Da die Zahl der Ausländer steigt, begegnen die Bewohner eines Landes häufiger Personen aus diesen Gruppen und gehen auch häufiger Beziehungen mit ihnen ein. Außerdem zeigt die Statistik: Im Durchschnitt ist der Anteil an zugewanderten Frauen, die einen einheimischen Mann heiraten, größer als der Anteil zugewanderter Männer, die eine einheimische Frau heiraten, wenn die Unterschiede von Land zu Land auch unterschiedlich sind.[12]

Im Ausland geborene Personen, die in interkulturellen Partnerschaften leben, können wesentlich zur sozialen und kulturellen Veränderung der Gesellschaft beitragen. Eine interkulturelle Paarbeziehung fördert die Integration und verringert die Gefahr der Abgrenzung zwischen den Kulturen. Die Paare helfen vielmehr beim Abbau von Vorurteilen gegenüber anderen kulturellen Gruppen und sorgen in ihrem Umfeld für ein differenzierteres Bild auch von ihrer eigenen Kultur.

Heute lebt im Durchschnitt jede vierte Person ausländischer Herkunft (sofern sie im heiratsfähigen Alter ist) in einer interkulturellen

Partnerschaft. Das ist eine Folge des soziokulturellen Wandels, der mit der demografischen Veränderung der europäischen Gesellschaft einhergeht. Diese Zahl (die sich ja nur auf Ehen bezieht) hängt natürlich von der Bedeutung der Ehe in den jeweiligen europäischen Ländern ab, und die ist sehr unterschiedlich. In vielen Ländern Europas hat die Ehe an Attraktivität verloren, und Paare leben stattdessen in einer nicht registrierten Partnerschaft zusammen.

Die oben erwähnten Statistiken, aber auch viele Veröffentlichungen zum Thema, verdeutlichen, dass unsere Gesellschaft immer vielfältiger wird und damit auch die Anzahl interkultureller Paare zunimmt.[13]

UNSERE GESELLSCHAFT IST VIELFÄLTIG

Die heutige Zeit ist geprägt von einem Wertewandel, bei dem althergebrachte Verlässlichkeiten wie Sesshaftigkeit, Unauflösbarkeit der Ehe oder lebenslange bzw. sichere Beschäftigungsverhältnisse ihre tragende Rolle verlieren. Räumliche und soziale Mobilität, veränderte soziale Rollenmuster und vielfältige Lebensformen sowie erwartete Flexibilität und Anpassungsfähigkeit im Berufsleben bestimmen heute weitgehend unseren Lebensalltag. War früher der Radius verfügbarer Partner im Allgemeinen durch traditionelle Sesshaftigkeit räumlich begrenzt und weitgehend überschaubar, stehen uns heute unbegrenzte Möglichkeiten in der Partnerwahl offen.

Zunächst einmal erleichtert die kulturelle Vielfalt in unserer eigenen Gesellschaft den Zugang zu Menschen aus unterschiedlichen Kulturen. Selbst wenn wir sesshaft bleiben, erhöht der demografische Wandel die Chancen auf interkulturelle Beziehungen im eigenen Umfeld – sei es während der Ausbildung, am Arbeitsplatz oder in der Freizeit. EU-Förderprogramme für Berufsschüler, Studierende und Lehrende unterstützen die räumliche Mobilität, und Fachhochschulen und Universitäten bieten durch internationale Vernetzung die Möglichkeit, während eines Studiums, eines Auslandssemesters, einer Lehrtätigkeit oder eines Praktikums eine interkulturelle Partnerschaft einzugehen. Chancen für interkulturelle Partnerschaften ergeben sich auch durch berufliche Aufgaben im Ausland und einen attraktiven internationalen Arbeitsmarkt gerade für jüngere Arbeitnehmer, die eine internationale Karriere anstreben.

Einwanderung aus wirtschaftlichen und politischen Gründen führt ebenfalls zu demografischen Veränderungen und wirkt sich auf die kulturellen und normativen Werte der Gesellschaft aus, die diese Zuwanderer aufnimmt. Die Vielzahl an Lebensformen führt dabei durchaus auch zu einer Verunsicherung in der Gesellschaft, weil die Beständigkeit ihrer Werte unter Umständen in Frage gestellt wird. Viele Menschen haben heute eine Migrationsbiografie, das heißt sie sind selbst eingewandert oder gehören zu einer Familie, die Einwanderungserfahrung hat. Durch den Import von kulturell anderen Lebensformen ist man plötzlich mit ganz anderen Werten in der eigenen Nachbarschaft konfrontiert. Weil diese kulturell unterschiedlichen Arten von Beziehungs- und Familienmustern inzwischen zu unserem Alltag gehören, müssen wir uns mit ihnen auseinandersetzen.

Die technischen und sozialen Errungenschaften der vergangenen Jahrzehnte seit dem Zweiten Weltkrieg haben der sogenannten westlichen Welt eine kulturelle, politische und wirtschaftliche Vormachtstellung beschert. Doch dies wird in der multikulturellen Gesellschaft auf einmal von anderen, »traditionellen« Wirklichkeitsformen durchkreuzt, die wir oft abwertend als »noch nicht so weit entwickelt wie wir« betrachten. Dazu der belgische Psychoanalytiker Paul Verhaeghe: »Wir sind verunsichert. Als ›die‹ Identität gilt uns unsere eigene, die mit anderen Identitäten koexistiert und sich in zunehmendem Maße von ihnen abgrenzt. Während ›Identität‹ früher mithilfe geografischer Stereotypen bestimmt wurde (Belgier versus Holländer, Engländer versus Schotten, Bayern versus Preußen...), sind solche Klischees heutzutage von der Globalisierung und sozialökonomischen Faktoren beeinflusst: Einheimische versus Fremde, ›unsere‹ christlich geprägte Kultur versus den ›rückständigen‹ Islam, die ›hart arbeitende‹ Mittelklasse versus die ›Abzocker‹. Die verschiedenen Stereotypen weisen dabei ein gemeinsames Merkmal auf: Um uns in ein besseres Licht zu rücken, dient der andere als Prügelknabe.«[14] Äußerlichkeiten sind heute keine geeigneten Kriterien mehr, um kulturelle Unterschiede zu bestimmen oder gar in eine Hierarchie zu zwängen.

Wir müssen also Wertungen in Bezug auf Lebensformen, Religionen und kulturelle Kontexte kritisch hinterfragen, wenn sie dazu dienen, Staatsangehörigkeiten und Sprachen einer Rangfolge zuzuordnen.[15] In einer pluralistischen Welt sind alle Lebensformen und Sprachen gleichberechtigt. Dazu der Publizist Mark Terkessidis: »Zum einen soll es darum gehen, die vorhandene Vielheit anzuerkennen. Vielheit ist kein lästiges importiertes Problem, sondern schlicht die Ausgangslage, die es zu gestalten gilt. Auf der anderen Seite geht es um die Evolution des Vorhandenen. (...) Man baut nicht auf die Erfahrung oder die empirische Untersuchung der Verhältnisse; es ist vielmehr von vornherein klar, dass es seit jeher ein ›Wir‹ gab und immer noch gibt: die ›Deutschen‹. Dieses ›Wir‹ hat angeblich eine bestimmte Lebensweise, es herrscht Konsens über bestimmte Werte, und vom Ort des ›Wir‹ aus wird die Position der anderen definiert.«[16] Interkulturelle Partnerschaften sind also eine Chance, dieses »Wir«, diesen scheinbar objektiven Wertekonsens zu hinterfragen, und sie können uns zeigen, wie Interkulturalität gelebt werden kann.

SOZIALE ROLLEN – EINE CHANCE ZUR VERÄNDERUNG

Eine interkulturelle Beziehung kann der Auslöser für einen Rollenwandel sein, wenn einer der beiden Partner aus einem kulturellen Umfeld kommt, in dem soziale Gleichstellung die Regel ist. Statt einer herkömmlichen Rollenverteilung zwischen den Geschlechtern kann das Paar dann Haushaltspflichten und familiäre Aufgaben partnerschaftlich aufteilen, während beide sich auch beruflich weiterentwickeln. »Wenn ich einen Mann aus meiner Kultur geheiratet hätte, so wäre die Ehe, glaube ich, eher traditionell. (...) Ich habe japanisch-amerikanische Freunde, Frauen, die Männer aus ihrer Kultur geheiratet haben und die nicht berufstätig sind; sie sind zu Hause bei den Kindern und ihre Männer unterstützen sie.«[17]

Viele interkulturelle Paare sind bereit, in ihrer Partnerschaft neue Rollen und Aufgaben zu übernehmen. Vielleicht liegt das daran, dass sie sich ihrer (kulturell bedingten) Unterschiede eher bewusst sind und besonders um eine gemeinsame Lösung bemüht sind. Die Vielfalt in einer interkulturellen Partnerschaft birgt die Kraft der Veränderung, so dass überkommene Rollen- und Verhaltensmuster leichter überwunden werden können.

Ein Ortswechsel unterstützt diese Veränderung noch. Durch berufliche Mobilität leben viele Paare von ihren Herkunftsfamilien weit entfernt und befinden sich damit nicht mehr im unmittelbaren Einflussbereich von Eltern und anderen Angehörigen. Das gibt ihnen die Chance, eine eigene Lebensform zu entwickeln – ohne den Druck von Seiten der Familie, Rollenmuster zu übernehmen, die den Vorstellungen der älteren Generation entsprechen.

Außerdem ist die unmittelbare Umgebung wichtig, in der man lebt. Viele Beispiele zeigen, wie wichtig die kulturelle Vielfalt des sozialen Umfelds ist, damit ein interkulturelles Paar so angenommen wird, wie es ist. Viele Paare bestätigen, dass die kulturelle Vielfalt ihrer Umgebung eine Art Kraftquelle für sie darstellt, um so zu leben, wie sie sind – nämlich »anders«. Kulturelle Unterschiede treten dadurch eher in den Hintergrund: »Wir leben jetzt in einer kulturell vielfältigen Umgebung (...) Wenn ich mir unsere Freunde und die Leute, mit denen wir zu tun haben, ansehe, wo wir leben (...), dann fallen wir nicht mehr auf und unsere Unterschiede erscheinen nicht mehr als wichtig.«[18] Dieser Punkt wird in den hier dokumentierten Gesprächen immer wieder deutlich: Menschen wollen so sein, wie sie sind.

AUSGEGRENZT ODER ANERKANNT?

Durch die kulturelle Vielfalt und die komplexen kulturellen Verflechtungen in unserer Gesellschaft kommen neue Fragen auf: Wir müssen mit Themen wie Ethnizität, Mehrsprachigkeit oder Bikulturalität anders umgehen. Dass viele Unternehmen und Institutionen sich mit Diversity Management (oder Vielfaltsmanagement) beschäftigen, zeigt, dass wir das für uns Normale, die Normen, hinterfragen und erweitern müssen, um Vielfalt zu ermöglichen. Dazu der Publizist Mark Terkessidis: »Es wird Zeit, sich von alten Ideen wie Norm und Abweichung, Identität und Differenz, von Deutschsein und Fremdheit zu trennen und einen neuen Ansatz zu finden: die Vielheit, deren kleinste Einheit das Individuum als unangepasstes Wesen ist, als Bündel von Unterschieden.«[19] Vielfalt als Norm anzunehmen, bedeutet unterschiedliche Lebensentwürfe zu akzeptieren.

Eine Staatsangehörigkeit ist in den Ländern Europas rechtlich bedeutend dafür, wie sich ein Mensch in der Migration bewegen kann. Früher – bis in die erste Hälfte des 20. Jahrhunderts hinein – erhielten Frauen bei der Heirat automatisch die Staatsbürgerschaft ihres Mannes, heute regeln Einbürgerungsgesetze den Erwerb einer Staatsbürgerschaft.[20] Auch im Alltag hat die ethnische Herkunft eines Menschen Auswirkungen. Aus einer deutschen Studie der Antidiskriminierungsstelle von 2012 geht hervor, dass in der Migration vor allem Personen aus der Türkei und Ländern Asiens, Afrikas und Lateinamerikas häufig Diskriminierung erleben.[21]

Viele Zugewanderte, die in einer interkulturellen Beziehung leben, sind mit Ausgrenzung, Diskriminierung oder kulturellem und sprachlichem Anpassungsdruck durch Staat und Gesellschaft konfrontiert. Dies ist für Betroffene oft eine große Belastung. Während sie ihre neue Lebenswirklichkeit als Paar etablieren, werden nämlich Unterschiede betont, die am Anfang einer Beziehung eigentlich gar nicht vorrangig sind. Zahlreiche Paare berichten von bürokratischen Hürden für eine Heirat. Man benötigt zahlreiche Dokumente (Geburtsurkunde, Ehefähigkeitszeugnis, Familienstandbescheinigung, Staatsangehörigkeitsnachweis), deren Beschaffung manchmal problematisch ist. Dies gilt vor allem, wenn ein Partner aus einem politisch unsicheren Land stammt, in dem keine Beglaubigungsfreiheit besteht, die Botschaft diese Dokumente also nicht bestätigen kann. Durch solche Schwierigkeiten werden vielen Paaren ihre Unterschiede erst richtig bewusst. Es kommt unweigerlich zu Spannungen oder Konflikten, wenn ein Partner wegen seiner Nationalität ausgegrenzt oder anders behandelt wird – von bürokratischen Anforderungen und rechtlichen Auflagen bis hin zu offener Diskriminierung. Gerade Paare mit außereuropäischen Staatsangehörigkeiten müssen zahlreiche rechtliche Hürden überwinden, um ihre Beziehung aufrechtzuerhalten. Studien belegen, dass etwa 80% der interkulturellen Paare in den

Niederlanden, in Österreich, Frankreich und Deutschland sich gegenüber monokulturellen Paaren benachteiligt fühlen.[22]

Sehr oft werden die Sprachen von Migranten aus osteuropäischen und außereuropäischen Ländern nicht anerkannt. Während Englisch, Französisch, Italienisch, Spanisch oder Russisch im deutschsprachigen Raum zu den legitimierten und anerkannten Sprachen zählen und in den Schulen als Zweit- oder Drittsprachen gelehrt werden, werden Zuwanderer mit anderen Sprachen oft diskriminiert.[23] Dazu aus den Immigrationserfahrungen der Schriftstellerin Irena Brežiná, die 1968 als 18-Jährige mit ihrer Familie aus der damaligen Tschechoslowakei in die Schweiz flüchtete:

> »In der Kaserne verhörte uns ein Hauptmann, der mehrere Sprachfehler hatte. Er konnte kein r rollen, weder ž, ľ, ť, dž, ň noch ô aussprechen und betonte unseren Namen falsch, sodass ich mich nicht wiedererkannte. Er schrieb ihn auf ein Formular und nahm ihm alle Flügel und Dächlein weg: ›Diesen Firlefanz brauchen Sie hier nicht.‹
> Er strich auch meine runden weiblichen Endungen, gab mir den Familiennamen meines Vaters und des Bruders. Diese saßen stumm da und ließen meine Verstümmelungen geschehen.«[24]

Die Sprache der Heimat und vor allem der eigene Name sind Bestandteil kultureller Identität. Unterscheidungen durch eine andere Aussprache von Buchstaben oder weibliche Namensformen, wie zum Beispiel im Tschechischen die Endung -ová, haben in anderen Sprachen keine Bedeutung und können durch kulturell unsensible Bürokratie mit einem Federzug ausgelöscht werden.

Inzwischen erkennen immer mehr Unternehmen, dass die kulturelle Vielfalt und die Mehrsprachigkeit von Mitarbeitern eine wichtige Ressource sein können. In anderen Bereichen herrscht jedoch immer noch die Überzeugung, dass in Nationalstaaten normalerweise nur eine Sprache gesprochen wird (bzw. auch mehr, wenn es in einem Land mehrere Amtssprachen gibt, wie zum Beispiel in der Schweiz, in Belgien oder

Finnland). In Österreich und Deutschland gilt nach wie vor Deutsch als die im gesellschaftlichen Leben gültige Sprache. Alle anderen Sprachen sind zwar erlaubt, werden aber als minderwertig betrachtet.

In manchen interkulturellen Beziehungen verbieten Ehemänner ihren Frauen, mit den Kindern in ihrer Muttersprache zu sprechen. Dahinter steht zum einen die Auffassung, Kinder könnten nicht mehrere Sprachen gleichzeitig lernen, zum anderen offenbart sich hier jedoch eine zutiefst ethnozentrische Sichtweise. Die Konzentration auf nur eine legitimierte Sprache – in unserem Kontext also Deutsch – nennt man »monolingualen Habitus«, und er ist Ausdruck einer (meist unreflektierten) Kulturdominanz.[25] In vielen Ländern ist Mehrsprachigkeit jedoch selbstverständlich, wie zum Beispiel in Indien, Malaysien oder Belgien oder in der Schweiz. Eine kulturell vielfältige Gesellschaft müsste Mehrsprachigkeit akzeptieren und leben. Eine solche Mehrsprachigkeit in der Schule zu praktizieren, wäre gar nicht schwierig, würde aber in Österreich und Deutschland ein grundsätzliches Umdenken erfordern und eine große Offenheit und Akzeptanz von Seiten der Schulbehörden.[26] Eins steht fest: Wenn es keine stillschweigende (Ab-)Wertung von Sprachen und Staatsangehörigkeiten in der Gesellschaft gäbe, würde das für viele interkulturelle Paare und Familien weniger Ausgrenzung bedeuten.

Diskriminierungserfahrungen von interkulturellen Paaren gibt es vor allem im sozialen Umfeld. Sie hinterlassen bei Migranten besonders deutliche Spuren und rufen Ängste und Aggressionen hervor. Vor allem jedoch können sie in der Folge langfristig zu psychosomatischen Symptomen führen.[27] Auch wenn das Paar selbst gegenseitige Akzeptanz und Anerkennung lebt, sind die folgenden Fragen entscheidend: Wie wird das interkulturelle Paar in seinem sozialen Umfeld (Familie, Freundeskreis, Arbeitsplatz, Nachbarschaft) aufgenommen? Welche Vorurteile erlebt es gegenüber der ethnischen Herkunft oder religiösen Zugehörigkeit des einen Partners? Welche rechtlichen Ungleichheiten werden erfahren (beschränkte Aufenthaltsgenehmigung, Schwierigkeiten bei der Beglaubigung von Dokumenten, keine Arbeitserlaubnis, keine Anerkennung der im Heimatland erworbenen Studienabschlüsse und

Berufserfahrungen)? Wie wirken sich im sozialen Umfeld mangelnde Sprachkenntnisse des einen Partners auf das Paar aus?[28] Welche Folgen haben erlebte Ungleichheit und Diskriminierung für ein Paar?

DAS »GOLDENE ZEITALTER DER EHE« IST VORBEI

In Europa hat sich seit den 1960er-Jahren des 20. Jahrhunderts eine Vielfalt an Lebensformen durchgesetzt. War es bis dahin gesellschaftlich verpönt, nicht zu heiraten, so brach der Zwang zur Ehe nach und nach auf und beendete das sogenannte *Golden Age of Marriage* der 1950er- bis Mitte der 1960er-Jahre.[29] Erst 1973 kam es in Deutschland zur Streichung des »Kuppelei-Paragraphen« aus dem Strafgesetzbuch, so dass es nicht mehr unter Strafe stand, unverheirateten Paaren zum Beispiel durch ein Hotelzimmer eine sexuelle Begegnung zu ermöglichen. Nichteheliche Beziehungen wurden bis zu den 1970er-Jahren gesellschaftlich missbilligt.[30] Seit dieser Zeit geht allerdings die Zahl der Eheschließungen zugunsten unterschiedlicher Lebensformen allmählich zurück. Im deutschsprachigen Raum, aber auch in anderen europäischen Ländern (bzw. westlichen Industrienationen[31]), werden vielfältige Lebensformen gesellschaftlich zunehmend akzeptiert: Neben der traditionellen Eheschließung sind Singles, nicht-eheliche Lebensgemeinschaften (Kohabitation), Ein-Eltern-Familien, Patchwork-Familien, Fernbeziehungen, gleichgeschlechtliche Beziehungen und andere nicht-konventionelle Partnerschaften (wie zum Beispiel sexuell nicht-exklusive Paargemeinschaften) mittlerweile anerkannt.[32] Die Anerkennung erfolgt allerdings in unterschiedlichem Maße, da zum Beispiel gleichgeschlechtliche Paare immer noch nicht in allen europäischen Ländern heiraten dürfen.

Diese Veränderungen sind eine Folge von sich wandelnden Beziehungsbiografien, die mit Veränderungen in der Gesellschaft einhergehen. Die Zahl der Langzeitbeziehungen nach dem Vorbild der »unauflöslichen« Ehe nimmt seit den 1970er-Jahren immer mehr ab. Die Bürgerrechtsbewegung für Farbige und die Emanzipationsbewegung der Frauen, die beide in den 1950er- und 1960er-Jahren von den USA ausgingen, führten mit ihrem Kampf für Gleichberechtigung in allen industrialisierten Gesellschaften zu grundlegenden soziokulturellen Veränderungen in Bezug auf Rollenmuster und Lebensformen.

Dass Frauen eine bessere Ausbildung erhalten und eine berufliche Karriere anstreben, hat nachhaltige Auswirkungen auf Familienorganisation und Aufgabenteilung im Haushalt. Mittlerweile spricht man in Europa von einem partnerschaftlichen Modell, bei dem beide Partner gleiche persönliche Entfaltungsmöglichkeiten haben und eine geschlechtsspezifische Arbeitsteilung abgelehnt wird.[33] Dem hält der Soziologe Rüdiger Peuckert jedoch entgegen: »Neuere Studien lassen den Schluss zu, dass nur wenige Paare, selbst im Falle außerhäuslicher Erwerbstätigkeit der Frauen, streng egalitäre Beziehungen entwickeln.«[34]

Angesichts pluralistischer Lebensformen und damit einhergehender Veränderungen in Lebensentwürfen ist die Zahl der Ehescheidungen europaweit bzw. in Industrienationen hoch.[35]

Sogenannte Migrantenpaare, bei denen beide Partner eine ausländische Staatsangehörigkeit haben, stammen oft aus Familien mit Migrationsbiografien und sind kulturell, ethnisch und sozial sehr verschieden. Oft übt die Herkunftsfamilie großen Einfluss und starke Kontrolle auf diese Paare aus, vor allem hinsichtlich sozialer Rollen, geschlechtsspezifischer Arbeitsteilung und Erziehung, um die Tradition der Herkunftskultur zu sichern.[36] Spannungen entstehen, wenn sich die junge Generation von diesen unflexiblen Familienstrukturen lösen möchte und nach individuellen Lebensentwürfen und Lebensformen sucht. Diese Generation befindet sich im Spannungsfeld zwischen zwei Kulturen, ist also »bikulturell«, und es gibt bislang kaum bewährte Muster, nach denen diese Bikulturalität als Ressource genutzt werden kann.

Von interkulturellen Paaren, um die es in diesem Buch geht, sprechen wir, wenn einer der Partner die Staatsbürgerschaft des Landes besitzt, in dem das Paar lebt, und der zweite eine andere Nationalität hat. Diese Lebensform ist am wenigsten erforscht, und es gibt kaum Erfolgsmethoden oder »Best Practices«, die als Vorbild dienen könnten. Oft stehen diese Paare allein und ohne Unterstützung vor der Aufgabe, sich eine interkulturelle Lebenswelt zu schaffen. »Binationale bzw. bikulturelle

Paare sind auf diese Weise mehr als andere stets erneut vor unerwartete Fragen und Entscheidungen gestellt. Je nach Umständen kann dies zur Überlastung und Überforderung werden und auch zum Scheitern der Partnerschaft führen. Auf der anderen Seite liegt darin eine Chance, im Alltag mehr Offenheit zu erhalten und immer wieder neue Anfänge zu wagen.«[37] In den folgenden Kapiteln werden wir sehen, wie Paare mit den Herausforderungen ihres interkulturellen Alltags umgehen und ihre unterschiedlichen Zugänge zu Lebensentwürfen und Alltagsthemen als Ressource wahrnehmen können.

PARTNERWAHL UND HEIRAT DAMALS UND HEUTE

Lassen Sie uns einen Blick darauf werfen, vor welchen Beschränkungen und Hindernissen eine Partnerschaft oder Heirat in verschiedenen europäischen Kontexten steht. Dabei unterliegen alle Modelle der Partnerwahl bestimmten, wenn auch unterschiedlichen, Einschränkungen.

Der »Heiratsmarkt« in den individualistisch geprägten Industrienationen, also auch in Europa, ist von soziokulturellen Schranken geprägt. Dazu gehört zum Beispiel die Homogamie, das heißt wir tendieren dazu, uns Partner und Partnerinnen zu suchen, mit denen wir eine Vielzahl an Ähnlichkeiten teilen.[38] Zahlreiche Studien zeigen, dass dieses Prinzip bei der romantischen Liebesheirat vorherrscht, die in Europa und anderen Industrienationen die Regel ist. Insofern bewegen wir uns auch bei der »freien« Partnerwahl in einem relativ engen Rahmen.[39] Dazu der amerikanische Soziologe Randall Collins: »In der Regel wählen wir einen Partner, der uns in Bezug auf Schichtzugehörigkeit, Rasse, Religion, Bildung und andere persönliche Eigenschaften ähnlich ist.«[40] Wir bleiben also tendenziell unter uns, in unseren eigenen Kreisen.

DIE ROMANTISCHE LIEBESHEIRAT

Die romantische Liebesheirat hat ihren Ursprung im 19. Jahrhundert und gilt bis heute als Ideal.[41] Obwohl wir davon ausgehen, dass Liebe Privatsache ist, und als Individualisten unsere Partner selbst wählen, bewegen wir uns bis zu einem gewissen Grad doch innerhalb vorgegebener soziokultureller Schranken und Beziehungsnetze, die von Angebot und Nachfrage geprägt sind. Dazu wieder Collins: »Es handelt sich um eine Art Markt, nur dass hier nicht wirtschaftliche Güter und Dienstleistungen getauscht werden, sondern soziale und persönliche Eigenschaften von Menschen.«[42] Man wählt aus, wägt ab, vergleicht, zieht Bilanz und handelt anhand von Auswahlkriterien, die von der eigenen sozialen Herkunft geprägt (und meist unbewusst) sind. Je homogener ein Paar ist, umso größer ist die soziale Anerkennung in den eigenen Kreisen.

Die Kriterien verändern sich natürlich im Lauf der Zeit – heute zum Beispiel verlieren räumliche Nähe und gleiche ethnische Herkunft bei der Partnerwahl innerhalb einer gebildeten Mittelschicht an Bedeutung.

Früher wurde auch in Adelskreisen »transnational« geheiratet, um durch »passende« Partner Familienallianzen zu gründen. Zur Homogenität von Paaren meint Collins sehr pragmatisch: »›Passen‹ heißt dabei nicht nur, dass beide Partner über ein ähnliches Ressourcenpaket verfügen und damit sozial ähnlich sind, sondern auch, dass sie wegen des erreichten Ausgleichs der Marktwerte beide ein Interesse an der Fortführung der Beziehung haben. (...) Ein sicherer Zufluchtsort ist gefunden (...). Liebe ist das Gefühl, das entsteht, wenn man dem Markt entkommen ist und in einen sicheren Hafen einläuft.«[43]

Bei den Auswahlkriterien gibt es neben der Homogamie (»Gleich zu gleich gesellt sich gern«) auch noch die Komplementarität (»Gegensätze ziehen sich an«). Danach findet die Partnerwahl »unter dem Aspekt der Ergänzung und Erweiterung eigener Möglichkeiten und Handlungsspielräume statt«.[44] Dieser Aspekt wird später in den Interviews angesprochen.

In der Praxis findet eher eine Kombination beider Kriterien statt, wie soziologische Studien zeigen, denn auch bei der Suche nach dem ergänzenden Anderen steht in der Regel nur eine begrenzte Zahl an infrage kommenden Personen zur Verfügung und man hat eher Zugang zu Personen mit ähnlicher Herkunft bzw. heute verstärkt mit ähnlichem beruflichem Hintergrund, gleicher sozialer Schicht und vergleichbarem Bildungshintergrund. Meine Gespräche mit interkulturellen Paaren bestätigen dies.

EHE ALS STANDESPOLITIK

Die Partnersuche in Europa war nicht immer von »freier Gattenwahl« und romantischer Liebe geprägt, wie wir sie heute erleben.[45] Bis ins 19. Jahrhundert war die Ehe eine rechtliche Absicherung für die Nachkommen und im Sinne der Kirche, die zu dieser Zeit noch großen Einfluss hatte, eine Regulierung der Sexualität. Die Ehe war lange Zeit ein rechtliches und soziales Privileg und für Menschen ohne Besitz (wie etwa Soldaten und Zuwanderer) verboten oder zumindest durch rechtliche Hindernisse erschwert.[46]

In zahlreichen Ländern Europas verhinderten Gesetze und Heiratsverbote eine Vermischung sozialer Schichten, was Adel und Großbürgertum diente und das Standesdenken aufrechterhielt. In den Provinzen Preußens verboten Gutsherren den für sie arbeitenden Landbewohnern zu heiraten, oder eine Heirat war nur mit ihrer ausdrücklichen Erlaubnis möglich.[47] In Österreich kam es unter der Politik von Staatskanzler Fürst Metternich kaum zu einer Vermischung sozialer Schichten, da Metternich die Bindung der Staatsbürger an ihren sozialen Status aufrechterhalten wollte. Adlige sollten unter Adligen bleiben, Tagelöhner unter Tagelöhnern. Dazu die Historikerin Monika Wienfort: »Den örtlichen Eliten gelang es teilweise über das gesamte 19. Jahrhundert hinweg, mit der Verhinderung von Ehen vor allem der ärmeren Bevölkerung die eigene Standespolitik durchzusetzen.«[48] Die Politik der Heiratsverbote sorgte also dafür, soziale Ungleichheit und Standesunterschiede zu erhalten. Dadurch war der soziale Status von Verheirateten höher als von Unverheirateten.[49]

In vielen Ländern Europas war eine Eheschließung mit wirtschaftlichem Wohlstand verbunden. Es gab Eheverbote für Soldaten, Gesellen, Dienstboten und Hausangestellte sowie für Personen, die keine Bürgerrechte hatten. Und der Erwerb von Bürgerrechten war für die ärmere Bevölkerung unerschwinglich. Die Oberschicht bekräftigte solche Heiratsverbote, denn sie dienten nicht nur der sozialen Differenzierung, sondern sorgten auch dafür, dass genügend unverheiratete Männer und Frauen als Arbeitskräfte zur Verfügung standen. Denn in vielen landwirtschaftlichen Betrieben konnte nur der Hoferbe (der älteste oder der jüngste Sohn) heiraten, seine Geschwister waren gezwungen, sich eine Arbeit zu suchen.[50] Hier wird deutlich, dass die Heiratspraxis damals eng mit dem Erbrecht verbunden war. Eine Ehe war nur unter guten wirtschaftlichen Bedingungen möglich, an bestimmte Rechte gebunden und ging mit einer Haushaltsgründung einher.

TRADITIONELLE HEIRATSMUSTER

Da sich im Europa des 19. Jahrhunderts mehr und mehr die Liebesheirat durchsetzte, nahm die Bedeutung der Herkunftsfamilie immer mehr ab und auch die Eltern verloren damit ihre Vermittlerfunktion. Dazu die Soziologin Rosemarie Nave-Herz: »Im Laufe der Zeit wurde die erweiterte Familie der Aufgabe der Partnerfindung immer mehr enthoben. Denn je mehr sich die romantische Liebe zum Eheideal und zum einzigen legitimen Heiratsgrund ideell durchsetzte, nahm die Vorherrschaft der Herkunftsfamilie über die Ehe – selbst im besitzenden Bürgertum – ab.«[51] Diese Tradition der freien Partnerwahl und individualisierten Lebensform als Paar steht in starkem Gegensatz zu Heiratsformen, bei denen die Familie großen Einfluss oder auch Entscheidungsgewalt hat.

In Europa gab es vor allem im ländlichen Raum zwei unterschiedliche Heiratstraditionen, die mit Erbrecht und Haushaltsgründung zusammenhingen.[52]

Das westeuropäische Heiratsmuster war das oben erwähnte Modell, bei dem es nur einen Erben gab, während die Geschwister selbst die ökonomische Basis für eine Haushaltsgründung schaffen mussten. Dies hatte ein höheres Heiratsalter zur Folge, etwa um die 25 bei Frauen und etwas später bei Männern. Daher war eine Heirat nicht Pflicht.[53]

Das osteuropäische Heiratsverhalten herrscht bis heute in den meisten Kulturen der Welt vor. Es ist geprägt durch ein niedriges Heiratsalter (etwa 20 Jahre – in vielen Kulturen auch weit darunter) und die verpflichtende Ehe für alle Söhne und Töchter.[54] Nach diesem Muster bleiben die Söhne auch nach der Heirat im Haushalt der Eltern, die verheirateten Töchter ziehen in die Familie ihres Ehemannes. Daraus ergibt sich ein komplexes Geflecht an Familienbeziehungen. Dazu die Sozialanthropologen Helmut Eberhart und Karl Kaser: »Das Zentrum des Haushalts bildete dadurch prinzipiell nicht die einzelne Kernfamilie, sondern ein Geflecht von mehreren miteinander verwandten Kernfamilien. (...) Es können mehrere Kernfamilien miteinander in horizontaler und/oder vertikaler Ebene verbunden sein und in einem Haushalt zusammenleben. Ein solcher Komplex von Familien betrachtet sich als einzige Familie.«[55]

In dieser zweiten Heiratstradition spielt die arrangierte Ehe eine große Rolle. Durch das enge Zusammenleben in der Großfamilie war die Abstammungsfamilie der Ehepartnerin von großer Bedeutung – und ist es in vielen Kulturen auch heute noch. Deshalb steht hier nicht die romantische Liebe im Vordergrund, sondern die Eltern sind für die Partnerwahl verantwortlich. Wichtig sind die Herkunftsfamilie der Braut, wirtschaftliche Interessen und die Zugehörigkeit zum gesamten Familienverband.[56]

Auch in Europa wurden arrangierte Ehen praktiziert. In europäischen Adelskreisen wurden arrangierte Verwandtenehen bevorzugt, weil sie die soziale Gleichheit innerhalb des Standes sicherstellten. Eheschließungen unter nahen Verwandten wie Cousins waren häufig – und sie sind es in nicht europäischen Ländern bis heute, zum Beispiel in Indien und in der Türkei sowie in anderen muslimischen Ländern.[57]

In beiden Heiratstraditionen gilt die Ehe als Übergangsritus zum Erwachsenwerden. Die Historikerin Monika Wienfort: »Kinder wurden mit der Heirat rechtlich zu Erwachsenen.«[58] Mit der Ehe erhöht sich der soziale Status der Betroffenen. Dies erklärt, dass die Bedeutung der Eheschließung sich in Europa bis in die 1970er-Jahre und teilweise danach erhalten hat.

In den Gesprächen für dieses Buch wurde die große Bedeutung der Familie immer wieder deutlich. So sagt z. B. eine Österreicherin über ihren indischen Partner:

»Bei ihm ist es so, dass er ganz viele Verpflichtungen hat. Er hat eine jüngere Schwester, die muss zuerst heiraten. Er hat die Verantwortung für seine Eltern und wird später, wenn sie alt sind, für sie da sein. Das wird zwar nie klar ausgesprochen, aber vorausgesetzt. Wenn er einen tollen Job im Ausland bekommt und weggeht, ist das kein Problem, aber es wird erwartet, dass er Geld nach Hause schickt.«

Ein Zitat aus einem Gespräch mit einer anderen Österreicherin:

»Er hat zuerst seine Mama gefragt, ob er mich heiraten darf, bevor er mich gefragt hat. Ich war etwas überrascht, als ich das gehört habe. Aber dort ist es so, er gehört diesem System an, in dem er dafür zuständig war, seine Schwestern zu verheiraten, unter Rücksprache mit den Ältesten im Dorf. Diese Rollenaufteilung hat er im Kopf.«

RELIGIÖSE »MISCHEHEN«

Im Europa des 19. Jahrhunderts sprach man von »Mischehen«, wenn es um Ehen zwischen Katholiken und Protestanten ging. In einigen Gebieten, wie zum Beispiel in Preußen, waren sie verboten, weshalb es zu zahlreichen Konvertierungen kam. In anderen europäischen Ländern fanden solche Mischehen kaum statt und wurden von den jeweiligen Familien selbst vehement bekämpft. Die katholische Kirche hatte in vielen Ländern Europas großen Einfluss und setzte ihre Gläubigen stark unter Druck, vor allem bei der Kindererziehung, die nach katholischem Glauben erfolgen sollte.

Ehen zwischen Juden und Christen kamen so gut wie nicht vor, vor allem im ländlichen Raum, da sie bis zu Beginn des 19. Jahrhunderts vielfach verboten waren. In den Städten setzten sich solche Verbindungen aber gegen Ende des 19. Jahrhunderts mehr und mehr durch. Die Religionszugehörigkeit der Kinder richtete sich in solchen Ehen jedoch nach dem Vater, obwohl im Judentum die Religion der Mutter für die Nachkommen maßgebend ist. Allen Ehen zwischen Juden und Christen wurde in der Zeit des Nationalsozialismus ein brutales Ende bereitet, wobei es aber weniger um die Religion als um die Abstammung ging.[59]

BINATIONALE EHEN

Eine weitere Form von »Mischehe«, die für unseren Kontext wichtig ist, war die binationale Ehe. Auch wenn es im 19. Jahrhundert in Europa für Ausländer ohne Bürgerstatus zahlreiche Heiratsverbote gab, heiratete man in Adelskreisen häufig über nationale Grenzen hinweg, um Familienallianzen zu festigen.

Der patriarchalischen Gesellschaftsstruktur in Europa ist es zu verdanken, dass die Frau bei der Eheschließung automatisch die Staatsangehörigkeit ihres Mannes erhielt und ihre eigene verlor. Die Historikerin Monika Wienfort sieht dafür folgenden Grund: »Die meisten Regierungen begründeten die ›abgeleitete‹ Staatsangehörigkeit von verheirateten Frauen mit der Vorstellung von der Stabilität der Familie. Mehrere Staatsangehörigkeiten in einer Familie schienen undenkbar. (...) Die Übertragung der britischen Staatsangehörigkeit an Ausländerinnen bei der Heirat mit einem britischen Mann wurde nicht nur als unproblematisch, sondern sogar als wünschenswert bewertet, um die *Britishness* der neuen Familie zu gewährleisten.«[60]

In den USA gab es sehr liberale Ehegesetze und deshalb waren die Vereinigten Staaten für viele europäische Einwanderer gegen Ende des 19. Jahrhunderts äußerst attraktiv. Dort gab es jedoch Heiratsverbote für Sklaven bis zum Jahr 1865, als die Sklaverei aufgehoben wurde. Eine Ehe zwischen weißen und farbigen Amerikanern war danach zwar theoretisch überall legal, in den Südstaaten allerdings aufgrund eines eigens eingeführten Rassegesetzes noch lange tabu.[61]

Auch in den europäischen Kolonien kamen Mischehen vor, vor allem zwischen Europäern und indigenen Frauen. Zu Beginn des 20. Jahrhunderts wurden in den deutschen Kolonien jedoch Heiratsverbote eingeführt.[62]

Im 19. Jahrhundert waren also vor allem religiöse und soziale Gründe für Heiratsverbote oder Einschränkungen verantwortlich. Zu Beginn des 20. Jahrhunderts wurde zunehmend ein Zusammenhang zwischen Ethnie (bzw. »Rasse«) und »Volksgesundheit« hergestellt, was damals in mehreren europäischen Ländern (wie Dänemark, Schweden, Preußen) zu einer Gesundheitspolitik führte, die gesund und krank bzw. erbkrank (Geschlechtskranke und Menschen mit geistigen und körperlichen Beeinträchtigungen) unterschied. Damit war dann die Grundlage für die rassistische Ehe-Verhinderungspolitik des Nationalsozialismus bereitet.[63]

Heute werden Staatsangehörigkeit und Aufenthaltstitel bei einer binationalen Eheschließung von den Einwanderungsregeln der jeweiligen Länder bestimmt. Einige Beratungsstellen und Richtlinien sind in den Anmerkungen angeführt.[64]

Die bisherigen Ausführungen zeigen, dass es interkulturelle Paare zwar immer schon gegeben hat, dass sie aber auch immer schon Einschränkungen und Verboten ausgesetzt waren, je nachdem, welche gesellschaftlichen Werte der dominierenden Gruppen (oder sozialen Schichten) gerade im Vordergrund standen. Unterschiedliche Heiratstraditionen (romantische Liebesheirat und arrangierte Heirat) und der restriktive Umgang mit interreligiösen Eheschließungen erklären die tiefsitzenden Vorurteile, die bis heute in vielen soziokulturellen Kontexten Europas gegenüber interkulturellen und interreligiösen Partnerschaften bestehen. Diese Themen werden in den folgenden Kapiteln ausführlich angesprochen.

DIE INTERKULTURELLE BEZIEHUNG:
EINE VIELFÄLTIGE HERAUSFORDERUNG

»Ich kenne kein Paar, das so ist wie wir.
Ich wollte weg von diesem ›Gleich-Gleich‹ der Perser.«

INTERKULTURELLE PAARE UNTERSCHEIDEN SICH in vielen Punkten von Paaren, die aus ähnlichen kulturellen Kontexten kommen. Die Partner haben keine gemeinsame Vergangenheit, kein gemeinsames historisches und soziales Gedächtnis, wenige gemeinsame Referenzpunkte in Bezug auf Werte und Normen und oft keine gemeinsame Sprache, die beide gleich gut beherrschen. Das heißt, zusätzlich zu den üblichen Beziehungsthemen müssen interkulturelle Paare sich noch mit einigen anderen Dingen auseinandersetzen.

Sie können auch die Erfahrung machen, dass ihre Umgebung sie wegen ihrer äußeren Erscheinung nicht neutral wahrnimmt. Dazu die Soziologen Ulrich Beck und Elisabeth Beck-Gernsheim: »Viele haben das Gefühl, sie stünden unter dauernder Beobachtung, würden bestaunt werden – jedenfalls dann, wenn die Verschiedenartigkeit der Herkunft unübersehbar ist.«[65] Im schlimmsten Fall kommt es zu Diskriminierungserfahrungen, die für ein Paar äußerst belastend sind. Im Alltag sind außerdem schwierige Themen zu bewältigen, die oft Unsicherheit mit sich bringen, wie die Mehrsprachigkeit gemeinsamer Kinder oder bei interreligiösen Paaren auch der Umgang mit unterschiedlichen Glaubenspraktiken. Dazu kommen zusätzliche finanzielle Aufwendungen. Die Soziologin Gertraud Schmutzer berichtet: »Viele Paare haben höhere finanzielle Belastungen durch regelmäßige Reisen in die Heimat des einen Partners. Und natürlich kann man nicht mit leeren Händen kommen! In vielen Fällen wird auch monatlich viel Geld ins Heimatland gesandt, das geht oft sehr auf Kosten der Ressourcen hier. Oder: Um im Heimatland gut dazustehen, muss ein Haus gebaut oder eine Eigentumswohnung erworben werden. Diese Ausgaben werden als selbstverständlich eingestuft.« Für den Umgang mit diesen Themen haben interkulturelle Paare oft keine Vorbilder, so dass sie sich im Lebensalltag überfordert fühlen.

Andererseits stellen sich interkulturelle Paare einer Kernthematik unserer heutigen Gesellschaft, nämlich der kulturellen Vielfalt. Sie sind offen für kulturelle Vielfalt, zeigen Neugierde für kulturelle Unterschiede und denken global. Oft suchen Sie etwas, das sie im eigenen Umfeld nicht finden. Dazu I., eine Österreicherin, und ihr Partner aus Indien:

> »Es war letztlich aufgrund der Kultur, weshalb ich mich in ihn verliebt habe und es so schnell und blitzartig eingefahren ist – weil diese kulturellen Anteile mehr meiner Persönlichkeit und meinem Typ entsprechen.«

Der Blick auf andere kulturelle Kontexte eröffnet die Möglichkeit, sich von gewohnten Mustern zu lösen. Dazu I., eine Albanerin, verheiratet mit einem Dänen, beide leben in Österreich:

> »Als Kind sagte ich einmal zu meiner Mutter, ich würde niemals einen Albaner heiraten, ich wolle keinen Macho. Ich habe mein Wort gehalten! Und ich bin froh, dass mein Mann sich nicht davor fürchtet, sich die Schürze umzubinden. Er hat eine ganz andere Einstellung zur Partnerschaft.«

Partnerschaften wie diese sind lebendiges Zeugnis dafür, dass verschiedene kulturelle Lebensformen gleichzeitig möglich sind. Die Zugehörigkeit zu einem bestimmten kulturellen Kontext ist nämlich kein unveränderlicher Zustand. Kulturelle Zugehörigkeit entsteht im Rahmen sozialer, ökonomischer, politischer und historischer Faktoren. Interkulturelle Paare zeigen, dass man sich von einem kulturellen Kontext teilweise distanzieren kann, um sich einem anderen zuzuwenden, weil er den eigenen Vorstellungen mehr entspricht. Ein Leben in beiden Kulturen ist möglich. Oder aus Soziologensicht formuliert: »Wenn die Entdeckungsreise in die unbekannte Landschaft weltfamiliärer Liebes- und Lebensformen (...) Sinn macht, dann als Negation solcher Vorstellungen von kultureller Homogenität, Multikulturalismus und Multikommunalismus. Verneinen diese Begriffe doch das Sowohl-als-Auch der Lebens- und Liebesformen (...).«[66] Beck und Beck-Gernsheim sprechen von »Weltfamilie« und meinen damit Menschen, die über nationale, religiöse, ethnische Grenzen hinweg zusammenleben.

In solchen Beziehungen entstehen sogenannte transnationale Räume als Lebensräume. Die Soziologin Brigitte Wießmeier beschreibt das so: »(...) es entwickeln sich Ausdrucksformen von neuen und normalen Lebenswirklichkeiten für eine wachsende Zahl von Menschen. Für diese Menschen ist die Pflege von mehr als einer Sprache und die Bindung an mehr als eine kulturelle Tradition nicht nur üblich, sondern sie ist geradezu die unabdingbare Voraussetzung für gesellschaftliche Teilhabe.«[67]

Im Folgenden soll es um zentrale Themen gehen, die in den Interviews mit ausgewählten interkulturellen Paaren zur Sprache kamen.

ANKOMMEN IN DER NEUEN KULTUR: DER PROZESS DER ANPASSUNG

Je nachdem, wie die Migrationsgeschichte des Einzelnen aussieht, verläuft der Anpassungsprozess an einen neuen kulturellen Kontext unterschiedlich.[68] D., dessen Eltern aus Guinea-Bissau in Westafrika stammen, lebt wegen des Berufs seines Vaters seit seinem zehnten Lebensjahr in Österreich, nachdem er seine frühe Kindheit in Portugal verbracht hat.

Seine Partnerin S. ist Österreicherin iranischen Ursprungs, sie wurde bereits im Land geboren. Für beide war es entscheidend, die österreichische Kultur anzunehmen, um in der neuen Heimat auch innerlich Fuß zu fassen:

ER: »Ich habe das Land gehasst, bis ich achtzehn war. Ich hatte nicht den Wunsch, hier zu sein. Es gab Fälle von Rassismus mit Polizei usw. Dann habe ich mich entschieden, das Land kennenzulernen. Der Freund von S.' Schwester ist mein bester Freund, und mit ihm setzte ich mich bewusst mit der österreichischen Kultur auseinander. Wir reisten durchs Land, ich wollte alles kennenlernen. Nicht alle Menschen sind gleich, und man stellt fest, sie sind gar nicht so schlecht!«

SIE: »D. las immer gern die Reclamhefte über österreichische Literatur. Er brachte viel Interesse mit, setzte sich mit vielen Themen auseinander. Darauf reagierten die Leute positiv. Meine Eltern haben sich sehr schnell hier integriert und das europäische Leben angenommen. Für sie war es am Anfang nicht leicht, sie haben sich durchgekämpft. Ihnen war es wichtig, dass wir Kinder eine gute Ausbildung haben, vorzugsweise in Medizin; meine Schwester und ich haben Wirtschaft studiert. Wir haben gelernt, dass Netzwerken wichtig ist.«

Bei beiden wurde der Anpassungsprozess noch in der Kindheit von den Eltern bewusst gefördert. Dass sie sich für das Land interessierten, führte zu einer offenen Haltung, die auch in ihrer Umgebung Offenheit auslöste. Dazu nochmals D.:

»Ich bekomme hier viel zurück. Energie geht nie verloren. Investiert man, bekommt man sie eines Tages zurück.«

Die Chinesin Z. ist wegen ihres Studiums nach Europa gekommen, weil ihre Eltern es wollten, und blieb dann in Österreich. Über ihren Anpassungsprozess, den sie als leicht empfand, berichtet sie:

»Ich hatte kaum Anpassungsschwierigkeiten, wurde nie im negativen Sinn als ›Ausländerin‹ behandelt. In der Arbeit habe ich meinen Bereich und fühlte nie eine Ausgrenzung. Das liegt sicher auch an der Umgebung, an der höheren Toleranz wegen eines höheren Bildungsniveaus, das ist wichtig! Ich hatte auch gar keine so festen Gewohnheiten. Ich habe zum Beispiel erst hier kochen gelernt.«

Hier werden zwei Aspekte angesprochen, die beim kulturellen Anpassungsprozess wichtig sind: Z. war und ist in einem Beruf verankert, in dem sie ihre Kenntnisse und Fähigkeiten einbringen kann – ein entscheidender Faktor für einen positiven Verlauf der Anpassung. Der andere ist ihre Umgebung. Ihr privates wie berufliches Umfeld ist durch Toleranz, Offenheit und Reflexionsfähigkeit geprägt, und das erleichterte ihr die Anpassung ganz erheblich.

Der Anpassungsprozess kann auch zu Assimilation führen, das heißt zu einer weitgehenden Aufgabe der Herkunftskultur. Nach vielen Jahren stellt sich dann die Frage, ob man in der früheren Heimat überhaupt noch verwurzelt ist. Dazu B. aus Kanada, der mit der Österreicherin K. verheiratet ist:

»Ich habe keine Wurzeln, nicht mehr. Ich habe hier in Österreich sehr viel angenommen. Ich stehe nicht mehr zwischen beiden Kulturen, es gibt kein Switchen mehr. Ich habe vielmehr einen Kulturschock, wenn ich nach Kanada fahre! Ich bin kulturell hier, ich habe es zugelassen, ich habe mich klar positioniert. Ich bin dort zu Hause, wo ich gerade bin.«

Einer so klaren Entscheidung einer kulturellen Positionierung geht in der Regel ein längerer Prozess voraus. B. lebt bereits seit über zwanzig Jahren in Österreich.

Gerade zu Beginn des Aufenthalts werden kulturelle Unterschiede jedoch intensiv erlebt und können zum Kulturschock führen. Dazu die Österreicherin V. über ihren indischen Mann:

»Kulturelle Unterschiede waren besonders am Anfang deutlich. Zum Beispiel beim Einkaufen. Mittlerweile ist Indien in den großen Städten auch mehr westlich beeinflusst. Aber damals noch nicht. Es gab nur kleine Läden, in denen man das gekauft hat, was man brauchte, und dann ging man wieder. Eine Shoppingkultur gab es damals in Indien nicht. Das wurde mir erst durch meinen Mann so richtig bewusst.«

Ein kultureller Anpassungsprozess verläuft nicht ohne Hürden. H., eine chinesische Malaysierin aus Singapur, die mit einem Österreicher verheiratet ist, erzählt dazu:

»Es war am Anfang nicht leicht. Es lag an mir, mich anzupassen. Singapur ist schon sehr verwestlicht im Vergleich zu anderen Ländern Asiens in Bezug auf Werte wie Gesicht-Wahren. Der größte Kulturschock war für mich die hier fehlende Harmonie. Der erste Konflikt war, dass ich nicht redete. In der Familie meines Mannes sind alle sehr direkt. Aber sie verstehen keine nonverbale Kommunikation. Ich musste mich anpassen, man braucht hier die verbale Kommunikation. Mein Mann redet zum Glück viel, und er ist immer der Erste, der etwas sagt. Ich bin ihm sehr dankbar, dass er das tut. Ich könnte tagelang ohne Sprechen auskommen.«

In diesem Zusammenhang erwähnt H. auch, welche Gruppe von Menschen ihr am Anfang am meisten geholfen hat, sich in Österreich zurechtzufinden:

»Es waren die österreichischen Freunde. Sie waren wirklich wichtig für mich, weil sie mir die echten Einblicke vermittelt hatten. Es waren Freunde meines Mannes, aber auch Arbeitskollegen von mir oder Bekannte über die Schule der Kinder.«

Diese Aussage bestätigt, dass beim kulturellen Anpassungsprozess Personen aus dem Inland die wertvollsten Kontakte sind. Sie geben wichtige Informationen weiter, die die Anpassung erleichtern, und sorgen für Anerkennung und soziale Unterstützung, wie die aktuelle Forschung zu diesem Thema immer wieder belegt.

C. ist Japanerin und erlebte das Einlassen auf das neue kulturelle Umfeld in Wien als positiv. Sie ist mit einem Österreicher verheiratet.

»Beim Essen habe ich mich sehr umgestellt. Aber ich lege nicht so großen Wert aufs Essen. In Japan könnte ich es deshalb nicht aushalten. Dort muss man alles perfekt machen, zum Beispiel die Lunchbox der Kinder für die Schule. Das Essen muss farblich abgestimmt und schön arrangiert sein, das ist viel Arbeit. Die Frauen in Japan müssen lange arbeiten, dann holen sie die Kinder von der Krippe, Freizeit gibt es nicht so wie hier. Ich bin froh, dass ich hier bin. Das Leben ist hier einfacher.«

C., die einige Zeit beruflich in Deutschland verbracht hatte, beschloss sehr bewusst, wieder nach Europa zurückzukehren. Sie erlebt viele Aspekte der japanischen Kultur als negativ und wollte sich davon distanzieren. Die andere Lebensart in Österreich erlebt sie deshalb als weniger kompliziert – eine gute Voraussetzung, um sich für den neuen kulturellen Kontext zu öffnen.

Die Anpassung an ein neues kulturelles Umfeld braucht Zeit und erfordert oft viel persönlichen Einsatz. Dazu noch einmal H. aus Singapur:

»Meine größte Anpassungsleistung war, dass ich lernen musste zu sagen, was mir nicht passt. Es war wirklich schwer, dieses Muster zu ändern. Ich brauchte lange dafür. Meine Schwägerin ist sehr direkt, und ich war am Anfang die unterwürfige Asiatin. Alle fanden mich nur nett. Das war damals schwierig für mich. In der Zwischenzeit sind meine Schwägerin und ich Freundinnen geworden. Ich kann jetzt damit umgehen, habe mich angepasst.«

Kulturelle Anpassung besteht im Lernen von Neuem und Verlernen von Altem. Muster aus der Herkunftskultur müssen adaptiert oder aufgegeben und neue Verhaltensmuster erlernt werden, um in einem neuen Kontext angemessen zu reagieren. Zum Glück kommt dieser Lernprozess unserer angeborenen Anpassungsfähigkeit entgegen – wir passen uns ständig unbewusst an sich verändernde Gegebenheiten an. In einer neuen kulturellen Umgebung ist diese Anpassung allerdings mühsamer als in gewohnten Zusammenhängen. Deshalb ist in einer interkulturellen Paarbeziehung die Unterstützung und Anerkennung des Partners besonders wichtig. Der andere muss wissen, dass dieser Prozess großer Anstrengung bedarf und oft Stress verursacht. Um das wenigstens teilweise nachvollziehen zu können, sollte der Partner sich einmal ausmalen, wie es für ihn wäre, in einer ganz neuen kulturellen Umgebung Fuß fassen zu müssen.

WENN EIN PARTNER ABGELEHNT WIRD: DISKRIMINIERUNGSERFAHRUNGEN

Diskriminierung wird von interkulturellen Paaren außerhalb ihrer Beziehungswelt oft erlebt. Sie ist wie eine unverständliche Störung und Bedrohung, die von außen auf das Paar einwirkt. Fehlende Anerkennung oder geringe Wertschätzung aufgrund von Aussehen oder Herkunft (Ethnizität) sind für den Betroffenen mit psychischem Stress verbunden, und beim anderen Partner löst diese Erfahrung oft das Bedürfnis aus, den geliebten Menschen zu beschützen. Das zeigt auch der Bericht der Österreicherin V., deren Mann S. aus Indien stammt:

> »Dann kommt die Unsicherheit dazu, denn er schaut sehr dunkel aus, hat ganz kurze Haare und keinen Bart. Er sieht nicht so indisch aus, sondern ist wirklich sehr dunkel. In dieser Gesellschaft hier kann es sein, dass er zum falschen Zeitpunkt in der falschen Gegend ist! Er kennt es ja nicht, ich hatte große Sorge um ihn!«

Aus dem Bedürfnis, den Partner zu beschützen, kann jedoch leicht ein Abhängigkeitsverhältnis werden. Dazu die Soziologin Gertrud Schmutzer: »Die Partnerin nimmt immer öfter eine Mutterrolle ein, da sie sich für alles zuständig fühlt, denn sie kennt sich ja aus. Löst sie sich nicht rechtzeitig aus dieser Rolle, führt dies zu einem Ungleichgewicht in der Beziehung.« Darauf werden wir später noch ausführlicher eingehen.

Diskriminierung kann auch über die Sprache erfahren werden, wie S., eine Österreicherin, und ihr türkischer Mann C. berichten:

ER: »Die Reaktionen von der Umwelt waren teilweise schwierig. Ich fühle mich nicht wohl, wenn mein Sohn und ich in der U-Bahn türkisch sprechen. Du spürst dann die Spannungen, und ich ertappe mich dabei, dass ich die Sprache mit Gesten untermale, damit die Leute verstehen, was wir sagen. Ich spiele dieses Spiel mit, ich spüre die Spannungen.

SIE: Er erzählte mir, dass er sich zum ersten Mal als Ausländer gefühlt hat, weil ein Mann irgendetwas Negatives gesagt hat – als du mit unserem Sohn beim Hofer warst.

ER: Ja, stimmt, ein alter Mann hat etwas Komisches gesagt, ich bin nicht darauf eingegangen, aber es war ein unangenehmes Erlebnis, ich habe es völlig verdrängt.

SIE: Es war für ihn das erste Mal so, weil er in der Öffentlichkeit sonst immer deutsch spricht.

ER: Es gab nie Gelegenheit, in der Öffentlichkeit türkisch zu sprechen. Wenn ich mich mit meinem alten Freund treffe, dann gehen wir in Ausländerlokale. Er sagt immer: ›Du darfst auf keinen Fall in den 20. Bezirk!‹ ›Wieso?‹ ›Zu viele Ausländer!‹ Dieses Gespräch fand auf Türkisch statt, mitten in Wien, und er sagte diesen Satz auf Deutsch!«

Wichtig ist außerdem, wie Menschen mit einer solchen Erfahrung umgehen. Interkulturelle Paare gelten allgemein als toleranter und offener, auch wenn sie direkte Diskriminierung erleben.[69] Sie sind fähig zu einem so genannten Perspektivenwechsel, das heißt sie können sich in den anderen hineinversetzen und die Situation mit seinen Augen sehen.

DER BLICK VON AUSSEN: VORURTEILE UND WIE MAN SIE ÜBERWINDET

Wie werden die Partner von ihrer äußeren Umgebung wahrgenommen? Halten sie sich an die Werte und Regeln der vorherrschenden kulturellen Umgebung? Wie stark wirken diese Normen auf die Paarbeziehung? Wie sieht jeder der beiden die Kultur des jeweils anderen? Interkulturelle Paare werden mit der Wahrnehmung durch die anderen konfrontiert, beide sehen aber auch ihren eigenen kulturellen Kontext durch die Augen ihres Partners. So erging es auch der Österreicherin K. und ihrem kanadischen Mann B.:

SIE: »Ich habe meinen Mann in der Schule kennengelernt als den Neuen mit Baseballkappe, behaarten Beinen und kurzer Hose.

ER: Heute wollte ich mit kurzer Hose und Baseballkappe gehen, aber K. hat gesagt, dass ich das nicht darf.

SIE: In ein Restaurant kann man so nicht gehen.

ER: Ich musste mich anpassen.

SIE: B. hat sich toll angepasst, er ist sicher sehr europäisiert. Aber es gab viele Kultur-Clashes. Einer der schwierigsten war, dass B. nicht mit Messer und Gabel isst, sondern vorher das Essen schneidet und dann mit der Gabel in der rechten Hand isst. Ich habe lange gebraucht, um das zu akzeptieren. Ich habe mich für ihn geschämt, bei meinen Eltern. Bei uns ist das eine Stilfrage, das wird extrem gewertet.«

Erst durch einen längeren Prozess, bei dem sie sich selbst immer wieder hinterfragte, gelang es K., ihren Partner zu akzeptieren, ohne ihn abzuwerten. Es geht darum zu lernen, was für den anderen selbstverständlich und was mit bestimmten Werten belegt ist. Dazu Ulrich Beck und Elisabeth Beck-Gernsheim: »Elementare Rahmenbedingungen des Alltags – Essgewohnheiten, Geschenke, die Bedeutung von Festtagen; Vorstellungen von Zeit und Pünktlichkeit; das Verständnis, wer noch und wer nicht mehr zur Familie gehört, wem Respekt gebührt und was ›Respekt‹ heißt; bis hin zur Frage, was man vom Klimawandel hält oder welche Nahrungsmittel welche Schadstoffe enthalten und deshalb zu meiden sind –, die elementaren Fragen der Gestaltung des Lebens also, können hier nicht oder nur selten aus einem Fundus selbstverständlich geteilter Bedeutungen beantwortet werden.«[70] Es ist nicht leicht, sich im Alltag mit diesen Unterschieden auseinanderzusetzen, weil auf einer tieferen Ebene die eigenen Werte und Normen in Frage gestellt werden. Es gilt also, unterschiedliche Einstellungen für sich selbst miteinander zu versöhnen. Dazu erneut K.:

»Es ist ein Prozess und es kann mir nach 23 Jahren noch immer passieren, dass ich meinen Mann für diesen Unterschied abwerte. Ich bin dann oft zornig auf mich, aber es sitzt so tief, dass ich manchmal immer noch mit mir kämpfe. Denn wir leben ja hier und die Norm wird ständig bei mir verstärkt.«

Ein interkulturelles Paar muss lernen, einander nicht abzuwerten, nur weil ein bestimmtes Verhalten nicht der vorherrschenden Norm entspricht. Hier hilft der Blick auf unterschiedliche Kontexte. In welchem Kontext ist dieses Verhalten normal? In welchem nicht? Welcher Wert führt dazu, dass man sich für das Verhalten des anderen schämt? Entscheidend ist, wie das Paar den Umgang mit solchen Unterschieden im Alltag aushandelt. »Also müssen die Prozeduren und Bedingungen der Aushandlung im Aushandeln mit ausgehandelt werden. Weltfamilien müssen Verfahren und Praktiken reflexiver Verhandlung selbsttätig erfinden.«[71] Für interkulturelle Paare gibt es wenige Vorbilder für das Verhandeln, das der Alltag ständig von ihnen fordert.

Der Blick des Partners auf den eigenen kulturellen Kontext kann sehr aufschlussreich sein und neue Perspektiven eröffnen. Dazu die Österreicherin V. über ihren indischen Partner S.:

»Und dann gab es so viele Dinge, die er noch nie gesehen hatte: Zum Beispiel im Supermarkt diese vielen Regale mit Tierfutter. Er bekam einen richtigen Lachkrampf! Er rief: ›Was machen die denn mit den Tieren! Weiß man denn hier nicht, dass Tiere keine Sprache verstehen? Warum reden sie hier mit den Tieren wie mit Menschen?‹ Ich bekam meine eigene Kultur durch seine Reaktionen widergespiegelt!«

Diese Erkenntnis ist wichtig, denn durch diesen »Spiegel« erfährt V., wie ihr Mann ihre Welt sieht. Dadurch kann sie aus einer ganz neuen Perspektive auf ihre eigene Kultur blicken. Die Distanz, die dabei entsteht, ermöglicht einen Blick von außen. Dieser Blick ist die Grundlage für den Perspektivenwechsel, der ein wichtiger Bestandteil interkultureller Kompetenz ist. Beck und Beck-Gernsheim bekräftigen dies: »Das setzt wenigstens Ansätze eines Perspektivenwechsels voraus, ein Bemühen, den Blickwinkel des Partners zu verstehen; sich selbst und die eigene Welt mit dem Blick des Anderen zu sehen.«[72]

Ein weiteres Thema ist die Wahrnehmung des Paares durch das soziale Umfeld. In welcher Weise I., eine Österreicherin, und ihr indischer Partner M. in Indien von anderen wahrgenommen wurden, machte beide sehr betroffen. I. berichtet:

»Das Schwierigste ist, wenn die Außenwelt dich quasi festnagelt und die Umwelt sagt: ›Du bist die Weiße, er ist der Inder.‹ Aber du siehst das so nicht. Liebe verbindet, sie ist der gemeinsame Raum, den man sich schafft, und man sieht die Hautfarbe nicht mehr. Man sieht ja den Menschen! Einmal haben wir in Mumbai ein Zimmer nicht bekommen. Ich war so wütend. In Wirklichkeit ging es um Prostitution, und sie trauten sich nicht, es uns zu sagen. Das bedrückt.
Ein anderes Mal waren wir in Rajasthan zusammen und irgendwann ist mein Freund ganz ruhig geworden und hat nichts mehr gesagt. Ich habe es dann aus ihm herausgekitzelt und erfahren, dass er furchtbar gekränkt war, weil er nicht in einen Palast hineinkam. Sie fingen ihn ab und sagten, er dürfe nicht hinein. Ich habe das nicht mitbekommen. Und er brauchte lange, um es mir zu sagen. Sie glaubten, er wäre mein Guide und ich würde ihn für Prostitution bezahlen. Man ist dann wütend und fragt sich, weshalb man nicht so gesehen werden kann, wie man ist.«

Vorurteile im Umfeld oder auch in der Familie belasten viele interkulturelle Paare. Der interkulturelle Psychologe Alexander Thomas bezeichnet Vorurteile als Einstellungs- und Beurteilungsmuster. Sie bestehen aus vorgefassten, emotional gefärbten und für allgemeingültig gehaltenen Urteilen über soziale Sachverhalte und werden ohne differenzierte Begründung abgegeben. Für Menschen sind solche Muster ein Hilfsmittel, um das, was sie wahrnehmen, einzuordnen. Deshalb sind sie sehr hartnäckig und nur schwer zu ändern. Vorurteile basieren auf Fehlwahrnehmungen, Täuschungen oder Beurteilungsfehlern und können nur aufgelöst werden, wenn unterschiedliche kulturelle und soziale Kontexte erkannt, differenziert und als gleichwertig nebeneinander gestellt werden. Oft hängen Vorurteile mit dem äußeren Erscheinungsbild zusammen: »Da aber durch äußere Merkmale (Haut- und Haarfarbe, Kleidung, fremde Sprache usw.) und durch kulturspezifische Verhaltensgewohnheiten die Kategorisierung nach Nationalitäten oft gleichsam ›ins Auge springt‹ und sehr dominant ist, müssen die Teilnehmer zur Wahrnehmung von Merkmalen, die ›überlappende Kategorisierungen‹ ermöglichen, sensibilisiert werden.«[73] Wichtig ist, die Einteilung in *wir* und *die anderen* aufzuheben und ein differenzierteres Bild von der Gruppe dieser anderen zu entwickeln.

Ihre Umgebung können interkulturelle Paare nicht verändern, deshalb ist es nötig, dass sich das Paar mit erlebten Vorurteilen und Diskriminierungserfahrungen gemeinsam auseinandersetzt. Wie wir gesehen haben, kann ein Gespräch das Verständnis für die Situation des anderen verbessern, auch wenn es schwer fällt. Die Bedeutung solcher Gespräche beschreiben die Soziologen Beck und Beck-Gernsheim: »Wenn es schlecht geht, entstehen in solchen Momenten Risse in der Beziehung, vielleicht auch offene Konflikte, weil jeder der beiden sich allein fühlt und unverstanden vom anderen. Wenn es gut geht, wenn der eine erzählt und der andere zuhört, kann dies die Grundlage einer neuen, gemeinsamen Welt werden.«[74] Das Gespräch ist für interkulturelle Paare zentrales Mittel, um belastende Situationen zu verarbeiten und sich auf das zu konzentrieren, was sie zusammenhält.

DEINE WELT, MEINE WELT: SO ERSCHAFFEN PAARE EINE GEMEINSAME WIRKLICHKEIT

Die Wissenssoziologen Peter L. Berger und Thomas Luckmann haben eine Theorie zur Konstruktion der Wirklichkeit entwickelt. Danach schaffen wir uns unsere Wirklichkeit, indem wir die Welt, in der wir leben, nach unserem jeweiligen soziokulturellen Hintergrund interpretieren. Diese Interpretation gilt dann für uns als Wirklichkeit. Für interkulturelle Paare stellt sich nun die Frage, wie die Partner einander ihre unterschiedlichen Wirklichkeiten vermitteln können und ob es ihnen gelingt, eine *gemeinsame* Wirklichkeit zu schaffen. Denn in einer Paarbeziehung wird idealerweise eine neue Welt oder eine neue Wirklichkeit geschaffen. Die jeweiligen Welten der Partner sollen zu einer gemeinsamen zusammengefügt werden.[75] Dieser Vorgang ist für das Funktionieren jeder Partnerschaft entscheidend, erfolgt meistens allerdings unbewusst.

In meinen Interviews stieß ich auf dieses Thema, als von der Zweisamkeit eines Paares die Rede war. Dazu erzählt die Österreicherin I., die mit ihrem indischen Partner M. zur Zeit eine Fernbeziehung führt:

> »Wir haben einmal darüber geredet, wie es wäre, wenn wir heiraten und in Indien leben würden. Wenn es nach ihm ginge, würden wir dann auf jeden Fall bei seinen Eltern leben. Das war ein Aha-Erlebnis, denn ich habe gesagt, dass ich nicht bei seinen Eltern würde leben wollen. Dann haben wir diskutiert: warum eigentlich nicht – was denn daran für mich so schlimm wäre. Ich versuchte, meine eigenen Selbstverständlichkeiten aufzulockern. Dann habe ich gemerkt: Das Problem in Indien liegt für mich tatsächlich darin, dass man seine Beziehung nicht leben oder zeigen kann. Wenn wir bei seinen Eltern wohnen würden, dann könnten wir keine Zärtlichkeit austauschen, hätten keine Zeit für uns als Paar, wir hätten keinen Raum für unsere Zweisamkeit. Das hat in Indien nämlich keinen Wert, für seine Eltern gibt es das nicht. Den Anspruch, das Eigene, das Individuelle, die Zweisamkeit zu leben, den gibt es nicht. Das wird nicht gelebt und auch nicht verstanden.«

Den Begriff von Eigenem, Privatem und von Zweisamkeit, der im individualistischen Europa einen zentralen Wert darstellt, gibt es im kulturellen Kontext von M., so nicht. Das Bedürfnis nach Privatsphäre hängt mit den Gewohnheiten zusammen, die in der Kindheit angelegt werden. Gerade in Großfamilien sind individuelle Grenzen jedoch so nicht vorhanden oder sehr durchlässig, und deshalb entsteht auch kein Bedürfnis nach Privatheit. Man lebt mit offenen Türen, man klopft nicht an, wenn man ein Zimmer betritt, man hat eher kein Bedürfnis sich allein zurückzuziehen, denn die Gewohnheiten lassen eine Privatsphäre gar nicht zu.

Hier ein Beispiel aus dem Essay »Türen« von Chitra Banerjee Divakaruni, einer indischen Autorin, die in den USA lebt:

> »Natürlich wusste keiner der Gäste von der Sache mit den Türen. Deepak hatte es gern, wenn sie offenstanden, und Preeti zog es vor, sie zu schließen. (...)Preeti schloss die Tür zu ihrem Arbeitszimmer, wenn sie sich an den Schreibtisch setzte, um an ihrer Dissertation zu arbeiten. Im Garten sah sie immer zu, dass der Torriegel wirklich vorgelegt war, bevor sie sich ans Unkrautjäten machte. (...) Deepak fand die ganze Türschließerei sehr verwirrend. Er war in einer großen Familie aufgewachsen, und obwohl sie vermögend genug gewesen waren, um ein Heim mit drei Schlafzimmern zu bewohnen (...), hatten sie niemals Grenzen gekannt. Sie waren ständig in die Räume der anderen gelaufen, und die Türen standen stets offen (...). ›Ich denke, ich bin eben ein privater Mensch (...) Ich weiß, dass es anders ist, als du es gewohnt bist. Stört dich das?‹ Sie machte ein so bekümmertes Gesicht, dass Deepak ein schlechtes Gewissen bekam. ›Nein, nein, ganz und gar nicht. Es macht mir nichts aus‹, beeilte er sich zu sagen (...). Und er war mehr als bereit, die einzigartigen Bedürfnisse dieses exotischen Wesens zu akzeptieren, das indisch und auch wieder nicht indisch war und das durch eine rätselhafte, glückliche Fügung seine Frau geworden war.«[76]

Auch wenn bei einem Paar unterschiedliche Wirklichkeiten aufeinander treffen, ist das grundlegende Bestreben doch, eine gemeinsame Wirklichkeit zu schaffen. Das heißt aber auch, Kompromisse zu schließen, auf den anderen einzugehen und herauszufinden, was dem Partner wichtig ist.

Wir lernen durch unsere Sozialisierung zuerst die Wirklichkeit der Gesellschaft kennen, in der wir aufwachsen. Wir verinnerlichen diese Wirklichkeit und halten sie für naturgegeben und damit für die Norm. »Dieses Welterfassen ist nicht das Ergebnis selbstherrlicher Sinnsetzungen seitens isolierter Individuen, sondern es beginnt damit, dass der Einzelne eine Welt ›übernimmt‹, in der Andere schon leben.«[77] Eine kulturell vielgestaltige Welt ist für uns eine Herausforderung, weil wir auf Menschen aus unterschiedlichen Kulturen und mit unterschiedlichen Wirklichkeiten treffen, und wir müssen deren Bedeutung erkennen, damit wir uns überhaupt verständigen können. Die Vermittlung der unterschiedlichen Wirklichkeiten ist deshalb eine der großen Herausforderungen einer interkulturellen Partnerschaft. Wie schwierig dies im Beziehungsalltag ist, erzählt V., eine Österreicherin, über ihre Beziehung zu S. aus Indien:

> »Obwohl ich mich, so gut ich konnte, vorher vorbereitet habe und auch von Berufs wegen ein reflektierter Mensch bin und mich mit dem Thema auseinandergesetzt habe, bin ich dann mit Dingen konfrontiert, die einfach an Kleinigkeiten hängen. Das unterschätzt man: Es sind die Kleinigkeiten.«

Die Soziologen Peter Berger und Hansfried Kellner formulieren es so: »Die Ehe ist in unserer Gesellschaft ein *dramatischer* Vorgang, bei dem zwei Fremde aufeinander treffen und sich neu definieren.«[78] »Fremde« sind sie in dem Sinne, dass keine gemeinsame Vergangenheit und keine gemeinsamen Regeln vorhanden sind.

In den Interviews wird deutlich, wie wichtig das Gespräch für ein interkulturelles Paar ist. In fortwährenden Gesprächen erzählt sich das Paar von seiner Vergangenheit und so legen beide Partner ihre eigene Wirklichkeit dar. Mit der Zeit wird im Gespräch eine neue und gemeinsame Wirklichkeit erzeugt, die dem Paar als Orientierungsrahmen dient. Dabei werden die Veränderungen, die durch die Paarbeziehung entstehen, in die eigene Biografie integriert. »Das eheliche Gespräch erschafft nicht nur eine neue Welt, sondern sorgt auch dafür, dass sie repariert und fortwährend neu ausgestaltet wird. Für die beiden Partner wird die subjektive Realität dieser Welt durch das gemeinsame Gespräch erhalten.«[79]

Auch kulturelle Unterschiede werden im Gespräch deutlich. Dabei verbinden die Partner beide Kulturen miteinander und geben – im Idealfall – beiden Raum. Eine Iranerin, die mit einem Österreicher verheiratet ist, drückt das so aus:

»Ich muss viel aussprechen, um meine Gedanken klar zu kriegen, das ist in unserer Beziehung sehr wichtig. So finden wir Kompromisse und Lösungen.«

Und J. aus Deutschland und ihr österreichischer Freund zeigen kulturelle Unterschiede auf, um das gegenseitige Verständnis zu erweitern:

»Die kulturelle Ebene muss man sehen können, beide Seiten, sonst funktioniert es nicht. Ich kann das gut. Ich erkläre meinem Partner viel und zeige viel auf.«

Auch bei I., einer Österreicherin, und M., ihrem indischen Partner, dient die Auseinandersetzung über zentrale kulturelle Unterschiede der Klärung und dazu, einen gemeinsamen Weg zu finden:

»Als wir gemeinsam in Indien waren, konnte er mir sehr gut Dinge über Indien erklären. Ich verglich das dann mit Österreich. Er hat auch viel erzählt, wie es für ihn in Österreich war, als er dort gelebt hat. Ich fand diese Außenperspektive sehr spannend. Am Anfang waren das lange, auch schwierige Gespräche, und ich habe ihn immer dazu herausgefordert. Das ist sicher in Europa eine unserer Stärken, dass wir uns so gut mit etwas auseinandersetzen können. Ich hatte das Gefühl, das konnte er von mir annehmen, da hat er sich angepasst. Und durch diese vielen Diskussionen ist es dann selbstverständlich geworden, dass wir bestimmte Dinge vereinbart und dazu gestanden haben.«

Das Gespräch festigt die neu geschaffene Welt und bestätigt sie immer wieder. Die Wirklichkeit, in der das Paar lebt, muss aber auch von außen ständig bekräftigt werden. Deshalb sind andere Personen wie Familienmitglieder, Freunde oder Arbeitskollegen wichtig, die diese gemeinsame Wirklichkeit anerkennen. Dazu wieder I. über ihre Beziehung zu M.:

»Am Anfang ist es schön, wenn man nur einander hat. Wir sind jetzt vier Jahre zusammen, und irgendwann merkt man dann, dass etwas fehlt.«

Hier spricht I. die Anerkennung von außen an, die dem Paar noch fehlt, um dessen neu geschaffene Wirklichkeit zu bestätigen.

GELINGENDE KOMMUNIKATION: DIE SPRACHE DES ANDEREN SPRECHEN

Die Sprache ist bei interkulturellen Paaren ein kritischer Aspekt. Oft ist sie eine wichtige Ressource, manchmal aber auch eine Konfliktquelle. Sie kann auch Abhängigkeit auf der einen bzw. Überforderung auf der anderen Seite hervorrufen, wenn der zugewanderte Partner die Landessprache nicht beherrscht und der andere ständig übersetzen muss.

Welche Sprache in der Beziehung gesprochen wird, hängt von den Sprachkenntnissen der Partner ab. Es ist jedoch sehr wichtig, dass beide Partner beide Sprachen sprechen. Viele Paare verfügen über Kenntnisse in beiden Sprachen und finden dies wichtig, aber es gibt auch Fälle, in denen ein Partner nicht beide Sprachen beherrscht. C., eine Japanerin, die mit einem Österreicher verheiratet ist, sagt über die Sprachen, die in ihrer Familie gesprochen werden:

> »Mein Mann versteht viel Japanisch, das ist angenehm. Er versteht, was ich mit den Kindern rede. Ich höre oft, dass Männer beleidigt sind, wenn sie nicht verstehen, was die Mütter mit ihren Kindern reden. Das ist bei uns nicht so. Es gibt ein Gleichgewicht, das ist wichtig.«

Dass Migranten (innerhalb des deutschsprachigen Kontexts) die deutsche Sprache erlernen, wird von der Gesellschaft oft als wichtigste Integrationsmaßnahme betrachtet. Die unreflektiert geforderte Vorrangstellung der deutschen Sprache im Familienleben kann allerdings auch zum Problem werden, wenn dadurch in der Paarbeziehung ein Ungleichgewicht entsteht, weil eine der beiden Sprachen und damit auch eine Kultur dominiert. Dazu die Soziologin Brigitte Wießmeier: »Aber auch das – positiv aufgenommene – Diktat zum Spracherwerb (...) bestärkt deutsche Männer (...) in der Durchsetzung ›des Deutschen‹, das vor diesem Hintergrund schnell Priorität im Alltag der Familie erhalten würde.«[80] Wird die Sprachthematik in einer interkulturellen

Partnerschaft nicht ausreichend reflektiert, kann es zu ernsthaften Problemen kommen.

V., eine Deutsche, die mit dem Amerikaner T. verheiratet ist, berichtet, dass es unerwartete Schwierigkeiten geben kann, obwohl beide Partner beide Sprachen sprechen:

»Ich habe unterschätzt, was Sprache anrichten kann. Mein Mann spricht deutsch, aber nicht so gut. Mein Mann hätte nie in ein deutsches Theater gehen können, das würde er nicht verstehen. Ich spreche englisch, aber mein Englisch ist auch nicht so gut. Über die Jahre kommt es zu vielen Missverständnissen, und ich habe viel Zeit aufgewandt, um zu erklären, was ich meine, und Missverständnisse auszuräumen. Wie man etwas ausdrückt, welche Bedeutung die einzelnen Wörter haben – oft geht es um Begriffe, die ein ganzes Gespräch in die Irre führen können. Dann versiegen Gespräche oft. Und es ist anstrengend immer wieder zu erklären, was man gerade gemeint hat. Man fühlt sich auch leicht angegriffen, selbst nach vielen Jahren noch. Man vermisst es, in der eigenen Sprache zu sprechen und sich auszutauschen. Das ist ein entscheidender Faktor.«

Zu sprachlichen Missverständnissen kommt es auch bei M., einer Österreicherin, und T., ihrem ungarischen Mann, die miteinander deutsch sprechen:

SIE: »Ja, es gibt sprachliche Missverständnisse. Man drückt vieles anders aus. Auch in der Tonalität. Er spricht und betont anders und verwendet andere Wörter. Ich frage dann: ›Warum greifst du mich so an?‹ Dabei tut er das gar nicht. Er spricht ›hart‹, damit meine ich, es klingt für mich wie ein Angriff, obwohl es das nicht ist. Ich habe extreme Probleme damit, immer noch.

ER: Vielleicht versuche ich, noch mehr zu betonen, und dann kommt es falsch rüber.

SIE: Im Nachhinein betrachtet, hätte ich mehr Energie investieren sollen, die ungarische Sprache zu lernen. Das habe ich versäumt. Interessant ist, dass wir von Anfang an deutsch miteinander sprachen. Nach einem Dreivierteljahr fand er es unfair, jetzt immer noch. Er wollte dann auf Englisch diskutieren, und wir haben damit angefangen, es aber nicht durchgehalten. Er hat gesagt: ›Ich kann mit dir nicht auf Englisch diskutieren, denn ich verbinde mit dir die deutsche Sprache.‹ Das fand ich sehr spannend!«

Um Missverständnisse zu vermeiden, ist auch die Deutung der nonverbalen Aspekte in der Kommunikation wichtig. Die Partnerin könnte fragen: Wenn du diesen Satz auf Ungarisch sagst, welche Wörter betonst du dann? Danach hören beide, wie es klingt, wenn er den gleichen Satz auf Deutsch sagt. Eine sachliche Betrachtung der unterschiedlichen Sprachmuster könnte helfen, ein neues Hörmuster zu entwickeln. Dadurch kann der Partner, der in seiner Muttersprache spricht, die ungewohnte Aussprache oder Betonung des Partners, für den das Deutsche eine Fremdsprache ist, anders hören. Sprachliche Missverständnisse können so vermieden werden.

Für interkulturelle Paare ist es immer eine Herausforderung, sprachliche Botschaften richtig zu deuten. Neben der konkreten Situation spielt auch der kulturelle Hintergrund eine Rolle dafür, wie der Partner etwas ausdrückt. Sachbezogene und direkte Sprache ist eher in einem kulturellen Kontext üblich, in der Sach- und Zielorientierung im Vordergrund stehen. Eine kontextbezogene und indirekte Kommunikationsweise unterstreicht dagegen die Beziehung der Beteiligten. Indirekte Formulierungen lassen Spielraum für Interpretation und geben die Möglichkeit, das Gesicht zu wahren. Wichtig ist dabei, die Unterschiede herauszuhören und im jeweiligen Kontext zu betrachten, um sie entsprechend zu deuten. Im Interview mit T. aus Ungarn und M., seiner österreichischen Frau, wird dieser Aspekt angesprochen:

ER: »Ich glaube, die Österreicher sind direkter. Wenn es um eine Aufgabe geht, dann gilt allerdings schon eine Andeutung als Auftrag – das sollte man dann in Österreich so machen. In Ungarn, wenn man es nicht direkt sagt, dann ist das kein Auftrag, etwas zu tun.

SIE: Ich erlebe die Österreicher auch als viel direkter, in Ungarn wird alles gebogen und man versucht, drum herum zu kommen. Österreicher geben zwar auch oft keine klare Aussage, aber die Ungarn sind nochmal stärker.«

Das nächste Zitat zeigt gut, wie unterschiedlich Direktheit und Indirektheit in der Sprache erlebt werden können. Dazu berichtet J. aus Deutschland über ihren österreichischen Freund C.:

»Zum Beispiel waren wir frühstücken und er fragte mich, ob ich noch Orangensaft wolle, und ich sagte nein. Er fragte noch einmal, ich sagte: Nee, aber wenn du noch einen möchtest, dann mach dir doch noch einen! Das ist indirekte Kommunikation! Ich beobachte das viel. Auch einmal mit Freunden, die bei uns zum Essen waren. Mein Freund sagte, wir hätten auch noch leckeren Kuchen. Die Freunde meinten: Nein, danke. Er insistierte noch mehrmals, bis ich sagte: Bitte, nimm dir doch ein Stück!«

Indirekte Kommunikation ist subtil und (nicht nur) in interkulturellen Partnerschaften mit Vorsicht zu genießen, denn man muss dazu verschiedene Kommunikationsstile unterscheiden können, um versteckte Botschaften herauszuhören. Gleichzeitig stößt man an eigene Grenzen. Dazu nochmals J.:

»Es ist hilfreich, sich positionieren zu können. In meinem Arbeitsalltag bin ich schnell am Kern. Ich mag es nicht, wenn man viel um den heißen Brei herumredet. Meine Meinung ist: Wenn es nichts zu sagen gibt, dann sagt man nichts. Man provoziert nicht, nur um zu kommunizieren. Hier in Österreich kommt es deshalb oft zu Missverständnissen und damit auch zu Konflikten, weil ich das nicht kann mit den vielen Worten. Das ist zu barock für mich.«

Beim Gespräch mit S., einer Österreicherin, und C., ihrem türkischen Mann, wird ein anderer Aspekt von Sprache hervorgehoben:

ER: »Wir haben hier immer schon deutsch gesprochen, das ist unsere Amtssprache!

SIE: C. spricht mit unserem Sohn nur türkisch, jetzt ist er sieben, und ich habe im Türkischen das Niveau einer Fünfjährigen.

ER: Ich weiß, wie viele komplexe Inhalte du aufnehmen kannst.

SIE: Jetzt verstehe ich euch aber nicht mehr gut.

ER: Wir Männer mussten einen Bund schließen, dass die Mama uns nicht gut versteht, einen Männerbund ... Im Türkischen drücken wir uns mit 20 000 Wörtern aus, im Englischen sind es 250 000 Wörter, im Deutschen 150 000. Wir drücken das Gleiche mit einem Zehntel an Wörtern aus. Deswegen haben die Wörter bei uns mehrere Bedeutungen, die Nuancen zu kennen ist schwer. Allein mit dem Wort ›wollen‹ drücken wir zehn bis zwanzig Dinge aus. Meine Frau muss nicht türkisch sprechen, ein Muss ist es nicht. Aber zum Beispiel bei Witzen versteht sie nichts. Vor allem, wenn man beide Sprachen spricht, dann gibt es besondere Witze. Unser Sohn sagte einmal auf Türkisch Reißnagel und übersetzte wortwörtlich vom Deutschen ins Türkische ... das Wort gibt es so nicht auf Türkisch!

SIE: Ich übersetzte auch einmal wortwörtlich: Heißwassermaschine, das war der Boiler.

ER: Das Wort klingt auf Türkisch wie ein Atomreaktor!«

Hier werden die unterschiedlichen Ebenen von Sprache deutlich. Beherrscht ein Partner die Muttersprache des Partners nicht oder nicht so gut, gehen im Gespräch viele Bedeutungsebenen verloren – und beim Humor die Pointen!

EINE FRAGE DER KULTUR: HUMOR IST, WENN MAN TROTZDEM LACHT

Humor ist kulturell geprägt. Witze sind immer kontextgebunden und für den, der diesen Kontext nicht kennt, unverständlich. Bei interkulturellen Paaren ist dies oft ein Problem, weil das gemeinsame Wissen um den kulturellen Kontext fehlt. So hat es auch K., eine Österreicherin, mit ihrem kanadischen Mann B. erlebt:

SIE: »Am Anfang hat mein Mann Witze gemacht, bei denen ich jedes Mal zu weinen anfing. An einmal erinnere ich mich noch ganz genau. Wir waren noch nicht lange zusammen, ich rief B. an und meldete mich mit ›K.‹ und er fragt: ›Welche K.?‹ Er fand es witzig, ich nicht. In der Zwischenzeit ist es okay und wir können über vieles lachen. Aber früher war es ernst. Sogar heute kann er mich mit Witzen immer noch erwischen.

ER: Ich erinnere mich, ich dachte, ich verstehe K. und weiß, wann ich etwas sagen darf und wann nicht. Wir waren in einem Café und ich habe etwas gesagt, da wurde sie ganz grau im Gesicht. Ich hatte keine Ahnung, was los war.

SIE: Ich habe gelernt, innerlich einen Schritt zurückzutreten. Jetzt können wir solche Situationen auflösen. Im Lauf der Zeit habe ich Vertrauen aufgebaut und gelernt, dass er mir nicht weh tun möchte. Ich kann solche Sachen jetzt auch auf sich beruhen lassen.«

Vertrauen zu haben, ist in einer interkulturellen Partnerschaft zentral. Es bildet die Brücke zwischen den Partnern. Auch in Situationen, in denen Unverständnis herrscht oder fehlendes Wissen trennend wirken kann, besteht in einer vertrauensvollen Beziehung die Gewissheit, dass der Partner zu einem steht und nicht verletzen will. Es gibt eine Verbindung auf emotionaler Ebene: die Liebe, die beide gemeinsam haben.

Auch die Österreicherin S. und ihr Mann C. aus der Türkei erleben Humor als einen Aspekt in der Kommunikation, bei dem tiefgreifende kulturelle Unterschiede zu Tage treten:

ER: »In Wahrheit geht es die ganze Zeit um Kultur, auf ganz tiefer Ebene. Man braucht Mut, um sich das anzuschauen. Ja, es ist verschüttet, es ist wie eine Reise zu sich selbst. Es eröffnet sich ein wichtiger Raum, den man besuchen muss, ein Grundmuster, das in einem angelegt ist, und von da her kommen diese Wortmissverständnisse. Oft konträre Unterschiede. Die Färbung und die Sprache spielen dabei eine Rolle. In meiner Muttersprache drücken wir in so wenigen Wörtern alles aus. Darin liegt der türkische Humor. Wir spielen mit Wörtern, ganz subtil. Der österreichische Humor ist ein Brachial-Humor, man schunkelt oder ist sehr sarkastisch, wirklich böse, auch Schadenfreunde ist dabei. Wir in der Türkei haben

> einen anderen Humor, der sehr subtil ist und der durch das Spielen mit der Sprache entsteht. Ich spiele mit der Sprache, gebe den Wörtern oft neue Bedeutungen, die nur mir bekannt sind. Ich spreche gern in Metaphern, dann gehen bei meiner Frau die Sicherungen durch und sie sagt: Komm doch endlich zum Punkt!«

Die Interview-Partnerin H. aus Singapur erwähnt auch, dass sie Humor als sehr kulturspezifisch empfindet:

> »Ja, Humor, das ist ein Thema hier! Ich lernte den dunklen Humor hier kennen. Es ist eine Art zu kommunizieren, ja, der Schmäh. Ich habe lange gebraucht, bis ich ihn verstanden habe.«

Bei G., gebürtige Amerikanerin, die in Deutschland aufgewachsen ist, in Österreich studiert hat und jetzt auch dort lebt, und ihrem österreichischen Mann C. bildet der Wiener Humor den Kern ihrer kulturellen Unterschiede:

> ER: »Sie versteht mich nicht, wenn ich sage: ›Ich sag's ja net gern, aber du schaust wunderbar aus...‹ So sagt man das in Wien.
>
> SIE: Immer dieses ›Ich bitte, ich könnte, ich hätte...‹ Ich frage mich, warum ihr das nicht direkt sagen könnt ...
>
> ER: Du darfst das nicht wörtlich nehmen!«

Für das Paar J. und W., eine Iranerin und einen Österreicher, ist Humor sehr wichtig.

> SIE: »Viel Spaß miteinander zu haben, das ist mir wichtig.
>
> ER: Humor ist wichtig. Vertrauen und Humor sind die Basis einer langen Beziehung. Ich schrieb meiner Frau, als wir uns noch nicht lange kannten, in einer E-Mail: ›Ich bin ein IRANA.‹ – Ich Reise Aus Niederösterreich An. Wir haben sehr darüber gelacht!«

Dass Witze immer in einem kulturellen Kontext stehen, erkennt man auch daran, dass sie nur schwer zu übersetzen sind. Oft sind es Sprachspiele, Andeutungen oder Themen, die nur in einem bestimmten sozialen, politischen und kulturellen Kontext funktionieren. Man versteht sie nur, wenn man das entsprechende kulturelle und soziale Gedächtnis hat, denn der Witz greift auf einen spezifischen gemeinsamen Wissensbestand zurück. In unterschiedlichen Kontexten sind unterschiedliche Themen für Witze tabu[81] – aufgrund von bestehenden kulturspezifischen Normen, aber auch Gefühlen des Anstands in der betreffenden Gesellschaft. Zum Beispiel sind in Deutschland und Österreich Witze über die Opfer des Holocausts und die Gräueltaten Adolf Hitlers tabu. Bei einer Studienreise nach China, an der ich teilnahm, salutierte unser chinesischer Reiseführer bei einem der vielen Gruppenfotos mit dem Hitlergruß – wir alle waren entsetzt und erklärten ihm eilig den historischen Kontext. Für ihn war es lustig, für uns eine ernste Tabuverletzung.

Auch Tradition und Religion können solche Tabus sein. Im islamischen Kontext sind beispielsweise Themen wie Geschlechterrollen und vor allem religiöse Inhalte bei Witzen tabu. Eine Karikatur Gottes oder Mohammeds zum Beispiel verstößt danach gegen einen zentralen Wert im islamischen Glauben, nämlich den uneingeschränkten Respekt vor Gott und seinem Propheten Mohammed. »Dabei hat es in der islamischen Welt seit jeher Humor gegeben, in Form von lustigen Anekdoten und Geschichten oder auch in der knappen, schnellen Art des kurzen Witzes mit knallender Pointe.«[82]

Witze dienen auch als eine Art Bewältigungsstrategie in stressvollen Situationen. Ein Amerikaner beginnt zum Beispiel einen Vortrag gern mit einem Witz oder einer Anekdote. Das würden Japaner als zu selbstzentriert empfinden, sie nehmen sich in so einer Situation vielmehr gänzlich zurück. Dafür begegnet einem in Asien oft ein Lächeln, das nicht Ausdruck persönlicher Gefühle ist, sondern eine unangenehme Situation entspannen und eine gute Atmosphäre schaffen soll. In China wird Humor auch beim Erklären eines Sachverhalts oder einer treffenden Argumentation eingesetzt – eine Situation, in der man in Deutschland eher sachlich bleiben würde. Der jüdische Humor wiederum ist für seine Hintergründigkeit und seinen Sarkasmus bekannt, auch für die Selbstironie.[83]

Ob als kulturelles Merkmal oder als Bewältigungsstrategie in kniffligen Situationen – Humor basiert zuallererst auf dem kollektiven Gedächtnis. In Österreich ist ein dunkler, sarkastischer und oft (selbst-) verletzender Humor verbreitet, vor allem in der Hauptstadt Wien. Der »Wiener Schmäh«, das ist ein »humoristisch-verniedlichender arglistig-böser liebenswert-freundlicher lebensbejahender und doch melancholischer Ausdruck der Seele«.[84] Er ist ein gutes Beispiel dafür, wie wichtig der soziokulturelle und historisch-politische Kontext ist, in dem Humor und Witze entstehen.

ANDERE LÄNDER, ANDERE SITTEN: MULTIKULTURELLE ERFAHRUNGEN HELFEN

Was das gegenseitige Verständnis betrifft, haben interkulturelle Paare einen Vorteil, wenn ihr Familienhintergrund multikulturell ist oder sie selbst internationale Erfahrungen haben. Bei S., einer Österreicherin iranischen Ursprungs, und ihrem Partner D., dessen Eltern aus Guinea-Bissau in Westafrika stammen und der in Portugal aufwuchs und seit seinem zehnten Lebensjahr in Österreich lebt, ist der multikulturelle Hintergrund beider Familien für beide Partner wichtig:

ER: »Wir sind beide stark europäisch beeinflusst und kommen beide nicht nur aus einer Kultur. Meine Freundin S. ist hier geboren, ich lebe seit meinem zehnten Lebensjahr in Wien, bin aber stark von der portugiesischen Kultur geprägt, da ich in Portugal aufgewachsen bin. Ich spreche auch noch kreolisch. Für meine Eltern war aber immer unsere afrikanische Kultur wichtig. Dieser Hintergrund erhöht das Verständnis für einander in bestimmten Situationen.

SIE: Ich bin keine klassische Perserin. Die meisten Perser hier sind Ärzte und bleiben unter sich. Meine Eltern haben sich sehr schnell integriert und das europäische Leben angenommen.«

Die internationalen Erfahrungen der Eltern, aber auch deren Absicht, sich hier in Österreich gut zu integrieren, stärken das Paar in seiner gemeinsamen Wirklichkeit. Wer für Neues offen ist und gleichzeitig einen guten Rückhalt in seiner Herkunftskultur hat, bringt die besten Voraussetzungen mit, um Interkulturalität zu leben. Haben beide Partner selbst internationale Erfahrungen, können sie aufgrund dieser Erlebnisse mit den kulturellen Unterschieden in ihrer Partnerschaft besser umgehen. Bei I. und ihrem indischen Freund M. ist es gut, dass beide Partner beide Länder kennen:

»Er hat in Österreich gelebt und das war sehr hilfreich, denn er kennt unsere Kultur und weiß, wie wir leben. Ich fand seine Außenperspektive sehr spannend. Ich selbst war oft in Indien und habe letztes Jahr sieben Monate dort gelebt und gearbeitet.«

Bei J. und W., einer Iranerin und einem Österreicher, verfügt sie über einen bikulturellen Hintergrund und er hat die Offenheit für andere Kulturen in seiner Familie erworben:

ER: »Ich reise sehr gern. Ich war als UN-Soldat mit 19 Jahren auf Zypern und reiste nach diesem Einsatz noch herum, nach Israel, später dann auch in die Türkei usw. Mein Vater war beruflich oft in Griechenland und arbeitete damals viel mit Gastarbeitern. Von daher hatte er immer ein gutes Verhältnis zu anderen Ländern.

SIE: Meine Mutter ist Österreicherin, mein Vater Iraner. Ich kam als Kind nach Österreich zu meiner Großmutter, dann musste ich wieder in den Iran zurück. Als Erwachsene ging ich dann endgültig nach Österreich.«

Es kann Paaren auch helfen, einander besser zu verstehen, wenn beide eine Zeitlang gemeinsam in einem dritten Land verbringen. K. und B., eine Österreicherin und ein Kanadier, verbrachten ein Jahr auf den Philippinen, und durch diese Erfahrung ist K. toleranter geworden:

»Es gab viele Kultur-Clashes, einer der schwierigsten war, dass er nicht mit Messer und Gabel isst, sondern das Essen vorher schneidet und es dann mit der Gabel in der rechten Hand isst. Da habe ich lange gebraucht, um das zu akzeptieren. Das habe ich erst auf den Philippinen gelernt, denn dort essen sie alles mit dem Löffel. Da konnte ich dann akzeptieren, dass man so oder so isst. Ich fühlte mich dann nicht mehr dafür verantwortlich. Aber zuerst habe ich mich für ihn geschämt, besonders bei meinen Eltern.«

In dieser Aussage wird deutlich, dass ein Erlebnis in einem dritten Land hilft, andere Verhaltensweisen zu akzeptieren, da sie plötzlich in einen anderen Bezugsrahmen gestellt werden. Das ermöglicht eine Betrachtung auf Augenhöhe und wirkt (negativen) Werten entgegen. An diesem zentralen Bewusstseinsvorgang im interkulturellen Kontext wird deutlich, wie eine Erkenntnis auf die Handlungsebene gebracht wird.

Bei H. und T., einer Chinesin und einem Österreicher, war neben den internationalen Erfahrungen, über die beide verfügen, auch die Tatsache wichtig, gemeinsam in einem dritten Land gewesen zu sein. Dazu H.:

»Mein Mann ging für drei Jahre nach San Franzisko. Ich war nicht ständig dort, aber ich pendelte, da ich beruflich auch gebunden war. In San Franzisko waren wir beide auf gleichem Level, wir waren beide fremd in einem dritten Land. Das war eine wichtige Erfahrung für uns.«

Beide sind in der neuen Umgebung gleichermaßen herausgefordert, und durch diese Erfahrung der Gleichheit können sie einander auch anschließend auf gleicher Ebene begegnen. Respekt und Anerkennung für den anderen werden so gestärkt.

C., eine Japanerin, und ihr österreichischer Mann hatten beiderseits Erfahrungen im jeweiligen Land. Sie arbeitete einige Jahre in Deutschland, er verbrachte längere Zeit in Japan:

SIE: »Wir waren bei der Arbeit zusammen und haben uns da kennengelernt. Er war der einzige Ausländer im Büro und die anderen Japaner konnten nicht so gut Englisch. So kamen wir zusammen. Als sein Vertrag auslief, ist er nach Österreich zurückgekehrt und hat mich gefragt, ob ich ihn heiraten möchte. Ich bin dann nach Österreich gegangen. Für mich war klar, dass ich aus Japan wieder weggehe, ich wollte zurück nach Europa und das war ein guter Zeitpunkt. Wien kannte ich nicht. Ich habe in Deutschland Deutsch gelernt, das half. Mein Mann versteht viel Japanisch, das ist angenehm.«

Etwas über den jeweiligen kulturellen und sprachlichen Kontext zu wissen ist wichtig, um Erwartungen zu präzisieren. C. wusste genau, was sie in Europa erwartete, und sie ging mit einer konkreten Absicht aus Japan weg. Dazu die Soziologin Brigitte Wießmeier: »Viele, insbesondere in den soziokulturellen modernen Milieus, haben ein bikulturelles Selbstbewusstsein (...). Und viele sehen Migrationshintergrund und Mehrsprachigkeit als Bereicherung – für sich selbst und für die Gesellschaft. (...) viele haben einen bunt gemischten internationalen Freundeskreis. In den gehobenen Milieus liegt der Anteil deutlich höher (...).«[85] Dies bestätigt die Chinesin H.:

»Wir haben viele Freunde, die gemischte Paare sind. Dadurch gibt es viele Gemeinsamkeiten, man hat internationale Erfahrungen und tauscht sich aus.«

Bei einem anderen Paar war der interkulturelle Hintergrund von beiden die Grundlage für ihre Beziehung. C. eine Französin, mit A., einem Österreicher mit Schweizer-ungarischen Wurzeln verheiratet, meint dazu:

»Wahrscheinlich hat uns diese interkulturelle Situation zusammengebracht. Der Vater meines Mannes kommt aus Ungarn, seine Mutter ist Schweizerin, meine Eltern kommen ursprünglich aus Algerien, dann waren sie in Italien und gingen dann nach Frankreich. Unsere Familie hat überall Verwandte, von Algerien bis Jemen, denn die Frau meines Schwagers ist aus dem Jemen.«

Die Heimat des Partners kennenzulernen und Neugierde und Offenheit zu zeigen, sind wichtige Kriterien für M., eine Österreicherin, und ihren Mann A., einen Israeli:

ER: »Ich habe vor 15 Jahren zum ersten Mal in Wien gearbeitet, bin danach zurück nach Israel, dann für einige Zeit an die israelische Botschaft in Wien, wieder zurück, und dann habe ich meine Heimat wegen eines gut bezahlten Jobs in Wien verlassen.

SIE: Bevor ich meinen Mann kennengelernt habe, hatte ich wenig Bezug zu Israel, jetzt beschäftige ich mich damit. Ich war immer offen für andere Kulturen und bin viel gereist. Ich war auf den Kap Verden, da ist alles ganz anders. Man muss akzeptieren, dass es so ist. Man lernt ganz andere Einstellungen kennen. Israel ist ganz westlich, amerikanisch. Das Leben ist viel rascher als bei uns. Die Arbeitswoche dauert schon einen Tag länger als bei uns.«

Dadurch, dass die Familie in Österreich lebt, entsteht zunächst ein kulturelles Ungleichgewicht. Dies kann jedoch ausgeglichen werden, indem der einheimische Partner sich für das Land des jeweils anderen aktiv interessiert.

Z., eine Chinesin, spricht über den internationalen Hintergrund, über den sie und ihr Mann verfügen und der für beide wichtig ist, denn darauf bauen Erfahrung, Wissen und kulturspezifische Kenntnisse auf:

»Meine Eltern wollten schon, als ich noch jung war, dass ich zum Studieren nach Europa gehe. Sie haben beide während der Kulturrevolution sehr gelitten. So war es für sie sehr wichtig, dass es ihrem Kind gut geht. Mein Mann hat viele Länder gesehen, und ich selbst wollte viel reisen und herumkommen. Ich war zuerst in Spanien, da haben wir uns auch kennengelernt.«

Internationale Erfahrungen waren auch bei I., einer Albanerin, und ihrem Mann J., einem Dänen – beide leben mit ihren gemeinsamen Töchtern in Österreich –, eine wichtige Voraussetzung für ihre Beziehung:

»Wir lernten uns in Singapur kennen: Er ist mehr Däne als ich Albanerin. Aber er ist auch kein typischer Däne, er war ja viele Jahre im Ausland und hat durch seine Arbeit einen internationalen Hintergrund. Mein Vater ist Albaner, meine Mutter Griechin, und wir sind Anfang der 1990er-Jahre nach Wien gekommen. Da war ich vierzehn. In meinem Beruf leitete ich ein internationales Team. Durch diesen Hintergrund, den wir beide haben, ist unsere Beziehung überhaupt erst möglich geworden! Ich glaube, wenn wir beide ›typisch‹ wären – er typisch Däne, ich typisch Albanerin –, dann würde es nicht funktionieren.«

Der internationale Hintergrund bei beiden bewirkt, dass das Paar mit den kulturellen Unterschieden offen und respektvoll umgehen kann. Die Fähigkeit zur Reflexion und das Einfühlungsvermögen, die damit einhergehen, sind zentrale Aspekte interkultureller Kompetenz.

Bei G., einer gebürtigen Amerikanerin, in Deutschland aufgewachsen und in Österreich ausgebildet, und ihrem österreichischen Mann C., wird ein anderer Aspekt betont:

ER: »Ich bin in Wien verwurzelt und das totale Gegenteil von meiner Frau, die nirgends wirklich zu Hause ist. Das ist halt so, das ist meine Geschichte. Ich für meinen Teil sah nie einen Sinn darin, dass ich drei Jahre nach Singapur gehe, ich wüsste nicht, was ich dort tun sollte außer schwitzen. Aber aus dieser Tatsache der Verwurzelung heraus wird man leicht in ein Eck gedrängt und als provinziell abgestempelt. Das schätze ich nicht besonders, nur weil jemand verwurzelt ist, dass man ihm dann gleich eine fehlende Bereitschaft zur Internationalität zuschreibt.

SIE: Es geht ja nicht darum wegzugehen von hier. Ich könnte niemals mehr in Amerika leben, ich liebe Wien und das Leben in Europa. Alles hat mich hier begeistert, von Anfang an. Aber ich nahm meine amerikanischen Wurzeln mit, dieses ›Outgoing‹, das ist ein großer Unterschied zu meinem Mann.«

Verfügt nur ein Partner über einen internationalen Hintergrund, kann es zu Konflikten kommen, da wichtige Erfahrungen nicht geteilt werden können. Es bedarf großer Einfühlsamkeit beider, diese nicht gemeinsamen Erfahrungen dennoch beim anderen zu schätzen und anzuerkennen.

EINE GROSSE FAMILIE: WELCHE ROLLE SPIELT DIE VERWANDTSCHAFT?

Wie in jeder Partnerschaft wirkt auch bei interkulturellen Paaren der jeweilige Familienhintergrund in die Beziehung hinein. Deshalb ist es entscheidend, dass beide sich sowohl mit den eigenen Familienwerten als auch mit denen des Partners sehr bewusst auseinandersetzen. Ist die Familie offen gegenüber einer Person, die anders aussieht? Kann das Paar damit rechnen, von den Familien unterstützt zu werden? Welche Rollenerwartungen stehen im Vordergrund?

GEGENWIND FÜR DIE LIEBE: WENN ANGEHÖRIGE DEN PARTNER ABLEHNEN

Wenn eine der Herkunftsfamilien die Partnerschaft nicht anerkennt und unterstützt oder sie sogar bekämpft, dann hat dies erhebliche Auswirkungen auf den Verlauf der Paarbeziehung. Dazu berichtet V., eine Österreicherin, die mit S. aus Indien verheiratet war:

> »Interessant war, dass meine Geschwister meinen Mann total ablehnten. Ich hätte das nicht für möglich gehalten. Meine Eltern hingegen waren total offen, meine Mutter lernte sogar Englisch, um sich mit S. besser unterhalten zu können, und beide stellten ihm immer viele Fragen über seine Kultur und Religion. Das war für mich sehr schön, sehr wichtig.«

Unterstützung von Seiten der Familie ist wichtig, wenn auch nicht selbstverständlich. K., eine Österreicherin, mit dem Kanadier B. verheiratet, weiß das:

> »Schwiegerfamilien sind nicht immer offen für den Partner aus einem anderen Land. Sie haben oft Angst, dass ihr Kind für immer weggeht. Meine Schwiegermutter fragt heute noch meinen Mann erstaunt, weshalb er Deutsch lernt. Eine

Sensibilisierung dafür, dass etwas wertvoll sein kann, auch wenn es anders ist, existiert bei ihr nicht. Meine Eltern waren in Kanada, wir haben ihnen B.'s Land gezeigt. Sie waren beide interessiert und offen und haben B. wirklich aufgenommen.«

Kommt es zur Ablehnung des Partners durch Familienmitglieder, kann dies zu Loyalitätskonflikten führen und im schlimmsten Fall auch zum Abbruch des Kontakts zur Familie. In diesem Zusammenhang ist es wichtig, sich mit dem Partner, der diese belastenden Probleme mit der Familie ausfechten muss, zu solidarisieren und hinter ihm zu stehen. Je geeinter sich das Paar nach außen verhält, desto mehr kommuniziert es der Außenwelt seine eigene geschaffene Wirklichkeit. Es ist wichtig, dass sich beide eindeutig positionieren.

Es kommt auch vor, dass Eltern die Identität des zugezogenen Ehepartners oder Verlobten prüfen lassen um sicherzustellen, dass im Strafregister nichts gegen diese Person vorliegt. Dabei ist meist die Nationalität des Betroffenen ausschlaggebend. Dazu aus dem Bericht des Vereins FIBEL in Wien: »In wie vielen Fällen lassen Eltern den Leumund des zukünftigen Schwiegersohnes überprüfen, wenn dieser ein ›Unsriger‹ ist? Uns ist kein einziger solcher Fall bekannt. Aber allein zwei unserer zwanzig Interviewpartnerinnen mussten erleben, dass ihre Partner im Auftrag der eigenen Eltern polizeilich oder mit Unterstützung durch einen Detektiv kontrolliert und zum Teil überwacht wurden. Nicht zufällig sind beide der betreffenden Partner schwarz, nicht zufällig stammen beide der betreffenden Partner aus einem afrikanischen Land.«[86]

Eine Anerkennung der Partner von Seiten der Familie ist sehr wichtig, denn Anerkennung ist ein Grundbedürfnis. Fehlt sie, können Menschen depressive Stimmungen und in der Folge psychosomatische Erkrankungen entwickeln.

Ein anderes Paar erlebt Skepsis bei manchen Angehörigen, aber auch Unterstützung durch die Familie. S., eine Iranerin, und ihr Partner D. aus Westafrika berichten:

SIE: »Als mein Freund D. und ich zur Hochzeit meiner Cousine in den USA eingeladen waren, wurde ich von meiner Tante gefragt, ob ich D. heiraten wolle. Ich erwiderte, nach fünf Jahren Beziehung wäre ein solcher Gedanke schon naheliegend. Beim Essen stellte meine Mutter D. dann auf ein Podest und hob hervor, dass er fünf Sprachen spreche, studiere, seine Schwestern ebenso studierten usw. Ich sagte dann zu ihr, es sei schon okay, D. brauche keine Rechtfertigung. Denn für mich ist es kein Problem, dass er schwarz ist. Danach erhielt ich von D. eine große Merci-Schokolade als Dank.

ER: Ja, die Umwelt macht oft Probleme, nicht man selbst. Wichtig ist, dass in der Familie, mit den Eltern, eine gute Atmosphäre herrscht und alle zufrieden sind. Meine Freundin ist meiner Kultur in vielerlei Hinsicht ähnlich, das sehen auch meine Eltern so.

SIE: Als ich meinem Vater zum ersten Mal von D. erzählen wollte, wusste ich zunächst nicht, wie ich es ansprechen sollte. Wir waren essen, ich erzählte, dass ich einen Freund hätte, der fünf Sprachen spricht und studiert, wie seine Schwestern auch, und erst ganz zum Schluss sagte ich, dass er schwarz sei. Daraufhin erwiderte mein Vater, es sei ihm egal – solange D. mich nicht von meinem Studium abhalte, könne ich machen, was ich wolle.

ER: Meine Eltern haben nie gesagt, dass ich nur eine Frau aus den Reihen meiner Landsleute heiraten darf. Es gibt außerdem nur sehr wenige von uns hier. Als ich ihnen S. vorstellte – es war ganz kurzfristig, denn wir wollten nach Portugal zu meinem Onkel, und ich fand, dass ich S. zuerst meinen Eltern vorstellen sollte, bevor mein Onkel sie kennenlernen würde –, gab es ein kurzes Hallo, keine große Sache, und irgendwie ging's.«

In diesem Bericht wird deutlich, dass das positive Feedback der Familien große Bedeutung für das Selbstverständnis des Paares hat. Dies gilt besonders, wenn beide Partner aus Familien mit engen Bindungen stammen. Gerade in solchen Familien ist der familiäre Zusammenhalt wichtig. Bei diesem Paar wird auch deutlich, dass beide Eltern sehr offen sind und ihren Kindern alle Möglichkeiten bieten wollen, um beruflich wie privat gut voranzukommen. Die offene Haltung der Eltern ermöglicht dem Paar einen Kontext, in dem die kulturelle Vielfalt beider gelebt werden kann.

Die Chinesin Z., verheiratet mit einem Österreicher, erzählt von ihrer Familie und von den Erwartungen, die Familien in China allgemein haben:

> »In Europa sind die Leute sehr selbständig, man mischt sich auch nicht ein wie in China. In China ist die Familie immer involviert. Großfamilien gibt es kaum mehr. Die Arbeiter vom Land gehen in die Stadt, die kleinen Familien bleiben auf dem Land. In China ist es so, dass Ehrgeiz zum Erfolg führt. Dahin wird man erzogen. Eine gute materielle Grundlage und Erfolg sind ganz wichtig in China.«

H., auch aus China und verheiratet mit dem Österreicher T., erzählt von der Akzeptanz, die sie und ihr Mann bei ihren Familien erleben:

> »In meiner Familie wurde mein Mann sofort akzeptiert. T. ist meinem Vater ähnlich, deshalb war das kein Problem für meine Mutter. Nur das Alter, T. ist jünger als ich, das wurde von meiner Mutter am Anfang als kleines Problem gesehen. Aber wir beide wurden in beiden Familien gut akzeptiert. Mein Mann ist sehr familienorientiert und kümmert sich sehr um seine Eltern. Als Chinesin ist das für mich sehr vertraut. Ich habe eine sehr enge Beziehung zu meiner Mutter und bin immer für sie da, wenn ich in China bin. Unsere Familien sind zwar unterschiedlich – meine Eltern sind Intellektuelle und T.'s Eltern sind Geschäftsleute –, aber die Unterschiede sind nicht groß. In meiner Familie war immer die menschliche Ebene wichtig, nicht das Materielle. Das haben mein Mann und ich auch gemeinsam.«

H. betont im Interview, dass in ihrer Beziehung kulturelle Unterschiede gar nicht im Vordergrund stehen. Diese Betrachtungsweise ist in interkulturellen Beziehungen sehr hilfreich. Anstatt eher auf Unterschiede zu achten, blicken die Paare dann auf das, was sie verbindet und was sie zusammen gut meistern: Wo liegen die Gemeinsamkeiten? In welchen Bereichen gibt es Überschneidungen kultureller Kontexte? Was läuft gut?

DAS IST EBEN SO: UNTERSCHIEDLICHE ROLLENERWARTUNGEN

Ein Familienhintergrund, bei dem die Geschlechterrollen im Haushalt sehr klar aufgeteilt sind, kann eine große Herausforderung für eine Beziehung sein, in der ein partnerschaftliches Modell angestrebt wird. Dazu V. über ihren indischen Mann S.:

»Als wir uns kennengelernt haben, sprachen wir von 50-50 % im Haushalt. Und später rannte ich ihm mit dem Staubsauger nach und sagte: ›Du hast doch über 50-50 % gesprochen ...‹ Solche Dinge vorher zu sehen, ist unmöglich!«

Unterschiedliche Wertvorstellungen in Bezug auf die Rollenverteilung zwischen den Geschlechtern im Alltag bilden eine Kluft, die vielleicht nur durch zahlreiche Gespräche zu überwinden ist.

Welchen Einfluss die Familie hat, wird bei J. und W., einer Iranerin und einem Österreicher, deutlich, denn bei Verwandten und Freunden im Iran herrschen konkrete Rollenerwartungen:

SIE: »Ich stehe dort die ganze Zeit unter Anspannung, weil ich nicht weiß, wie ich reagieren muss. Das ist ein Wahnsinnsstress für mich. Ich sage mir: ›Entstresse dich, es ist okay, du bist Europäerin‹, aber die anderen sehen mich als Perserin. Keiner sieht mich so, dass ich schon seit 25 Jahren in Österreich lebe und gar nicht wissen kann, was im Iran los ist. Aber ich kann es nie hundertprozentig richtig machen, das ist der Stress für mich.

ER: Im Iran ist es kein Problem für mich, wenn sie Perserin ist.«

Dieser Abschnitt zeigt, dass es im Iran wichtig ist, den vorgegebenen Rollen zu entsprechen und das Gesicht zu wahren. Wenn J. dort ist, sieht sie die Bedeutung dieser Werte – etwas, das in Österreich so nicht zum Tragen kommt, von ihren iranischen Angehörigen jedoch als selbstverständlich vorausgesetzt wird. Beide Partner können darüber sprechen und sich von den jeweiligen Rollen distanzieren, weil sie das Verhaltensmuster des anderen im anderen Kontext akzeptieren können.

Auch in Japan herrscht eine eindeutige Rollenerwartung vor. Dazu die Japanerin C., die mit einem Österreicher verheiratet ist:

»Asiatische Frauen sind daran gewöhnt, dass sie sich zurückhalten und die schwächere Rolle einnehmen. Das lernt man automatisch, das liegt im Blut. Es funktioniert so, dass man dem Mann sagt, er sei so toll. Man spielt das. Es ist unsere Erziehung, man tut so. Ich finde es nicht gescheit, wenn die Frauen so stark sind und die Männer unterdrücken. Man nimmt sich zurück, das ist leichter, auch für den Mann. Es geht um Harmonie. Das sind die großen Unterschiede zwischen Österreich und Japan. Meine Tochter und ich haben einmal meinem Sohn nur schöne Sachen geschrieben, also ihn sehr gelobt und so. Er war so froh und hat sich sehr gefreut! Es hat ihm gut getan! Frauen sind nicht so, meine Tochter braucht das nicht. Wenn ich so was machen würde, würde sie gleich fragen: ›Was willst du von mir?‹ Männer sind einfacher, Frauen sind etwas hinterlistiger. Ich denke, das ist so von Anfang an, es liegt in den Genen.«

C. spricht hier zentrale Werte der japanischen Kultur an, nämlich Höflichkeit, Hierarchie und Harmonie. Wie man sich verhält und wie höflich man dabei ist, hängt von der Art der Beziehung zu der jeweiligen Person ab. Das Verhältnis zwischen Ehemann und Ehefrau ist grundsätzlich hierarchisch strukturiert, wobei das Aufrechterhalten der Harmonie im Vordergrund steht. Damit verbunden sind ein ausgeprägtes Rollenverständnis und eine hoch entwickelte Empathie, um die Bedürfnisse und Befindlichkeiten des Partners zu erfühlen. Eine japanische Frau wird dazu erzogen, sich gegenüber ihrem Mann sehr zurückzunehmen und ihm nach außen hin die stärkere Rolle zu überlassen.[87]

Das hierarchische Verhältnis zwischen Ehemann und Ehefrau in Japan geht auf den Konfuzianismus zurück. Frauen wurden dazu erzogen, gehorsam zu sein – zuerst ihrem Vater und dann ihrem Ehemann und seiner Familie gegenüber. Die japanische Gesellschaft ist sehr patriarchalisch strukturiert. In der Sozialisierung herrschte für lange Zeit eine strikte Trennung der Geschlechterrollen vor. Bei der Frau lag der Schwerpunkt darauf, eine gute Mutter und Hausfrau zu sein, wobei der Erziehung der Kinder ein besonderer Stellenwert eingeräumt wurde. Hausfrauen wurden wertschätzend »professionelle Hausfrauen« genannt. Der Mann galt als Familienernährer und widmete sich ausschließlich seiner beruflichen Tätigkeit. Diese starren Rollen brachen ab den 1990er-Jahren allmählich auf und immer mehr Frauen studierten und verfolgten eine eigenständige Karriere. Seit dem zweiten Jahrtausend ist ein deutlicher Wertewandel in Bezug auf die traditionelle Arbeitsteilung in Japan zu verzeichnen. Dies wird durch eine signifikant sinkende Geburtenrate angezeigt. Die wirtschaftliche Stagnation zur gleichen Zeit ließ jedoch die bis dahin stabilen Lebensentwürfe einbrechen. Heute ist es für Männer wie Frauen gleich schwer, nach einer Universitätsausbildung eine gute Anstellung in einem Großunternehmen zu erlangen.[88]

C. kommentiert die Vormachtstellung des Mannes in der Familie so:

> »Ich finde, egal wo – Männer möchten immer besser sein als Frauen, das ist überall so. In Japan auch, aber auch hier, finde ich, sind Männer empfindlicher als Frauen. Sie sind stolz und es ist immer besser, wenn Frauen ihre Männer loben und sie respektieren. Ich habe herausgefunden, dass es besser ist, wenn mein Mann entscheidet. In dem Sinn muss ich ihn fragen, auch wegen der Kinder. Ich überlasse zuerst ihm die Entscheidung. Natürlich entscheide ich manche Sachen, aber wichtige Sachen lasse ich ihn entscheiden, wie etwa Schule oder Erziehung. Ich sage auch den Kindern, dass der Papa der Chef der Familie ist. So funktioniert es besser. Wenn beide zu stark sind, wenn beide Recht haben möchten, dann ist das schwierig. Weil ich Japanerin bin, kann ich mich so zurücknehmen. Das ist ein starker Zug bei mir.«

In diesem Bericht wird deutlich, dass C. eine Brücke zwischen beiden Kulturen – der japanischen und der österreichischen – geschlagen hat. Aufgrund ihrer japanischen Sozialisierung kann sie sich zurücknehmen und ihrem Mann die Vorrangstellung in der Familie einräumen.

In einem japanischen Kontext hätte sie diese untergeordnete Rolle in der Familie vielleicht nicht so leicht eingenommen, weil sie dort eher das Bedürfnis hätte, sich zu unterscheiden, wie sie selbst an anderer Stelle betont (Kapitel »Ich bin, wie ich bin«). Das ermöglicht ihr ein harmonisches Familienleben und versöhnt unbewusst zwei unterschiedliche Seiten und zwei kulturelle Kontexte in ihr selbst.

Ein ganz anderer Aspekt von Familie wird bei der Deutschen V. und ihrem amerikanischen Mann T. angesprochen. Beide leben in Deutschland, die gemeinsamen Kinder gehen zur Zeit in den USA zur Schule. V. spricht über die Bedeutung des familiären Umfelds für die Kinder:

»Die Familie meines Mannes hat großen Einfluss auf unsere Kinder. Sie sind im Sommer immer in Kanada bei den Großeltern, die dort leben. Mein Einfluss ist dadurch geringer geworden. Das hat mit meiner eigenen Familiensituation zu tun. Wenn es hier mehr Familie von meiner Seite gäbe, dann wäre es anders; wenn meine Eltern noch leben würden und ich meine Geschwister mehr sehen würde. Hier haben wir nur unsere Freunde, gar keine Familie. So hat sich alles auf die Schwiegerfamilie konzentriert, die einen großen Einfluss auf die Kinder hat. Die Kinder fühlen sich in Amerika und in Kanada sehr heimisch.«

RESPEKT VOR DEM ALTER: ELTERN UND GROSSELTERN

Eltern und Großeltern sind in vielen Kulturen Respektspersonen, die hohe Autorität besitzen. Durch sie werden Betroffene (auch unbewusst) zu bestimmten Verhaltensweisen genötigt, oft zum Befremden des Partners, wie V. von ihrem indischen Mann S. erzählt hat:

»Er hat zuerst seine Mama gefragt, ob er mich heiraten darf, bevor er mich gefragt hat. Ich war etwas überrascht, als ich das gehört habe. Aber dort ist es so, er gehört diesem System an, in dem er dafür zuständig war, seine Schwestern zu verheiraten, unter Rücksprache mit den Ältesten im Dorf. Diese Rollenaufteilung hat er im Kopf. Deshalb ist eine Frau wie ich, die sich für Frauenförderung und Mädchenförderung einsetzt, genau das Richtige für ihn!«

Wenn man wie V. in einer egalitären Gesellschaft lebt und eine partnerschaftliche Beziehung anstrebt, ist es schwer, die große Bedeutung von Hierarchie und Seniorität, also Recht des Älteren, in der Familie des Partners nachzuvollziehen. Dazu die Soziologen Ulrich Beck und Elisabeth Beck-Gernsheim: »In vielen nicht-westlichen Ländern, wie z. B. Indien, existiert neben der Hierarchie der Geschlechter eine Altershierarchie, die klare Regeln vorgibt für das Verhältnis zwischen jüngerer und älterer Generation. Je älter die Person, desto höher ihr Status, desto mehr müssen die Jüngeren ihr Ehrerbietung erweisen, Respekt und Gehorsam sind Pflicht.«[89] Es ist für eine Europäerin nicht leicht, sich in diesem Punkt zurückzunehmen und die Rolle anzunehmen, die ihr durch diese hierarchischen Strukturen zugeteilt wird.

A., ein Israeli, der mit M., einer Österreicherin, verheiratet ist, erzählt, dass die Generation von Israelis, die den Holocaust erlebt haben, oft eine ambivalente Einstellungen gegenüber Österreichern hat. A. berichtet:

»Ich war bei meinem Großvater, bevor ich mit M. die Beziehung so richtig ernsthaft weiter gelebt habe, und ich habe ihn gefragt, was er davon hält, wenn wir heiraten würden. Er hat mir gesagt: ›Mach weiter mit deinem Leben, lebe dein Leben und nicht die Vergangenheit.‹ Das hat mich entlastet.«

Für Juden ist bis heute das historische Gedächtnis ein bedeutsamer Faktor im Verhalten auch der nachfolgenden Generationen. Hier wird deutlich, dass das Verhalten von A. durch den historischen Kontext bestimmt wurde. Der Großvater war wegen seiner Holocaust-Erfahrung für ihn der erste Ansprechpartner, als es darum ging, seine Beziehung zu einer Österreicherin zu legitimieren.

Die ältere Generation kann auch Vorbild im Sinne einer Abweichung von den Normen sein. Die Österreicherin S., persischer Herkunft, erzählt über ihre Eltern Folgendes:

»In Persien legt man viel Wert auf eine gute Kinderstube und ist sehr respektvoll gegenüber den Eltern und älteren Personen. Meine Eltern tanzten aus der Reihe, weil sie sich scheiden ließen. Das war im Freundeskreis hier ein großes Thema. Viele Bekannte mischten sich ein, gaben meiner Mutter Ratschläge, sie solle doch mehr Verständnis haben usw. Meine Mama wollte aber niemandem der Gesellschaft zuliebe etwas vormachen. Sie war Kinderärztin, hat sich nach der Scheidung durchgekämpft und geht jetzt ihren Interessen nach und ist Sängerin, schreibt ihr Buch und gibt internationale Konzerte. Sie ist ihren Weg gegangen.

Sie ist damit auch ein bisschen ein Vorbild für die anderen iranischen Frauen, die sich nicht trauen, so einen Schritt zu machen. Es war nicht leicht für sie, sich zu trennen. Sie war sehr mutig und hat viel auf sich genommen.«

Der Partner von S., der aus Westafrika stammt, über das Verhältnis zu seinen Eltern:

»Wir sind auch sehr respektvoll gegenüber den Eltern. Wir werden nie laut, und auch wenn die Eltern Unrecht haben, dann muss man ihr Gesicht wahren und es so hinbiegen, dass sie es irgendwie mitbekommen, aber indirekt. Denn die Eltern dürfen nicht erniedrigt werden.«

Diese Äußerungen machen deutlich, was unter Seniorität zu verstehen ist und wie die Achtung vor dem Älteren in der Erziehung angelegt wird. S. und D. haben diesbezüglich durch ihre jeweilige Erziehung viel gemeinsam.

Die Österreicherin I. erzählt, welche Instanz die Eltern für ihren indischen Freund sind. Er erweist ihnen immer großen Respekt und streicht die eigene Individualität nicht heraus, sondern nimmt sich aus Höflichkeit und Achtung zurück:

»Bei seinen Eltern ist er ganz still und zieht sich zurück. Das Eigene, das in ihm steckt, versteckt er vor ihnen. Ich finde das ganz schade, weil er so ein kluger Mensch ist, so klug, dass er sich zurückzieht, wenn es nichts zu gewinnen gibt. Das war am Anfang für mich schwer nachzuvollziehen, weshalb es ihm kein Bedürfnis ist, sich vor seinen Eltern zu zeigen. Er erzählte ihnen auch nicht von seinen vielen Bewerbungen. Er wollte ihnen die Enttäuschung ersparen, meinte er dazu.«

Hier zeigt sich neben der Höflichkeit und dem Respekt gegenüber den Eltern auch, wie wichtig es M. ist, das Gesicht zu wahren. I. hat erkannt, dass ihr Freund bei seinen Eltern ein ganz anderes Verhalten an den Tag legt als ihr gegenüber. Es geht in diesem Kontext nicht darum, wie man wirklich ist, sondern darum, dass die Rollenerwartungen erfüllt werden und die Form gewahrt bleibt. Das ist in Mitteleuropa ganz anders, wo erwachsene Kinder zu ihren Eltern oft ein sehr offenes und freundschaftliches Verhältnis haben und autonom ihr eigenes Leben leben.

Der Elternkontext ist in vielen Ländern von spezifischen Rollenerwartungen innerhalb der Familie geprägt, und hinter der nach außen hin demonstrierten Emotionalität der Beziehung gibt es auf einer tieferen Ebene eine größere Distanz. So auch bei H. aus Singapur, die wir schon ein paar Mal gehört haben, und ihrem österreichischen Mann B. Sie erzählt von ihrem Familienleben:

> »Zu Hause haben wir keine harten Diskussionen, mit meiner Mama zum Beispiel, oder mit meinem Bruder. Die Familie ist groß, wir sind immer zusammen, aber es gibt gleichzeitig eine Distanz. Es gibt keine tiefschürfenden Diskussionen wie hier. Meine Eltern sind geschieden, aber darüber wurde nie geredet! Mein Mann, der immer alles ausdiskutiert, fing schon bei den ersten Treffen mit meiner Mutter an, sie darüber auszufragen. So etwas würden wir nie machen! Aber jetzt kennen sie ihn und wissen, dass er immer viele Fragen stellt, und sie sind darauf vorbereitet.«

Harmonie und das Gesicht zu wahren spielen hier eine große Rolle, was auch in der Alltagskommunikation deutlich wird, wo die Familienmitglieder aus Respekt vor den anderen vermeiden, über Probleme oder Unangenehmes zu sprechen. Doch Verhaltensmuster können sich durchaus verändern, wenn unterschiedliche Kontexte sich kreuzen und durch (unbewusste) Tabubrüche andere Verhaltensweisen eingeführt werden.

Die Beziehung zu den Eltern kann auch konfliktträchtig sein. In der Regel hat es Auswirkungen auf die Beziehung, wenn beide Partner ein unterschiedliches Verhältnis zu ihren Eltern haben. Bei C., einer Französin, und ihrem österreichischen Mann A. kommt dies zum Tragen:

> »Ich habe nie eine starke Beziehung zu meinen Eltern gehabt, ich bin früh von zu Hause weggegangen und bin sehr selbständig. Ich kann ohne meine Eltern leben. Mein Mann telefoniert fast jeden Tag mit seiner Mutter. Wenn ich nicht da bin, geht er immer zu seinen Eltern. Wenn ich meine Eltern sehe, gehen sie mir nach

einem Tag schon auf die Nerven. Das ist eine Kluft zwischen uns, da sind wir sehr konträr. Das ist für mich manchmal sehr schwierig, es ist eine ganz andere Welt. Außerdem muss ich so viel organisieren, um meine Familie in Frankreich zu sehen. A. denkt, ich mag meine Familie nicht. Aber wir verstehen uns einfach nicht, und das wird auch nicht besser. Für ihn ist das anders, er ist immer bei seiner Mutter. Einer der Gründe, weshalb ich weggegangen bin, war der, dass wir nicht miteinander auskommen. Mein Mann versteht das nicht so gut.«

Der unterschiedliche Stellenwert der Eltern lässt sich aus dem jeweiligen Familienkontext heraus verstehen. So könnte einer der beiden Partner sagen: Es gibt Gründe, warum die eigene Familie für meine Partnerin keine so große Rolle spielt, aber ich sehe, dass ihr unsere gemeinsame Familie sehr wichtig ist. Wenn beide bemüht sind, den Kontext des jeweils anderen zu betrachten – und die Unterschiede zum eigenen familiären Hintergrund –, werden sie einander besser verstehen.

DAS GESICHT WAHREN: HÖFLICHKEIT UND GASTFREUNDSCHAFT

Höflichkeit und Gastfreundschaft sind im Alltag aller Paare wichtige kulturelle Werte. Bei interkulturellen Paaren ist dabei entscheidend, welche Herkunftskulturen beteiligt sind und welche Regeln in diesen Kulturen gelten. J. ist eine Iranerin, die als Kind und später wieder als junge Frau nach Österreich kam und nun seit über fünfundzwanzig Jahren dort lebt und seit zehn Jahren mit dem Österreicher W. verheiratet ist. Die beiden berichten:

ER: »Ein Problem ist das Essen. Im Iran gibt dir jeder Essen, du bekommst immer nachgereicht. Es gibt so viele verschiedene Speisen, von denen du sicher eine noch nicht probiert hast, und so fangen sie dich. Sie fragen immer wieder nach, ob du dies oder das schon probiert hast. Irgendwann musst du dann ›nein‹ sagen und schon hast du es auf dem Teller. Hier in Österreich sind wir ganz anders erzogen. Man isst alles auf und nimmt sich nur das, was man essen kann. Ich hab mich jetzt aber daran gewöhnt. Es ist kein Thema mehr für mich.

SIE: Wir haben den Kampf nur zu Hause, wenn Gäste kommen. Dann koche ich drei bis vier Speisen, auch wenn nur wenige Leute kommen. Das macht man bei uns so, man geniert sich, wenn nicht total viel gekocht wurde oder zu wenig Fleisch dabei ist. Aber ich lerne dazu, denn er hat ja recht, es macht hier keinen Sinn. Er akzeptiert es, aber er will nicht, dass ich mir so viel Arbeit mache.«

Gastfreundschaft ist ein zentrales Thema in allen Kulturen. Eine überschwängliche Gastfreundschaft orientiert sich stark an Beziehungen und sozialer Zuwendung. Wer ein guter Gastgeber ist, unterstreicht außerdem seinen sozialen Status. In diesem Kontext ist der Gast König und wird überreich bewirtet, so wie J. und W. es oben vom Iran erzählen. Die andere Form von Gastfreundschaft ist eher sachlich ausgerichtet: Man kocht genauso viele Portionen, wie Gäste erwartet werden. In den europäischen Ländern, in denen diese Praxis vorherrscht, wirkt auch das historische Gedächtnis der Kriegs- und Nachkriegszeit, eine Zeit, in der es kaum etwas zu essen gab und die Menschen hungerten. Erzählungen derer, die den Zweiten Weltkrieg und die Nachkriegszeit erlebt hatten, prägten die nachfolgende Generation, die lernte, mit Essen achtsam umzugehen. In dieser Kultur wäre es ein Regelverstoß, mit Essen verschwenderisch umzugehen. Ein interkulturelles Paar, das Gäste bewirtet, sollte sich so unterschiedlicher Prägungen bewusst sein.

Auch im nächsten Fall wird Gastfreundschaft unterschiedlich ausgedrückt. Dazu S., eine Österreicherin, und ihr türkischer Mann C.:

ER: »Wenn wir Gäste haben, koche ich Berge, sie macht hingegen sechs Schnitzel, wenn wir sechs Gäste eingeladen haben! Was ist, wenn mehr Gäste kommen? Wenn jemand einen Freund mitbringt? Dann würde ich sagen: ›Ich esse nichts, ich habe schon gegessen.‹ Das ist die türkische Lösung!

SIE: Das lehne ich total ab, weil ich erlebt habe, dass meine Eltern gestritten haben, weil Essen schlecht wurde, weil sie so viel eingekauft hatten, das ging mir auf die Nerven, sie hätten doch weniger einkaufen können!«

Gastfreundschaft ist auch bei J. aus Deutschland und ihrem österreichischen Freund ein Thema:

»Ich bin ja oft in Wien und erlebe hier eine große Gastfreundschaft. Sie ist für meine Begriffe extrem ausgeprägt. Und sehr herzlich. Die Gastfreundschaft ist sehr beziehungsorientiert. Für mich ist es fast beschämend, denn es ist oft zu viel für mich, es überfordert mich.«

In Japan ist Höflichkeit sehr wichtig. Sie äußert sich in großer Zurückhaltung und in der ständigen Bereitschaft herauszufinden, was die anderen in einem bestimmten Kontext erwarten. Die Japanerin C. erzählt:

»Höflichkeit ist zentral in Japan. Man sagt nicht, was man denkt, sondern man muss Gedanken lesen, die Atmosphäre spüren. Dadurch bekommt man großen Stress. Hier habe ich gelernt, dass die Höflichkeit hier nicht so funktioniert. Manchmal ist es besser, dass man sagt, was man denkt. Das habe ich in meiner Ehe gelernt.«

Ebenso wie das Hierarchieverständnis geht auch die japanische Höflichkeit auf die Lehren von Konfuzius und auf den Neo-Konfuzianismus der Edo-Zeit (1603-1887) zurück. »(...) das Selbst im Konfuzianischen Denken zieht zwangsläufig bestimmte Rollen mit sich und wird immer in Wechselbeziehung zu anderen gesehen.«[90] Wie ich mich verhalte und rede, ist immer auf die jeweilige Situation und die Beziehung zum Gesprächspartner abgestimmt. Der Wert des Gesicht-Wahrens und damit die Zurückhaltung individueller Befindlichkeit prägt jede Interaktion. Besonderheiten der japanischen Höflichkeit festigten sich auch im Alltagsleben in einer Zeit, als man in der patriarchalisch strukturierten Großfamilie und Dorfgemeinschaft zusammenlebte und ökonomisch sehr auf einander angewiesen war. Unterordnung, Rücksichtnahme, Zurückhaltung, Respekt vor Seniorität, Einfühlungsvermögen für die Gefühle und Befindlichkeiten anderer sind daher bis heute wichtige Aspekte in der Interaktion im japanischen Kontext. Man vermeidet es, individuelle Gefühle und Wünsche direkt auszudrücken. In einer interkulturellen Paarbeziehung kann dies leicht zu Missverständnissen führen. C. spricht über diese Thematik in der Beziehung zu ihrem österreichischen Mann:

»Man darf nicht an sich selbst denken, sondern immer an die anderen. In der Schule lernt man unauffällig zu sein, man denkt nicht an sich, sondern an die Gruppe oder Klasse, die ist viel wichtiger als man selbst. Man sagt nicht die eigene Meinung. Ich bin daran gewöhnt, die Atmosphäre zu spüren und nicht zu sagen, was ich denke. Mein Mann kennt das auch aus Japan. Er ist auch sehr selbstlos. In unserer Ehe sind wir drauf gekommen, dass ich meine Meinung sagen muss, sonst versteht man mich nicht. Man kann hier nicht Gedanken lesen. Ich war einmal sauer auf ihn, weil er nicht im Haushalt geholfen hat. Ich musste alles allein machen und habe dann auf Japanisch mein Gefühl ausgedrückt und gehofft, dass er mich versteht. Aber er hat mich nicht verstanden. Er fragte dann, was los sei. Und ich musste sagen, was war. Das war schwer für mich, es zu lernen.«

Diesen beiden ist es gelungen, kulturelle Handlungsmuster zu durchbrechen. Das Paar konnte durch Gespräche und Kenntnisse über die jeweils anderen kulturellen Werte den Konflikt lösen – ein Zeichen für gelebte interkulturelle Kompetenz.

Höflichkeit steht auch bei der Iranerin S. und dem Westafrikaner D. im Mittelpunkt:

SIE: »Bei uns muss man sich ständig für etwas bedanken, das nennt man ›torof‹. Beim Essen im Restaurant möchte man immer für alle bezahlen, aber der andere will das auch, das gibt dann ein Hin und Her. Ich habe immer das Gefühl, ich muss zahlen, denn ich will, dass es meinem Freund besser geht als mir, ich möchte mehr geben.

ER: Das ist auch sehr persönlich, eher nicht kulturell.

SIE: Meine Mama versucht immer, dass alles perfekt ist, dass wir alles haben.«

Von zentraler Bedeutung ist auch in vielen Kulturen, das Gesicht zu wahren. Es sollen Peinlichkeiten vermieden werden, man orientiert sich auch hier wieder am anderen und stellt die eigenen Bedürfnisse hintan. Man gibt sich selbst keine Blöße und brüskiert nicht den anderen. Konfliktvermeidung und Aufrechterhalten von Harmonie sind hier das zentrale Ziel. Wie wichtig es ist, das Gesicht zu wahren – und nicht nur das eigene –, erzählt C., der als Türke in Österreich lebt und mit einer Österreicherin verheiratet ist:

ER: »Zum Thema Alkohol: Es gibt auch in der Türkei Trinker, aber der Umgang mit Alkohol ist grundsätzlich völlig anders, abgesehen vom religiösen Aspekt. In der Türkei habe ich nie gesehen, dass sich jemand betrinkt. Hier ist es sehr häufig. In der Türkei ist es total unschicklich, wenn jemand das tut, und dann wird sein Gesicht gewahrt: Man lässt sein Glas verschwinden, man nimmt ihn und sagt: ›Komm, begleite mich aufs Klo.‹ Es ist unschicklich, sich zu betrinken. Hier ist es ganz anders, denn der, der sich betrinkt, macht sich nur selbst lächerlich. Bei uns aber wird die ganze Runde lächerlich. Ich habe einmal erlebt, dass sich der Kellner unseres Tisches geschämt hat, da sich an unserem Tisch jemand betrunken hat, und der Kellner fühlte sich verantwortlich, weil er es nicht gemerkt hat!

SIE: Ich habe dich nur einmal in all unseren Jahren betrunken gesehen!

ER: Da war ich frisch verliebt in dich; totaler Kontrollverlust!

SIE: Es war ihm nur schwindlig.

ER: Ich war leicht beschwipst. Aber der Umgang mit Alkohol ist bei uns ein anderer, das hat mit Religion nichts zu tun.«

Hier geht es also um einen Wert, der Harmonie in einer Beziehung und in der Gruppe in den Vordergrund stellt und direkte Konfrontation meidet. Für interkulturelle Paare ist es wichtig, diesen Wert zu erkennen, um mögliche Konflikte oder Missverständnisse zu vermeiden.

NICHT ICH, SONDERN DU: SICH-ZURÜCKNEHMEN ALS KULTURELLES MUSTER

Im Gespräch mit der Japanerin C., verheiratet mit einem Österreicher, kommt der Aspekt des Sich-Zurücknehmens zur Sprache. Dieser Wert existiert in Österreich überhaupt nicht. Dazu C.:

»In der Schule lernen die Kinder, nicht aufzufallen, nicht an sich zu denken, sondern an die Gruppe oder Klasse, die viel wichtiger ist als man selbst. Man muss immer die Atmosphäre spüren, die Situation abwägen, wie man sich verhalten soll. Man sagt auch nicht, was man denkt, sondern man muss die Gedanken der anderen lesen. Die eigene Meinung sagt man nicht. Das ist sehr wichtig in Japan.«

Diese Anpassungsbereitschaft, die durch die Erziehung verinnerlicht wird, äußert sich in einem großen Harmoniebewusstsein, das sich auf das Zusammenleben auswirkt. Auch die beiden Chinesinnen Z. und H., die ebenfalls mit Österreichern verheiratet sind, heben diesen Aspekt hervor:

H.: »In China ist die Intuition wichtig. Die Chemie (zwischen Menschen) spürt man. Man hat viel Empathie, beobachtet die anderen gut. Die kulturellen Unterschiede sind bei meinem Mann und mir nicht dominierend. Unsere Wertvorstellungen sind vielmehr gleich, das Menschliche ist uns wichtig, nicht das Materielle. Daher gibt es bei uns wenig Reibungspunkte.

Z.: In Europa mischt man sich nicht so ein wie in China. Dort ist die Familie immer involviert, da die Familienbeziehungen enger sind als hier. Hier ist alles freier und offener. Mein Mann und ich haben viel gemeinsam.«

Dass diese drei Frauen sich zurücknehmen können, ist förderlich für eine harmonische Beziehung trotz einer großen kulturellen Distanz, die jedoch von den Betroffenen oft nicht als so groß empfunden wird. Die Japanerin C. hebt hervor, dass es für sie wichtig ist, die Ehe für die Kinder zu erhalten:

»In Japan ist es immer noch sehr wichtig, dass die Ehe erhalten wird, auch wenn die Beziehung nicht so gut ist. Vor allem für die Kinder. Für mich ist es wichtig, dass die Familie zusammen ist, dass beide Elternteile bei den Kindern sind. Es ist nicht so wichtig, wie gut man sich versteht, ob ich mich selbst so gut fühle. Wichtig ist, dass man sich gegenseitig respektiert und akzeptiert und eine gute

Atmosphäre zu Hause herrscht. Nicht nur nach außen, sondern wie es wirklich ist, die Stimmung, meine ich.«

Auch bei H. aus Singapur standen ursprünglich Harmonie und Sich-Zurücknehmen im Vordergrund:

»Bei mir zu Hause spricht man nicht über unangenehme Dinge. Die Familie ist immer zusammen, man ist laut, emotional, aber gleichzeitig sehr distanziert.«

Die Österreicherin I. erzählt über ihren indischen Freund und sein Verhalten gegenüber seinen Eltern:

»Es war am Anfang für mich ganz schwer nachzuvollziehen, warum es für ihn kein Bedürfnis ist, sich vor seinen Eltern zu zeigen. Mir ist aufgefallen, wie wenig in seiner Familie wirklich geredet wird. Man redet weder über seine Gefühle noch rechtfertigt man sich. Die Harmonie wird immer gewahrt, man will niemanden bloßstellen. Das ergibt eine gewisse Distanz.«

In diesen Zitaten wird ein tief zugrunde liegendes Bedürfnis deutlich, die Harmonie von Ehe und Familie zu pflegen und aufrechtzuerhalten. Individuelle Wünsche werden zugunsten der Familie und Gemeinschaft zurückgestellt. Das Wohl von Familie und Kindern ist wichtiger als die persönliche Befindlichkeit. Dieses Einfühlungsvermögen wirkt sich positiv auf die interkulturelle Beziehung aus.

IN DER SCHIEFLAGE: UNGLEICHHEIT DER PARTNER

Wenn in einer interkulturellen Beziehung Ungleichheit zwischen den Partnern herrscht – und das ist oft der Fall –, dann liegt darin ein großes Konfliktpotenzial. Ungleichheit entsteht dadurch, dass einer der beiden ins Land des Partners zieht und alles hinter sich lässt. Damit entsteht automatisch ein Wissensdefizit in Bezug auf Kenntnisse über Land, Kultur und Lebensgewohnheiten des Partners. Dazu kommt meist noch, dass der zugewanderte Partner die Sprache vor Ort nicht perfekt beherrscht, und oft kann er den Beruf, den er im Heimatland hatte, nicht ausüben, da je nach nationaler Herkunft Qualifikationen nicht immer anerkannt werden.

All dies führt dazu, dass ein Partner vom anderen materiell abhängig ist, verstärkt vielleicht noch durch eine unsichere Rechtslage in Bezug auf eine Aufenthaltsgenehmigung. »In einer binationalen Verbindung sind nicht nur die vorangegangenen Lebensgeschichten unterschiedlich, sondern oft auch die aktuellen Lebenslagen. Dies gilt besonders dann, wenn der ›fremde‹ Partner um der Liebe willen die eigene Heimat verlässt und in das Land des anderen zieht. Da wird es Momente geben (...), in denen der nachziehende Partner sich einsam vorkommt, die selbstverständliche, vertraute Umgebung vermisst. Nicht selten fühlt er/sie sich verunsichert, abhängig, unterlegen, verliert ein Stück seines Selbstbewusstseins, ja seiner inneren Identität.«[91]

Dieser Aspekt wurde im ersten Kapitel bereits angesprochen: Ein Paar, das aus Liebe beschließt, zusammen zu sein, erfährt äußere Schranken, die mit der Beziehung an sich nichts zu tun haben. Plötzlich entsteht durch die Außenwelt und deren Anforderungen und Erwartungen ein Ungleichgewicht, das auf dem Paar lastet und auf das es nicht vorbereitet war. Übermäßiges Verantwortungsgefühl, Unterstützung und Überengagement durch den Partner sind die Folge. Plötzlich kommt es zu einer Rollenverschiebung und »aus dem tüchtigen, unabhängigen Einheimischen wird ein unbeholfener, unselbständiger Ausländer, aus dem exotischen, faszinierenden Ausländer ein banaler Einheimischer, ein Durchschnittsbürger.«[92] Über diese Situation erzählt die Österreicherin V.:

> »Die zentrale Frage lautet: Wer kommt in welchem Alter mit welchem Background mit welchen Ressourcen wohin? Das ist zentral und prägt ganz viel. Je mehr sich die Leute in der Heimat schon aufgebaut haben, desto schwieriger ist es dann, weil sie hier von null anfangen müssen. Mein Mann war es gewohnt, wegen seines Jobs in Indien bewundert zu werden, etwas darzustellen, materiell gut dazustehen. Er war das Oberhaupt seiner Familie und musste alles entscheiden. Für Österreich hat er nur durch meine Intervention nach langem Hin und Her

ein Touristenvisum bekommen. Damit beginnt schon das Ungleichgewicht. Wenn ich nach Indien will, dann brauche ich für mein Visum nur einen Tag.«

Ungleichheit kann sich auch in sprachlicher Abhängigkeit ausdrücken, mit der viele Paare überfordert sind. In Österreich sind zum Beispiel die Auflagen in Bezug auf Kenntnisse der deutschen Sprache hoch, und nicht immer ist es möglich, im Vorfeld die Sprache entsprechend zu erlernen. V. erklärt:

»Er hatte in Indien keine Möglichkeit, einen Deutschkurs zu besuchen. Es gibt ganz viele Gegenden, wo es vor Ort nicht möglich ist, auf A1-Niveau in Deutsch zu kommen. Damit ist ein Ungleichgewicht bereits im Vorfeld gegeben.
Am Anfang war Englisch die gemeinsame Sprache. Er kann sicher besser Englisch als ich. Aber es war natürlich mit dem Deutschlernen so, dass er durch mich viel gelernt hat. Und er hat dann am Anfang immer gefragt: ›Was heißt denn das?‹ Ich wusste schon, wenn er mit irgendjemandem geredet hat, dass ich dann irgendwann einsteigen muss und den Kontext verstehen muss, damit ich für ihn übersetzen kann. Das war für mich sehr anstrengend. Ich bin ja keine Dolmetscherin. Irgendwann habe ich ihm gesagt: ›Tut mir leid, ich habe jetzt keine Zeit zum Erklären, nimm dir den Stadtplan.‹ Man könnte es ja ewig weiterspielen, dieses Ankommen.«

Ein weiterer Grund für ungleiche Bedingungen ist, dass einem Partner das gewohnte soziale Umfeld plötzlich fehlt – das, was ihm Sicherheit und Anerkennung gewährt. V. ist das in ihrer Beziehung zu S. bewusst:

»Er hat sich hier zwar schnell in der indischen Community zurechtgefunden. Aber den besten Freund und seine Familie, die alle musste er in Indien zurücklassen. Seine engsten Bezugspersonen waren weg.«

Ähnlich erging es der Österreicherin K. und ihrem kanadischen Mann B.:

SIE: »Er ist im August nach Wien gekommen, dann haben wir uns kennengelernt, im November sind wir zusammengekommen, drei Monate später zusammengezogen. Das Interessante war, dass ich dann Vertreterin meiner Kultur war. Ich musste ihm alle Regeln beibringen. Das führte fast zum Scheitern unserer Beziehung. So eine Hierarchie ist ganz schwer auszuhalten. Er ist ja auch bei mir eingezogen. Wir hatten den gleichen Arbeitsplatz, wo ich schon etabliert war. Überall war ich schon wie die Spinne im Netz.

ER: Ja, auch Freunde. Am Anfang waren alle K.'s Freunde. Ich weiß nicht, wie viele Jahre es gedauert hat, bis ich eigene Freunde hatte!«

Diese Beispiele zeigen gut, auf welchen Ebenen Ungleichheit entsteht. Paare sind auf diese Belastung kaum vorbereitet – darauf, dass ein Verantwortungsgefühl für den Partner entsteht und man ihn wie ein Kind erlebt, für das man alles tun muss. Wichtig ist, dass interkulturelle Paare hier nach einem Ausgleich suchen. Der Besuch im Heimatort des Partners kann eine Schieflage immerhin kurzfristig ausbalancieren, wie K. berichtet:

»Ich fand es immer entlastend, wenn wir woanders waren. Entlastend und entspannend. Deswegen fahre ich gern nach Kanada, denn dort lasse ich alles hängen. Er ist dort der Macher, im Gegensatz zu hier. Hier fühle ich mich für alles verantwortlich, dort führt er. Das ist eine Hierarchie in der Beziehung. Ich habe ein extrem gutes Orientierungsvermögen, aber bis heute kann ich mich in seiner Heimatstadt mit dem Auto nicht orientieren. B. übernimmt dort das Führen. Das ist dann ein Gleichgewicht in der Beziehung.«

Es ist wichtig, den Partner, der in der Migration als schwach erlebt wird, immer wieder in dessen Heimatland zu erleben. Dort, in seinem vertrauten Umfeld, kann er seine Stärken und Kompetenzen beweisen. Entscheidend ist hier, die unterschiedlichen Kontexte zu sehen: In welchem ist der Partner stark und sicher? In welchem zeigt er Schwäche und hat Defizite?

V. erzählt, dass die Ungleichheit, die am Anfang durch ein Wissensdefizit und mangelnde Deutschkenntnisse besonders intensiv erlebt wurde, zu Konflikten führte:

»Er hat sich nicht daran gewöhnt, dass er hier nicht ebenbürtig war. Es ist eine Frage des Stolzes. Alles lief über mich – meine privaten und beruflichen Kontakte, mein Wissen, meine Sprachkenntnisse. Alle Unterlagen übersetzte ich für ihn in eine leichte Sprache, denn die Amtssprache ist ein großes Hindernis und eine große Hürde! Für einen Mann aus dieser Kultur sind diese Ungleichheit und dieser Rollentausch untragbar.«

Hier werden soziale Rollen, aber auch Geschlechterrollen angesprochen, die in der indischen Kultur weniger austauschbar sind als in Europa. In der stark hierarchisch strukturierten indischen Gesellschaft sind die sozialen Rollen – auch geprägt durch das Kastensystem – klar aufgeteilt. Das männliche Rollenverständnis ist von Verantwortung, Stärke und Dominanz geprägt. In diesem kulturellen Kontext gilt es als Schande, schwächer zu sein als die eigene Frau. Hier kommt es zu einer Kontextüberschneidung. Das Gefühl von Stolz und Ehre des indischen Partners wurde in die neue Kultur mitgenommen, doch dort passt es nicht, weil in Europa das Rollenverständnis ein anderes ist. Unweigerlich steht dann eher das Trennende als das Gemeinsame im Vordergrund.

Ein anderes österreich-indisches Paar – I. und M. – hat ähnliche Erfahrung gemacht:

»Ich verstehe, dass er nicht ohne Geld herkommen wollte, weil er dann in einer sehr abhängigen Situation gewesen wäre. Nicht nur finanziell, sondern auch vor der Fremdenpolizei. Ich sagte dann, okay, ich fahre nach Indien und wir vermeiden das Trennende. Es ist auch ein Gender-Thema, weil ich es war, die das Geld hatte. Dann gelang es durch viele längere Diskussionen, dass ich bezahlte und er sich entspannen konnte. Er hat sich deshalb am Anfang sehr schlecht gefühlt und das war oft ein Streitpunkt zwischen uns gewesen. Ich habe mich dann auch angepasst und versucht, ihm nicht zu zeigen, dass es für mich nicht viel gekostet hat.«

In diesem Abschnitt wird deutlich, dass eine Veränderung von Verhaltensmustern möglich ist. Durch Diskussion und Auseinandersetzung, durch einen Brückenschlag zwischen den unterschiedlichen Werten kann eine Veränderung zunächst in der Haltung und anschließend auch in der Handlung erfolgen. Hierbei spielt das Vertrauen eine wichtige Rolle: Das Vertrauen, dass einer in diesem Punkt seine Einstellung ändert, weil dem anderen das wichtig ist. Das Paar muss sich sehr intensiv – und mit viel Geduld – mit den Veränderungen von Einstellungen und Werten auseinandersetzen.

DAS LIEBE GELD: MATERIELLE ASPEKTE

Interkulturelle Paare sind schon durch ihre binationale Zusammensetzung generell einer höheren finanziellen Belastung ausgesetzt, da sie regelmäßig zusätzliche Reisekosten haben, um Besuche ins Heimatland des Partners zu finanzieren. Dieser wichtige Aspekt von internationalen Partnerschaften wird von der Gesellschaft oft nicht genügend beachtet.

In zahlreichen Fällen steht das Paar vor der Frage, ob ein Partner die eigene Familie materiell unterstützt und damit auch das gemeinsame Budget des Paares belastet. In vielen Familien wird eine finanzielle Zuwendung erwartet. Beim indischen Partner von I. geht dieser Punkt ganz klar aus ihren gemeinsamen Gesprächen hervor:

> »Er hat die Verantwortung für seine Eltern und wird später, wenn sie alt sind, für sie da sein. Das wird zwar nie klar ausgesprochen, aber vorausgesetzt. Wenn er einen tollen Job im Ausland bekommt und weggeht, ist das kein Problem, aber es wird erwartet, dass er Geld nach Hause schickt.«

Diese Familienstrukturen, die man als *interdependent* bezeichnet, sind von einer gegenseitigen Verpflichtung geprägt, die das Familiengefüge durch Loyalität festigt. Eine regelmäßige finanzielle Unterstützung der Familie oder teure Geschenke bei Urlaubsbesuchen im Heimatland eines Partners werden selbstverständlich erwartet. Diese Leistungen sind außerdem für Prestige und Status des ausgewanderten Partners wichtig, weil sie ein Zeichen für das sind, was er im Ausland erreicht hat. Da bei einer interkulturellen Paarbeziehung beide Partner aus unterschiedlichen Familienstrukturen stammen, kommt es wegen verschiedener Sichtweisen häufig zu Konflikten. Anhaltende materielle Zuwendungen können aber auch zu einer Hürde für das Paar werden, wenn die eigenen finanziellen Mittel beschränkt sind. Die Partner müssen sich also ausgiebig mit den jeweiligen kulturellen Erwartungen auseinandersetzen, und mit viel Ehrlichkeit und gegenseitigem Verständnis einen guten Kompromiss finden, mit dem beide Partner leben können.

Es kann ebenso sein, dass Eltern ihre Kinder finanziell unterstützen, denn auch dies ist in vielen Kulturen üblich. Die Albanerin I., die mit einem Dänen verheiratet ist und in Österreich lebt, berichtet:

»Bei uns wird viel geschenkt. Eltern sparen für ihre Kinder. Kinder erwarten von ihren Eltern, dass sie sie unterstützen. Meine Mutter hat uns viel Geld geschenkt, als wir das Haus gebaut haben. Meinem Mann war das unangenehm, in seiner Familie ist das gar nicht üblich. Man spricht nicht über Geld. Und Geld borgen ist undenkbar! Als mein Vater uns zum neu gebauten Haus gratulierte, sagte er zu seiner Enkelin: ›Jetzt hast du ein Haus!‹ Mein Mann fragte: ›Wieso, das ist doch unser Haus!‹ In seiner Kultur bauten wir das Haus für uns, in meiner für unsere Kinder. Dahinter liegen ganz unterschiedliche Einstellungen.«

Die Einstellungen und die dahinter liegenden Werte gehen auf unterschiedliche Familienstrukturen und auf ein unterschiedliches Verständnis von Loyalität zurück. In interdependenten Familienstrukturen wird die ohnehin starke Loyalität innerhalb der Familie durch Geschenke und finanzielle Zuwendungen noch verstärkt. Dazu wieder I.:

»Man erwartet immerzu viel voneinander, auch im Alltag. Man mischt sich auch ständig ein, auch in persönliche Dinge. Für mich ist es klar, dass ich meinen Bruder bitte, bei der Taufe unserer Tochter zu filmen. Oder dass ich ihn zurechtweise, da er jünger ist, wenn er einen schlechten Lebenswandel hat. Meine Eltern erwarten das auch von mir! Sie sagen zu mir: ›Sprich doch du mit ihm, du bist seine ältere Schwester!‹ Wenn ich es nicht täte, würde es als Vernachlässigung angesehen werden. Für meinen Mann war das ganz unverständlich. Denn in seinen Augen mischte ich mich in etwas ein, das mich nichts angeht. Er meinte: ›Dein Bruder ist doch verantwortlich für sein eigenes Leben.‹ Er würde sich nie trauen, seinen Brüdern Ratschläge zu erteilen!«

Im Gegensatz dazu stehen *independente* Familienstrukturen, in denen eine wesentlich geringere gegenseitige Verpflichtung besteht. In ihnen stehen Werte wie Freiheit und Unabhängigkeit im Vordergrund – als Grundlage für eine Distanz zum anderen, die ihm viel Freiraum lässt, auch für eigene Verantwortung. Gerechtigkeit und Gleichheit stehen bei materiellen Fragen im Vordergrund. I. beschreibt die dänische Kultur ihres Mannes so:

»Man gibt dem anderen viel Freiheit und mischt sich nicht ein. Dafür ist man härter zu sich; ich erlebe bei meinem Mann viel Selbstdisziplin. Die wird auch von den anderen erwartet. Das ergibt in unserer Beziehung ein interessantes Spannungsfeld. Denn zum Beispiel werden Geldangelegenheiten in der Familie meines Mannes sehr streng gehandhabt. Es herrscht ein großer Sinn für Gleichheit und Gerechtigkeit. Zum Beispiel erhalten alle Enkel zum Geburtstag den gleichen Betrag. Bei uns im Süden hängt es von der Situation des Einzelnen ab, wer wie viel geschenkt bekommt oder ob er unterstützt wird. Es gibt so etwas wie eine tiefe Solidarität, die auf einer unausgesprochenen Gerechtigkeit beruht. Man rechnet damit, es ist eine Art ungeschriebenes Gesetz.«

Damit wird ein Wert angesprochen, der in vielen Kulturen bestimmten Verhaltensweisen und Bräuchen zugrundeliegt. Die Verpflichtung zur gegenseitigen Solidarität innerhalb der Familie oder Gemeinschaft beruht auf einem kulturell geprägten Ehrgefühl. Nicht Gleichheit ist hier das Ziel, sondern eine Art Ungleichheit wird bewusst aufrechterhalten, um die Verpflichtungen und damit die Beziehungen in Gang zu halten. Der französische Soziologe Pierre Bourdieu drückt es so aus: »Ein Geschenk verleiht Ehre, stellt aber auch das Ehrgefühl auf die Probe, wenn das

Geschenk zu groß ist, dass es die Möglichkeit eines Gegengeschenks ausschließt. Dann entehrt sich derjenige, der das zu große Geschenk gemacht hat. (...) Es wird aber immer ein Austausch in Gang gesetzt, der unendlich weitergeführt werden kann. (...) Beim Geschenk kann man annehmen, ablehnen oder es durch ein identisches erwidern, wodurch der Austausch beendet ist.«[93] Durch Geben und Nehmen werden Rechnungen meist nicht hundertprozentig beglichen. Es bleibt immer etwas offen, und das stärkt die Bindung. Aber es darf nie einseitig sein, sondern es gilt ein unausgesprochenes Gesetz, mit dessen Hilfe man ungefähr das Gleichgewicht hält.

Das Prinzip des exakten Ausgleichs hingegen, nach dem Motto »Strenge Rechnung, gute Freundschaft«, betont die Distanz oder auch den Unterschied. Ein unaufgefordertes Geben kann durchaus vereinnahmend sein, und nicht immer ist es erwünscht, die Bindung zu stärken. Interkulturelle Paare müssen immer wieder aushandeln, wie sie vorgehen wollen.

Ein anderer Aspekt ist die materielle Absicherung des eigenen Lebens. Dazu sagt Z., die in Österreich verheiratet ist:

> »In der chinesischen Mentalität soll der Mensch einen guten Beruf haben, um sich ein stabiles Leben zu sichern. Es geht stark um eine materielle Absicherung. Mein Mann kann hingegen auch mit wenig Geld gut leben. Das ist ein großer Unterschied zwischen uns.«

Dieser Aspekt ist im Zuge unterschiedlicher historischer Kontexte zu sehen. Was bedeutet Erfolg in den Kulturen? Wie äußert er sich in kulturell verschiedenen Lebensentwürfen?

Die rasante wirtschaftliche Entwicklung in China prägt heute die Sicht auf materielle Aspekte des Lebens. Die Entbehrungen der Vergangenheit sind überwunden, und inzwischen kann vor allem der wachsende Mittelstand großen materiellen Wohlstand erreichen. Konfuzianische Tugenden wie Fleiß und Selbstdisziplin sind nach wie vor wichtig, aber viele Familien streben heute vor allem eine gute und stabile finanzielle Absicherung an. Die Generation, die in den 1960er-Jahren die Kulturrevolution miterlebt hat, möchte, dass ihre Kinder es besser haben, dass sie gut ausgebildet und vor allem finanziell abgesichert sind. Ein guter Beruf auf der Basis einer soliden Ausbildung gilt als Garant für ein gelingendes Leben mit sozialer Anerkennung und Ansehen.

Europa ist von einer anderen Geschichte geprägt. Die Nachkriegsgeneration hat unter hohem Einsatz einen wirtschaftlichen Wohlstand erreicht, von dem die nächste Generation profitiert. Die materielle Absicherung ist also nicht mehr das vorrangige Ziel der zwischen 1970 und 1980 Geborenen. Heute ist ein Wert wie Work-Life-Balance wichtig und durchzieht die Lebensentwürfe der jetzigen Generation. Viele Vertreter dieser Generation möchten nicht wie ihre Väter im Burnout enden und setzen deshalb andere Maßstäbe für ihren eigenen Lebensentwurf. Es gibt Menschen, die nur so viel erwirtschaften wollen, dass sie ein angenehmes Leben führen können. Sie kommen mit weniger materiellem Besitz aus, gewinnen aber dafür an Zeit, um das Leben zu genießen. Hier zeigen sich unterschiedliche Prioritäten, ausgehend von verschiedenen historischen Kontexten und ihren sozio-ökonomischen Aspekten.

DAS GEHÖRT ZU MIR: DIE VIELSCHICHTIGKEIT DER KULTURELLEN IDENTITÄT

Die Frage nach der eigenen Identität wurde in den Interviews der Paare oft gestellt. Stehen die Betroffenen zwischen zwei Kulturen? Leben sie einmal die eine, dann die andere Kultur, abhängig vom Kontext? Die Antworten waren unterschiedlich. Nicht immer wird allen kulturellen Zugehörigkeiten der nötige Raum gegeben.

Unsere Identität ist immer vielschichtig, und der Kontext entscheidet, welche Facetten wir gerade in den Vordergrund stellen. Der belgische Psychoanalytiker Paul Verhaeghe sagt über die Identität: »Dass mehrere und oftmals sehr unterschiedliche Antworten existieren, bedeutet gleichzeitig, dass auch verschiedene Identitäten möglich sind. Eine waschechte Hamburgerin oder ein waschechter Münchner sind vollkommen anders als jemand aus Mumbai oder Tokio. Aber auch bei uns erhalten Heranwachsende sehr unterschiedliche Antworten, je nachdem, in welchem Umfeld oder welcher sozialen Klasse sie aufwachsen, und sie entwickeln demnach verschiedene Identitäten. Dies bedeutet aber auch, dass man bis zu einem bestimmten Punkt die Möglichkeit hat, seine Identität mit anderen Inhalten zu füllen, die auf anderen Erzählungen mit anderen Antworten basieren. Und je reicher eine Kultur, desto reicher die Auswahl an Antworten – und natürlich an Identitäten.«[94]

In den Interviews fiel mir auf, dass die Entscheidung, »hier«, das heißt in Österreich zu leben, für das Gefühl der Zugehörigkeit und damit der Identität wichtig ist. Es geht darum, die vielen Seiten der eigenen Identität bewusst zu sortieren: Welche Seite in mir möchte ich pflegen? Wie kann ich meiner Herkunftskultur Raum geben? In welchen Situationen tritt welche Seite von mir stärker in den Vordergrund?

Bei den Gesprächen mit bikulturellen Paaren konnte ich immer wieder feststellen, dass die eigene Herkunftskultur irgendwann ihren Raum braucht und gelebt werden möchte. Im Vergleich zu einem neueren kulturellen Kontext ist die eigene Herkunft immer die gewichtigere, da sie die ältere ist. Dieser Dynamik sollten interkulturelle Beziehungen Rechnung tragen.

J., die mit zwölf Jahren nach Österreich kam und einige Jahre später wieder in den Iran zurückkehrte, um dann als Erwachsene wieder nach Österreich zu ziehen, ist heute in zweiter Ehe mit dem Österreicher W. verheiratet. Auf die Frage nach ihrer kulturellen Identität antwortet sie:

SIE: »Wie ich mich empfinde? Bikulturell auf jeden Fall. Auf jeden Fall ganz viel persisch, sagen wir 60 zu 40 %.

ER: Ich würde sagen, noch mehr!

SIE: Ich habe durch Österreich so viel bekommen, soviel Gutes und Schönes, ich hab' sogar an Präsident Fischer einen Brief geschrieben, in dem ich mich bedankt habe. Ich möchte hier leben, ich schätze die österreichische Kultur sehr.«

Das ist ein offenes Bekenntnis zu einer Kultur, die sie bewusst als Lebensmittelpunkt gewählt hat. Dennoch war es für J. sehr wichtig, auch die persische Seite in ihr anzunehmen, die sie jahrelang ignoriert hatte.

SIE: »Ich habe knapp vierzig werden müssen, um das alles als wichtig für mich zu sehen. Jetzt habe ich beide Kulturen angenommen. Aber es brauchte mehrere Familienaufstellungen, damit mir das gelungen ist.«

Heute kann sie beide Kulturen zulassen. Sie hat sich damit versöhnt, dass sie zu beiden kulturellen Kontexten gehört. Aber sie merkt, dass andere Personen, die ein ähnliches Schicksal hatten, das nicht können. Viele scheitern daran, dass sie sich nicht mit ihrer persischen Seite auseinandersetzen und daher nicht beide Kulturen, die persische und die österreichische, leben können, sondern nur eine von beiden. Deshalb ist J. auch nicht in der persischen Community in Wien integriert:

»Ich habe keine Chance bei ihnen, weil ich nicht persisch bin, ich bin für sie eine Österreicherin, eine Fremde. Ich bin zu integriert hier. Ich benehme mich hier anders als sie, ich fühle mich sicher, sie nicht, sie sind abhängig, sie haben keine Staatsbürgerschaft.«

J. konnte sich die kulturellen Unterschiede bewusst machen, vor allem in Gesprächen mit ihrem Mann. Die Gespräche dienten auch dazu, ihrer Bikulturalität einen Namen zu geben:

SIE: »Am Anfang haben wir damit gespielt: Ich war die persische Prinzessin, er der Ritter. Ich war was Besonderes, nicht so wie die anderen. Ich konnte damit das andere in mir benennen. Und er auch. Das war mir sehr wichtig.

ER: Das Persische in ihr anzuerkennen, das ist ihr sehr wichtig. Das ist entscheidend für unsere gute Beziehung.

SIE: Die kulturellen Unterschiede sind da, aber nicht total dominierend. Sie haben ihren Platz, das auf jeden Fall. Aber je älter ich werde, desto weiter weg ist meine Geschichte. Früher war sie ganz dominierend. Jetzt fühle ich mich weniger als etwas Besonderes. Unter Freunden ist meine Herkunft jetzt kein Thema mehr.«

In vielen Interviews zeigte sich, dass die verschiedenen Seiten der eigenen Identität Raum benötigen – sie wollen gelebt werden. Mancher Beziehungskontext ist dazu nicht geeignet und verdeckt oder schützt eine bestimmte Seite der Identität. So war es in J.'s erster Ehe:

SIE: »Ich habe mir damals einen Mann ausgesucht, der mit dem allen nichts zu tun haben wollte. Ich habe meine persische Seite völlig ignoriert.

ER: Das hat damals wohl auch so gepasst.«

Irgendwann wurde es dann für J. wichtig, ihrer iranischen Identität Raum zu geben. Das konnte sie allerdings erst in ihrer zweiten Ehe, in der es für sie entscheidend war, dass ihre persische Identität anerkannt wurde.

ER: »Ich habe gespürt, dass diese große Liebe zu dem Land da war.

SIE: Von ihm kam ganz viel Unterstützung.«

Offenbar war es erst zu diesem Zeitpunkt für J. möglich, diese Seite in ihr zuzulassen, sich mit ihr auseinanderzusetzen und ihr Raum zu geben. Deshalb wählte sie beim zweiten Anlauf einen Partner, mit dem diese Auseinandersetzung tatsächlich möglich war. Dieser Aspekt ist die Grundlage ihrer Beziehung.

Die Vielschichtigkeit kultureller Identität ist auch ein zentrales Thema bei der Französin C., die mit A., einem Österreicher, verheiratet ist:

»Jetzt habe ich die österreichische Identität angenommen – für die Franzosen. Aber hier bin ich keine Österreicherin, in Frankreich hingegen schon. Ich weiß nicht mehr, wo ich bin; irgendwo dazwischen, es ist ein Gefühl der Zerrissenheit. Bis vor ein paar Jahren war mir das nicht bewusst. Es entsteht so etwas wie eine Nostalgie. Es ist schwer für mich, ich habe Heimweh. Ich sollte öfters nach Frankreich fahren. Ich habe aber keinen richtigen Ankerpunkt. Wenn ich in Frankreich bin, fehlt mir dann wieder nach drei Tagen Wien! Ich werde aber nie als Österreicherin oder Wienerin hier angenommen. Ich habe einen starken Akzent, aber ich will meinen Akzent nicht verlieren. Denn das ist meine Identität. Ich habe ein Sprechcoaching gemacht, aber ich merkte, ich will nicht den Akzent verlieren! Es wäre Assimilation, ich will meinen Akzent behalten. Man wird aber hier nicht angenommen wegen des Akzents oder wegen einer anderen Nationalität.«

Die Zerrissenheit, von der in diesem Bericht die Rede ist, wird von interkulturellen Paaren häufig angesprochen. Viele haben das Bedürfnis, sich klar einer Seite zuzuordnen. Wenn die Partner ihre eigene Identität als eine Vielzahl an Zugehörigkeiten verstehen, wie sie unterschiedliche Kontexte leben können, fällt es ihnen möglicherweise leichter, diese Vielschichtigkeit anzunehmen. Das heißt, ein Sowohl-als-Auch ist möglich, und nicht nur ein Entweder-Oder. Das Ziel ist, die verschiedenen Seiten, die man in sich trägt, miteinander zu versöhnen.

Dieses Bemühen kommt im folgenden Interview gut zum Ausdruck. H. aus Singapur erzählt über ihre kulturelle Identität:

»Ich frage mich manchmal, wer ich bin. Meine Identität veränderte sich total. Ich weiß wirklich nicht, ob ich sagen kann, dass ich Chinesin oder Malaysierin bin, denn ich weiß, dass ich das nicht bin. Ich habe mich hier sehr angepasst. Auf der anderen Seite bin ich mir sehr bewusst, dass ich in Singapur ganz anders bin als hier. Die Großfamilie ist laut und emotional, aber gleichzeitig sind wir sehr distanziert. Hier in Österreich lernt man einander sehr gut kennen, man ist sehr eng. Das ist in Singapur ganz anders. Mein Mann kann zum Glück mit diesem Teil meiner Identität gut umgehen, er mag meine Familie sehr und fühlt sich dort sehr wohl.«

H. ist sich der unterschiedlichen Seiten ihrer Identität bewusst und erkennt, in welcher Situation welche Seite zum Vorschein kommt. Obwohl sie sich in Österreich sehr angepasst hat, ist für ihre Herkunftskultur Raum vorhanden: immer wenn sie in Singapur ist. Für ihre Beziehung ist entscheidend, dass ihr Mann alle Seiten ihrer Identität anerkennt und liebt. Das ist die Grundlage in einer interkulturellen Beziehung.

Auch für die Albanerin I., die mit ihrem dänischen Mann in Österreich lebt, stellt sich die Frage nach den Wurzeln:

»Ich gehe davon aus, dass ›multikulti‹ gut ist. Es eröffnet einen größeren Horizont. Das wird für die Zukunft wichtig sein. Aber es gibt auch Nachteile. Ich stelle mir die Frage: Wo sind meine Wurzeln? Wo bin ich zu Hause? Ich möchte ein offenes Ohr haben können, wenn mich das meine Kinder eines Tages fragen. Für sie wird diese Frage einmal wichtig sein.«

Die Suche nach den Wurzeln steht stellvertretend für die Suche nach der Versöhnung beider kulturellen Kontexte. Die Herkunftskultur möchte ihren Raum, nachdem sie lange Zeit im Verborgenen war. Dazu wieder I.:

»Die albanische Seite in mir war lange Zeit mit Scham belegt. Erst in den letzten zwei bis drei Jahren, spät, denn ich bin bald vierzig, bin ich in Frieden damit, dass ich aus einem armen Land komme und dass man über Albanien nur wenig weiß und es mit Drogendealern und Blutrache in Verbindung bringt – damit habe ich gar nichts zu tun! Verbunden mit dem Schamgefühl war, dass man mit Albanien nicht prahlen konnte. Aber jetzt habe ich ein gutes Gefühl damit. Ich habe einiges im Leben erreicht und muss mich nicht mehr verstecken.«

Die Partner in einer interkulturellen Paarbeziehung müssen sich mit der eigenen Vergangenheit und Herkunftskultur auseinandersetzen. Sie brauchen diese innere Versöhnung, um die Frage nach den eigenen Wurzeln zu beantworten, aber auch um herauszufinden, welche Seite in welcher Situation gepflegt und gefördert werden soll. I. erzählt weiter:

»Ich habe gewählt, dass ich in Österreich zu Hause sein möchte. In meinem Alltag bin ich sehr österreichisch, das merke ich, wenn ich mit meinen Cousins in Albanien rede. Aber das ist nicht alles. Ich habe eine südländische Seite in mir, die ich mir bewahrt habe und die immer wieder hochkommt und mir sagt: ›Ich will integriert werden, ich will auch in den Alltag.‹ Als wir das albanische Au-Pair Mädchen da hatten, da war meine albanische Seite plötzlich wieder da. Meine Liebe zu den Kräutern, zum Kochen – ich war glücklich, dass ich das einbringen konnte. Ein Teil von mir wollte heraus und nicht ausgegrenzt werden. Deswegen freut es mich so, dass meine Tochter albanisch spricht und ohne Scham damit umgeht. Das hat mich geheilt.«

Weil Kinder die emotionale Seite in uns ansprechen, können sie für die Paarbeziehung ein Wendepunkt sein und den Partnern ermöglichen, die eigene Herkunftskultur wieder zu beleben. Im Idealfall erreichen interkulturelle Paare diese kulturelle Versöhnung gemeinsam. Für die interkulturelle Beziehung ist wichtig, dass die Partner die tief verwurzelte Seite der Identität – ihrer eigenen und der des anderen – anerkennen. Im folgenden Zitat wird deutlich, wie wichtig für I. die Reaktion ihres Partners ist:

»Wir fliegen heuer zum ersten Mal nach Albanien. Wir haben das bis jetzt nicht geschafft wegen der kleinen Kinder. Ich weiß, mein Mann wird es lieben. Er sagte einmal, wenn wir in Pension sind, dann kaufen wir uns ein kleines Haus in Albanien. Er ist sehr offen. Dieser Teil von ihm ist sehr schön.«

Wie sich Identität im Laufe der Zeit verändert, schildert die Chinesin Z. Sie sieht ihre Beziehung zu ihrem österreichischen Mann als Bereicherung und Ressource. Grundwerte wie Freiheit und Offenheit, Gleichberechtigung und die Sorge um nachhaltige Lösungen für eine gesunde Umwelt und ausgewogene soziale Umgebung stehen für sie beide im Vordergrund. Daran ist sie im Laufe der Jahre gewachsen:

»Man wird reifer und die geistige Entwicklung spielt eine Rolle. Wir reisen sehr viel und gern. Dabei sieht man viel und wird immer toleranter. Man kann mit anderen gut umgehen. Natürlich verändert sich die Identität mit der Zeit. Dabei gibt man einiges auf, anderes kommt dazu. Insgesamt bin ich dankbar, dass es so ist.«

Wenn Paare ihre Identität als ein Gefühl der Zugehörigkeit zu verschiedenen kulturellen Kontexten begreifen, gibt es ihnen auch Orientierung. Im Gespräch erzählt D., ein in Österreich lebender Westafrikaner, wie ihm durch seine Eltern kulturelle Stabilität vermittelt wurde. Seine Freundin S. schildert, wie sie das Heimatland ihrer Eltern erlebte:

ER: »Die Erziehung ist sehr streng in Afrika. Aber es zahlt sich aus, ich bin meinen Eltern dankbar. Sie geben mir Struktur und Halt, ich weiß, wohin ich gehöre. Das ist wichtig, vor allem, wenn man im Ausland lebt. Diese Balance verdanke ich meinen Eltern. Sie haben unsere Kultur erhalten. Als Kind braucht man die eigene Kultur, vor allem wenn man anders ausschaut. Wenn man nicht seine Kultur hat, dann ist man verloren. Denn das Österreichische ist nicht meine Kultur. Meine Eltern haben mit uns immer über unsere Kultur diskutiert. Unsere Mentalität war meinem Papa sehr wichtig, der respektvolle Umgang miteinander. Je älter ich werde, desto mehr interessiere ich mich für Afrika und ich möchte auch die Kultur beibehalten. Ich setze mich damit stark auseinander.

SIE: Im Iran war ich vor zwei Jahren mit meinem Vater; es war das erste Mal für mich, dass ich das Land bewusst erlebt habe. Im Iran haben die Leute gemerkt, dass ich nicht von dort bin. Aber jetzt ist eine Bindung für mich da, auch dass die Sprache nicht verloren geht. Ich brauche ab und zu auch persisch.«

Immer wieder zeigen die Gespräche mit interkulturellen Paaren, dass derjenige Teil der Identität, der im Alltagsleben vielleicht zurückgedrängt wird, regelmäßig seinen Raum fordert.

ICH BIN, WIE ICH BIN: DAS BEDÜRFNIS, EINFACH MENSCH ZU SEIN

Viele Paare heben hervor, dass es in ihrer Beziehung natürlich kulturelle Unterschiede gibt, sie aber nicht im Mittelpunkt stehen. Die Österreicherin I., deren Partner Inder ist, sieht sogar eher das Trennende in den kulturellen Unterschieden und möchte sie deshalb nicht immer betonen.

»Man versucht, den Unterschied zu überbrücken. Die Unterschiede sind ja auch das Trennende, das heißt, man redet nicht so gern darüber, obwohl es ja auch wiederum das Spannende ist.«

Für Z., eine Chinesin, die seit fünfzehn Jahren mit dem Österreicher G. verheiratet ist, stehen die kulturellen Unterschiede in ihrer Beziehung nicht im Vordergrund, weil sie und ihr Partner beide sie nicht als so gravierend empfinden:

> »Ich fühle mich nicht chinesisch oder österreichisch, sondern eher so, wie ich bin. Mein Mann und ich sind beide sehr anpassungsfähig und unsere Grundwerte sind sehr ähnlich. Deshalb kommen die unterschiedlichen Kulturen im Alltag nicht zum Tragen. Eher im Geschäftsalltag, da wir beide in unserem gemeinsamen Unternehmen arbeiten. Wir diskutieren oft über die sozialen und politischen Veränderungen in Asien und Europa. In unserem Privatleben herrscht Toleranz und Offenheit vor. Das ist die Basis für unsere Beziehung. Wir sind beide sehr offen und nicht fixiert auf bestimmte Gewohnheiten. Wir sind beide sehr flexibel und anpassungsfähig.«

Weil ihr bewusst ist, dass sie durch die interkulturelle Beziehung anders ist, kann S. sich von der persischen Gemeinde distanzieren und zu sich selbst finden, das heißt in der Beziehung zu ihrem westafrikanischen Partner kann sie eine neue Welt oder Wirklichkeit schaffen:

> »Ich kenne kein Paar in meiner Umgebung, das so ist wie wir. Ich wollte weg von diesem ›Gleich-Gleich‹ der Perser, die immer nur reine Perser akzeptieren. Das ist eine sehr abgeschlossene Gemeinschaft. Im Ausland ist es noch verstärkt, um das Eigene zu erhalten.«

S. fühlt durch ihre interkulturelle Partnerschaft eine neue Seite ihrer Identität gestärkt und steht zu ihrem »Anderssein«, denn das gehört zu ihr und spiegelt sich in ihrer Partnerschaft wider.

J., eine Iranerin, die schon lange in Österreich lebt, ist heute mit ihren kulturellen Identitäten versöhnt. Sie kann beide leben. Sie erkennt ihr iranisches kulturelles Muster, aber sie möchte auch sie selbst sein, ohne dass ihre kulturelle Identität als Iranerin im Vordergrund steht:

»Früher war es ein starkes Switchen, jetzt ist es ein Spielen damit. Trotzdem so sein, wie ich bin, nicht so sein, wie es sich gehört, sondern mir ist wichtig, dass ich so, wie ich bin, auch überall sein kann. Einen Raum finden, in dem man so ist, wie man ist. Das geht im Iran nicht so gut. Aber jetzt darf ich es machen, ich bin fast fünfzig! Ich darf jetzt endlich! Ich bin sicherer geworden, dadurch, dass ich mir beide Kulturen bewusst gemacht habe.«

Sie lebt jetzt das Sowohl-als-Auch einer vielschichtigen Identität. Einen großen Anteil daran hat die Beziehung zu ihrem Mann, der ihre persische Kultur als Teil von ihr anerkennt – auch wenn sie das nicht immer so empfunden hat:

»Erst als er in den Iran mitgeflogen ist, hat er mich für meinen Begriff ernst genommen. Das wurde mir erst danach bewusst. Ich habe unbewusst darauf gewartet, dass er meine Kultur ernst nimmt. Davor hatte ich keine Lust, mit ihm weit weg zu reisen, nur innerhalb von Europa, anderes interessierte mich nicht.«

Mit der Anerkennung der Herkunftskultur wurde das geschaffen, was die Soziologen Peter Berger und Hansfried Kellner als dritte Ebene in der Beziehung bezeichnen. Sie stellt die gemeinsame Wirklichkeit dar und kann gemeinsam gelebt werden.[95] Es sind aber auch Kompromisse nötig, damit beide Partner ihre Bedürfnisse ausleben können:

ER: »Wenn ich in den Iran mitfahre, dann will ich nicht nur die Familie sehen, sondern reisen, mich erholen. Aber wir haben einen guten Kompromiss gefunden.

SIE: Ja, ich sehe zuerst meine Familie und er kommt nach und dann reisen wir gemeinsam. Es gibt ein gutes Verständnis auf beiden Seiten.«

In manchen interkulturellen Beziehungen fühlt ein Partner sich im Land des anderen wohler, weil er Aspekte der eigenen Herkunftskultur ablehnt oder in dem neuen kulturellen Kontext eine andere Seite der eigenen Identität ausleben kann. C. fühlt sich, wenn sie in ihrem Heimatland ist, nicht mehr wie eine typische Japanerin. Durch ihren Aufenthalt in Deutschland und durch ihr Leben in Österreich veränderte sich ihre Identität. Aber nicht zum Nachteil, wie sie betont:

> »Wenn ich in Japan bin, denke ich, ich bin nicht typisch japanisch. Ich bin in der Mitte, das ist für mich angenehm. In der japanischen Umgebung kann ich meine Stärke nicht ausleben. Ich habe in Japan gearbeitet und der Druck war sehr groß. Einmal habe ich etwas sehr gut gemacht, aber kein Lob, sondern eher Vorwürfe erhalten. Ehrgeiz wird in der Arbeit nicht belohnt. Man darf nicht auffällig sein, weder zu gut noch zu schlecht. In Bezug auf Leistung ist Mittelmaß gefragt. Das ist für mich demotivierend. Jetzt arbeite ich in Österreich in einem japanischen Unternehmen. Da kann ich meine Stärken ausdrücken, ich fühle mich sehr wohl. Das Unternehmen ist nicht so japanisch, meine Kollegen sind ähnlich wie ich. Die Österreicher sprechen Japanisch, die Japaner Deutsch. Alles ist gemischt, das ist schön.«

Diese Arbeitssituation kommt der veränderten Identität von C. sehr entgegen, denn sie ist nahezu ein Spiegelbild ihrer eigenen vielschichtigen Identität. Dadurch kann C. die japanische und die österreichische Seite in sich miteinander versöhnen und ausleben. Den Unterschied zu Japan sieht sie ganz klar:

> »Japan ist eine Männergesellschaft. Es ist verboten, mit dem Kinderwagen in der U-Bahn zu fahren, man muss den Kinderwagen zusammenklappen und das Kind tragen. Niemand überlässt einer Mutter einen Sitzplatz usw. Die Männer haben die Hauptrolle. Für selbständige Frauen ist das schwierig. Ich bin dort sozusagen frech, zu frech zu Männern. Ich hätte sicher mit einem japanischen Mann mehr Probleme gehabt.«

C. ist sich der unterschiedlichen Kontexte und Erwartungen bewusst und kann so ihren eigenen Stand finden. Über die eigene Identität reflektieren zu können, ist eine gute Voraussetzung für eine interkulturelle Partnerschaft. Es hilft den Paaren, die verschiedenen Kontexte und die entsprechenden Handlungsspielräume zu erkennen.

BIS HIERHER UND NICHT WEITER: GRENZEN SETZEN

Eine Herausforderung für interkulturelle Paare ist es sicherlich, Grenzen zu setzen. Auch die größte Offenheit gerät irgendwann an eine solche Grenze. Wie weit ist jeder bereit sich anzupassen? Wo ist eine innere Grenze, die nicht überschritten werden kann oder soll? In einer interkulturellen Beziehung geht es einerseits um die Bereitschaft, Grenzen zu überwinden, andererseits um das ehrliche Eingeständnis, gewisse eigene Grenzen nicht überschreiten zu wollen. Diese Grenzen müssen ausgehandelt werden, wie die Österreicherin I. festgestellt hat:

> »Ich bin ein Mensch, der gern über seine Grenzen hinausgeht. Wenn ich das Gefühl habe, ich kann nicht mehr, dann ist es für mich eine Herausforderung. Für mich ist das Spannende das unbekannte Terrain. Als ich aber dann länger in Indien gelebt habe, war das anders, da habe ich sehr wohl meine Grenzen gespürt und sie meinem Freund gezeigt.«

Grenzen gibt es nicht in Bezug auf die Kultur im allgemeinen, sondern auf konkrete soziokulturelle Kontexte. Die Person, die Familie, das soziale Umfeld, die Erziehung, die jeweilige Situation – sie alle sind miteinander verwoben. Der Umgang mit den eigenen Grenzen erfordert eine intensive Auseinandersetzung mit sich selbst. Dazu sagt I.:

> »Kultur ist für mich ein Totschlag-Argument. Darauf kann man nichts sagen. Das wurde von meinem Freund sicher stärker verwendet. Er hat auch mehr Restriktionen durch seine Kultur. Er stellt sie weniger in Frage und tendiert stark dazu, sich anzupassen und das Eigene zurückzustecken. Das ist bei uns in Europa anders, hier steht das Eigene mehr im Vordergrund, das verteidigt und durchgesetzt wird. Auch dem Risiko, einen Konflikt vom Zaun zu brechen. Ich wusste von Anfang an, wenn ich ihn und seine Restriktionen nicht akzeptiere, dann gibt es auch keine Beziehung. Wenn ich ihn liebe, dann respektiere ich ihn, seine Welt

und damit seine Restriktionen. Aber natürlich hat sich das dann umgedreht, weil ich bemerkt habe, dass ich sie nicht immer akzeptieren kann. Ich komme dann ja mit meinen Gefühlen und meinen Bedürfnissen zu kurz. Das ginge für eine gewisse Zeit gut, für eine Affäre.«

Das Aushandeln von Grenzen wird in interkulturellen Beziehungen oft zum Prüfstein. Inwieweit ist die Kultur ein gültiges Argument, um sich nicht weiter zu bewegen? Wenn nur einer der Partner sich anpassen muss, kommt er zu kurz und geht irgendwann vollständig in der Kultur des anderen unter – das wäre nicht mehr Anpassung, sondern Assimilation. In einer interkulturellen Beziehung müssen beide Partner ihren Raum bekommen. Beide müssen sich in einem ständigen Geben und Nehmen aufeinander zu bewegen und aushandeln, wer wie viel für die Beziehung tut. Dabei ist der Blick auf Situation und Kontext hilfreich, um die jeweiligen Herausforderungen zu erkennen, aber auch die Situationen, in denen Einverständnis herrscht.

Bei der Österreicherin V. und ihrem indischen Mann S. standen Rollenkonflikte im Vordergrund, so dass V. an ihre Grenzen stieß:

»Es gibt bei uns auch Menschen, die eifersüchtig sind, das ist eine persönliche Eigenschaft. Seine Eifersucht war für mich unerträglich. Er konnte nicht akzeptieren, dass ich so viel Zeit meinem Studium widmete und nicht ihm. Aber man kann sich auch in eine Kultur hineindenken, in der die Scheidungsrate 2 % ist, das heißt man hat ein Familienmodell, in dem die Rollen klar aufgeteilt sind. Man setzt sich dort nicht mit der Vielschichtigkeit auseinander, wie sie hier normal ist. Für ihn bin ich SEINE Frau und es geht darum, dass ich da sein soll, wenn er es will. Und am Anfang war ich ja auch in dieser Rolle, weil er sich nicht auskannte. Es wird normal, und man kommt ganz schwer aus dieser Rolle heraus. Wenn der andere einen nicht aus dieser Rolle entlässt, geht es nicht. Auf der einen Seite bin ich immer da und entspreche somit der Rolle, auf der anderen Seite mache ich mein Ding und bin unabhängig. Das bekam er nicht auf die Reihe.«

V.'s Mann konnte seinen kulturellen Kontext nicht verlassen und seine Frau in ihrer Kultur sehen, in der sie nicht nur eine, sondern mehrere Rollen einnimmt.

»Trotz aller Reflexion und viel Auseinandersetzung .... Er hatte das Gefühl, er kann mich nicht besitzen, und das führte dann auch zu Streitereien. Eifersüchtige Menschen sind so und so schwer auszuhalten, aber auf der kulturellen Ebene sind es andere Bilder, die man sich vorstellt.«

»Kulturell andere Bilder« sind die Folge unterschiedlicher Sozialisation. In Indien werden Mädchen auf ihre Rolle als Ehefrau vorbereitet und zu unterwürfigem und gehorsamem Verhalten erzogen. Sich voll und ganz in den Dienst des Ehemannes zu stellen und in erster Linie seine Bedürfnisse zu erfüllen, ist die Aufgabe einer guten Ehefrau.[96] Auch wenn diese Tradition heute im urbanen Umfeld mehr und mehr aufbricht, nimmt sich eine Frau gegenüber ihrem Ehemann meist immer noch zurück. Obwohl V. sich über dieses Rollenbild im Klaren war, spürte sie in dieser Situation ihre eigenen Grenzen und Werte ganz deutlich:

»Mir ist klar geworden, was mir wichtig ist und was ich nicht aufgeben will – meine Identität, meine Werte, meine persönlichen Werte.«

Bei manchen interkulturellen Paaren ist das Ungleichgewicht zu groß. Sie können die Grenzen nicht erfolgreich verhandeln und einen Ausgleich schaffen. Daran kann die Beziehung zerbrechen.

Die Japanerin C., stieß in der Beziehung zu ihrem österreichischen Mann an ihre Grenzen, lernte aber, ihr erlerntes Verhaltensmuster zu überwinden und ihre Bedürfnisse im neuen kulturellen Kontext zu kommunizieren:

»In der Ehe sind wir draufgekommen, dass ich meine eigene Meinung sagen muss, sonst versteht man mich nicht. Man kann hier nicht Gedanken lesen. Einmal war ich sauer auf meinen Mann, weil er nicht im Haushalt half und ich alles machen musste, dann habe ich auf Japanisch mein Gefühl ausgedrückt und sagte nichts; ich hoffte, dass er mich verstehen würde. Aber er hat mich nicht verstanden. Er fragte dann, was los sei. Ich habe gelernt zu sagen, was los ist. Man kann den anderen nicht vermuten lassen, was man fühlt. Für mich war das ein großer Unterschied. Ich habe es gelernt.«

Das Verhältnis zu ihrer Schwiegermutter war für C. am Anfang schwierig. Durch ihre japanische Erziehung wusste sie zunächst nicht, wo ihre eigenen Grenzen lagen, denn sie hatte gelernt, ihre Bedürfnisse nicht zu äußern:

»In Japan sagt man die Meinung nicht, man sagt nichts. Das Verhältnis zu den Schwiegereltern ist deshalb schwierig, da man nichts sagt. Man bekommt großen Stress, denn die Schwiegermutter mischt sich überall ein und man darf nichts sagen, obwohl man nicht einverstanden ist. Auch hier sagte ich am Anfang aus Höflichkeit nichts. Meine Schwiegermutter wollte, dass ich alles österreichisch mache, aber ich bin anders erzogen. Ich bin aber auch flexibel und kann vieles akzeptieren. Dann habe ich aber bemerkt, dass ich Grenzen habe, und sagte ›stopp‹. Das war schwierig, denn so lange habe ich nichts gesagt und dann plötzlich ›stopp‹. Ich habe gelernt, dass Höflichkeit hier anders funktioniert. Manchmal ist es besser, man sagt, was man nicht will.«

Hier wird deutlich, dass es in bestimmten Situationen wichtig ist, eigene kulturelle Muster zu überwinden, um die Kommunikation aufrechtzuerhalten, aber auch um eigene Grenzen zu zeigen.

Grenzen können auch zu Beginn einer Beziehung gesetzt werden. H.'s Mann hat ihr von Anfang an deutlich gesagt, er wolle nie in Singapur leben. Das bedeutete, sie musste sich anpassen, wenn sie die Beziehung fortführen wollte:

»Ich erinnere mich, am Anfang, er sagte ganz klar, dass er in Singapur nicht leben könne. Er meinte, es wäre zu stressig, es gäbe dort keine ›Life Balance‹. Er möge zwar Großfamilien, aber nicht für immer, das könne er nicht. Er mag meine

Familie sehr und unterstützt mich, kann auch sogar mal einen Monat mit mir dort sein, aber nicht länger.«

Auch bei einem anderen Paar, nämlich der Österreicherin M. und ihrem israelischen Mann A., ist er es, der klare Grenzen setzt. Diese stehen allerdings in einem historisch-politischen Kontext:

ER: »Am Anfang wollte ich sie sozusagen ›loswerden‹. Ich wollte sie testen und habe ihr gesagt, ich sei Jude und dächte als Jude und wollte nur eines nicht, so etwas wie meine Angehörigen damals erleben. Sobald es hier brennt, das heißt wenn der Boden warm wird, dann bleibe ich nicht hier, dann packe ich meine Familie und tschüss. Damit habe ich meine Frau konfrontiert, damit sie weiß, wenn wir gemeinsame Kinder haben, dann ist es so. Das liegt an unserer Geschichte.

SIE: Ich verstehe das. Ich habe mich selbst mit dem Thema sehr auseinandergesetzt. Ich habe zum Beispiel nie verstanden, warum damals nicht alle Juden früher geflohen sind. Sie haben geglaubt, so weit würde es nicht kommen.«

Interkulturelle Paare müssen vor allem zentrale Dinge, die eine hohe persönliche Bedeutung für die Partner haben, klären und eindeutige Grenzen setzen – auch wenn es für den anderen schwer sein kann, diese Grenzen zu akzeptieren.

LEBEN MIT ERINNERUNGEN: DAS KOLLEKTIVE GEDÄCHTNIS

Gemeinsame Erinnerungen gehen auf gemeinsames Wissen zurück, das durch die Generationen weitergegeben wird. Sie erzeugen eine Verbundenheit, aus der das kollektive Gedächtnis entsteht. Die Soziologin Monika Malinowska beschreibt es so: »Die sozialen Gedächtnisse (...) sind über vorhandene Wissensbestände, erworben über verschiedene Sozialisationsprozesse und biografische Erfahrungen, individuell verfügbar und können entsprechend in alltäglichen Interaktionen und Kommunikationen eingebaut oder darin aufgerufen werden.«[97] Jeder hat durch den eigenen Familienhintergrund eine Stellung in einem bestimmten räumlichen und zeitlichen Zusammenhang. Dazu der Psychoanalytiker Paul Verhaeghe: »Familiengeschichten sind eingebettet in eine weiter gefasste Kultur und Geschichte, die sowohl wörtlich als auch in übertragenem Sinn Inhalt und Form unserer Identität noch näher bestimmen. (...) Die Geschichten und Bilder unserer Familie, die soziale Klasse, der wir angehören, die Kultur, in der wir zu Hause sind, all dies zusammengenommen bildet die symbolische Ordnung, die Große Erzählung als Oberbegriff des narrativen Ganzen, das von einer größeren Gruppe geteilt wird. Aus ihr resultiert eine mehr oder weniger gemeinsame Identität.«[98] Auf diese »gemeinsame Identität«, auf diesen gemeinsamen Wissensbestand einer Familie und Kultur kann ein interkulturelles Paar nicht zurückgreifen. Das unterschiedliche historische Gedächtnis ist in den Gesprächen der Österreicherin K. und ihrem kanadischen Mann B. immer wieder Thema:

SIE: »Die größte Herausforderung war für mich seine Verherrlichung des Zweiten Weltkriegs. B.'s Vater war Freiwilliger in England und flog mit der Royal Airforce. In der Nacht vom D-Day kam seine Truppe in einen Luftkampf, B.'s Vater wurde verletzt und musste ins Krankenhaus. Seine Truppe flog wieder hinaus und wurde abgeschossen, keiner seiner Kollegen überlebte. Nur er, da er ja im Krankenhaus war. B.'s Vater sah sich immer als Held und pflegte sein Leben lang die Gräber seiner Kriegskollegen in der Normandie. Als Kriegsgewinner konnte er studieren und hatte zahlreiche Vergünstigungen. Mein Vater hingegen war Kriegsverlierer, er wurde im Krieg schwer verletzt und litt sein Leben lang unter den Folgewirkungen. Zwei seiner Brüder sind im Krieg umgekommen. All das prägte meine Geschichte sehr. Es waren viel Leid und Entbehrungen damit verbunden.

ER: Ja, es gibt einen großen Unterschied, wie das, was passiert ist, gesehen wurde. In Kanada hatten die Männer das Gefühl, sie seien Helden. Die Veteranen bekamen so viel: Gratis Universitätsausbildung, es gab ein Veteranenkrankenhaus, zu Hause medizinische Versorgung, Haushaltshilfe usw. Meine Mutter bekommt das immer noch.

SIE: Darüber haben wir viel diskutiert. Ich konnte sehr schwer mit dieser Verherrlichung des Krieges umgehen. Denn meine Umwelt sagte: Nie wieder Krieg!

ER: Ich war auf einem anderen Trip. Ich habe Naturwissenschaften studiert, und wir waren immer für den Krieg. Als ich hier hergekommen bin, war es ganz anders. Hier ist eine andere Stimmung bezüglich des Krieges.

SIE: Ja, mein Vater hat ihm auch viel erzählt. Aber bei uns ist auch die Erinnerung an den Krieg immer noch sehr präsent, sei es im Film, Theater, bei Denkmälern.

ER: Am Anfang waren wir einmal mit Freunden in Italien und ich wollte ein Stück Brot wegwerfen. Der Freund sagte mir: ›Das darfst du nicht!‹ Ich habe es nicht verstanden.

SIE: Ich habe B. viel erklären müssen. Wir sind so aufgewachsen, nichts wurde verschwendet. Heute noch kann ich kein Essen wegschmeißen.«

Da sich dieses Paar sehr mit dem Thema auseinandergesetzt hat, erhielten beide Partner Einblick in das Wissen der anderen Kultur und damit in das historische Gedächtnis des anderen. So konnten sie das anfänglich bestehende Wissensdefizit ausgleichen und ihre Einstellung veränderte sich allmählich:

ER: »In diesem System in Kanada war alles optimistisch und leicht. Es gab keine Grenzen, alles war möglich – im Vergleich zu hier, wo alles sehr begrenzt ist und viel negativer.

SIE: Ja, eine Schwere fühlt man hier.

ER: Ja, eine Schwere. Ich habe mich in diese Richtung nun entwickelt.

SIE: Und ich in die andere!«

Das historische und soziale Gedächtnis ist für M. aus Österreich und ihren Mann A. aus Israel sehr wichtig. Sie erzählen:

ER: »Meine Familie war nicht gerade außer sich vor Freude, dass ich eine Österreicherin als Frau gebracht habe, das war nicht gerade, was sie erwartet hatten.

SIE: Bei mir auch. Aus Österreich hättest du schwer eine Israelin mitbringen können!

ER: Es war so, dass in meiner Familie Religion schon wichtig ist, aber nicht die Nationalität. Es wäre nicht so schlimm gewesen, wenn ich eine österreichische Jüdin mitgebracht hätte. Aber weil ich keine Jüdin gebracht habe, war es für sie härter. Denn die Kinder gehen bei uns nach der Religion der Mutter, deshalb war es so nicht ideal.

SIE: Aber es war nicht so schlimm wie bei anderen Familien. A., eine Freundin von uns, ist beim Großvater ihres Mannes nicht erwünscht.

ER: Ja, der Großvater eines Freundes von mir hat von Anfang an gesagt, er möchte nicht, dass sein Enkel eine Frau aus Österreich oder Deutschland heiratet. Mein Freund hat trotzdem eine Österreicherin nach Haus gebracht.

SIE: Er ist in Österreich geboren!

ER: Ja, sein Großvater war ja auch sauer auf seine Tochter, weil sie in Österreich lebt!«

Das Erbe des Holocausts lastet schwer auf dem Paar. Es ist als kollektive Erinnerung immer noch sehr lebendig:

ER: »Das ist eine Bürde der Geschichte.

SIE: Die ganze Generation ist so geprägt, egal ob du Jude oder Christ bist. Es hatte so große Auswirkungen und hat uns alle geprägt.

ER: Ich als jüdischer Israeli der dritten Generation nach dem Krieg trage viel mehr an dem Krieg als die Leute, die hier leben. Das ist nicht das Gleiche. In Israel erinnert man jedes Jahr daran, tagtäglich wird erinnert. Es kann Probleme geben, wenn ich mit meinem Sohn auf der Straße bin und er ruft mir etwas auf Hebräisch zu. Dann schaue ich mich immer um, wer da ist. Man muss immer aufpassen und daran denken. Wien ist sicher, da habe ich kein Problem, keine Angst, aber als israelischer Jude muss man immer auf der Hut sein.«

Bei einem anderen Paar, nämlich S., einer Österreicherin halb-türkischer Herkunft, und C., ihrem türkischen Mann, hat das soziale Gedächtnis eine stärkere Auswirkung, als beide dachten. Sie sind überrascht, als sie darüber im Interview reflektieren:

ER: »Es sind die kulturellen Unterschiede, die tief liegen. Ich sprach unlängst bei einem Seminar über meinen Freund M.; er hilft mir immer in schwierigen Ehefragen. Er sagte mir einmal: ›Da darfst du nicht hin greifen, das ist der Bereich deiner Frau.‹ Das ist auch ein Programm, das in mir abläuft. Ich kann es nachspüren: Es gibt Bereiche, wo Männer und Frauen getrennt sind. Eine Frau geht bei uns nie in ein Männer-Café, um mit ihrem Mann zu sprechen. Sie schickt ein Kind und lässt ihn rufen. Kein Mann kommt auf die Idee, unangemeldet untertags nach Hause zu kommen. Seine Frau ist da mit ihren Freundinnen, da gibt es eine Intimität, in die man nicht eindringt. Das kannst du einem Österreicher nicht erklären. Es ist so, dass die Männer aus dem Haus ausgesperrt sind. Diese Dinge sind in mir verankert. Wenn ich etwas tue, erlebst du es dann möglicherweise ganz verkehrt, weil du es anders verstehst, als es bei mir abgespeichert ist. Und du denkst dann: ›Ich fühl mich allein, er interessiert sich nicht für mich.‹ Aber es ist der Respektabstand, den ich meine. Ich verstehe es umgekehrt nicht, dass du ständig in meine Bereiche eindringst, in meinen männlichen Rahmen … Ja, du merkst es nicht einmal. Die kulturellen Unterschiede liegen so tief, sie erzeugen eine Leere, die man nicht erklären kann. Die man persönlich nimmt. Aber das liegt auf der kulturellen Ebene, das liegt sehr tief. Ich kann es nicht benennen, oder nicht immer. Offenbar spielt die kulturelle Prägung eine größere Rolle, als ich bisher angenommen habe.

SIE: Ja, stimmt.«

C. beschreibt hier sehr gut, wie das soziale Gedächtnis wirkt. Der Einzelne beruft sich auf einen gemeinsamen Kontext, der in der Vergangenheit liegt und im Denken eine Spur hinterlassen hat. Der Soziologe Maurice Halbwachs, der in den 1920er-Jahren den Begriff des kollektiven

Gedächtnisses einführte, zeigte, dass Erinnerungen von Haus aus sozial sind und als eine Art kommunikativer und emotionaler Kitt eine Gruppe zusammenhalten: »Man versteht jeden einzelnen in seinem individuellen Denken nur, wenn man ihn in das Denken der entsprechenden Gruppe hineinversetzt. Man versteht die relative Kraft und das Kombinationsvermögen seines individuellen Denkens nur dann richtig, wenn man das Individuum mit den verschiedenen Gruppen in Bezug bringt, zu denen es gleichzeitig gehört. (...) So schließen die Bezugsrahmen des Kollektivgedächtnisses unsere persönlichen Erinnerungen ein und verbinden sie miteinander.«[99] In einer interkulturellen Beziehung gehört man unterschiedlichen Gruppen an, die jeweils unterschiedliche Erfahrungen im Gedächtnis abspeichern. Diese Bereiche sind für den Partner dann fremd oder nicht nachvollziehbar.

Das Traditionsbewusstsein ist in der österreichischen Kultur sehr ausgeprägt. Die Geschichte, bestimmte Werte und Umgangsformen werden hoch gehalten. Die Französin C., verheiratet mit einem Österreicher, sieht bei ihrem Mann unterschiedliches Verhalten in unterschiedlichen Kontexten:

> »Tradition, ja, da gibt es einen großen Unterschied. In Frankreich hat sie viel weniger Bedeutung. Ich komme aus einer autoritären und strengen Familie, eher sizilianisch, und wir haben keine so starke Tradition wie hier in Österreich. Mein Mann kann sehr traditionell sein, aber bei seiner IT ist er ganz modern, er kann sehr gut switchen, da tue ich mich schwer!«

Ein anderes Paar – C. kommt aus Deutschland, ihr Partner D. aus Österreich – denkt über einen Aspekt des historischen Gedächtnisses nach. Beide Großelternpaare haben in der Vergangenheit ähnliche Erfahrungen gemacht:

SIE: »Im Zweiten Weltkrieg wurden unsere beiden Großeltern vertrieben.

ER: Ja, wir waren auf gemeinsamen Spuren, zusammen mit einem Freund aus Polen, auf einer Reise nach Krakau. Dabei haben wir die Orte unserer

Großeltern aufgesucht. Denn eine Einschränkung aufgrund der Geschichte gibt es: Wir suchen gerade ein Haus, und über eine Freundin haben wir einen Kontakt zu einem Haus bei Znaimo. Aber mein Opa wurde damals von dort vertrieben, als Deutschsprachiger. Ich könnte es ihm nicht antun, ausgerechnet dort ein Haus zu mieten. Es hat es nicht verziehen, dass er von dort weg musste. Es bleibt als Grundverletzung.

SIE: So wirken sich Dinge aus dem Zweiten Weltkrieg bis heute aus.«

Historische Ereignisse wirken in individuellen Biografien nach. Bei diesem Paar ist die Geschichte kein trennendes Element, sondern die beiden verstehen einander besser, weil sie die Erinnerung der Großeltern an ein bedeutendes historisches Ereignis gemeinsam haben. So gibt es manchmal ähnliche Familienschicksale, obwohl man an verschiedenen Orten aufgewachsen ist.

Trennend wirkt das kollektive Gedächtnis eher, wenn Unwissenheit über historische Ereignisse herrscht. Im Fall von C. und D. betrifft dies die Elterngeneration, die über die interkulturelle Partnerschaft ihrer Kinder mit ihren kulturellen Unterschieden konfrontiert werden:

ER: »Als ich das erste Mal bei den Eltern meiner Partnerin war, war es sehr spannend. Ich stellte viele Fragen, denn die DDR kam in meinem Geschichtsunterricht nicht vor. Ihre Eltern sind ja in diesem System aufgewachsen, sozialisiert und beruflich eingebettet gewesen. Plötzlich ist alles weggebrochen. Ich stellte naive Fragen, da ich nichts wusste. Wenn sich unsere Eltern sehen, was nicht so oft vorkommt, dann gibt es oft Fettnäpfchen. Denn beide sind in so ganz unterschiedlichen Systemen aufgewachsen. Meine Eltern fragten ganz unsensibel nach Bespitzelung, ob die Nachbarn ihre Eltern denunziert hätten und so.

SIE: Die Berichterstattung war damals sehr einseitig. In den 1960er- bis 70er-Jahren hatte man dort nichts und hier ging alles bergauf ... Ich bin in beiden Welten aufgewachsen und kann da völlig neutral hineingehen. Für die Eltern ist es aber schwer. Ich sehe es als Gewinn, es ist Stück unserer Geschichte.«

Hier wird ein Aspekt der Erinnerung deutlich: Wir rekonstruieren die Vergangenheit aufgrund von Erzählungen in bestimmten sozialen Kontexten und betrachten sie aus der Perspektive der Gegenwart. »So glauben wir gleichzeitig, dass die Vergangenheit in der Gegenwart zu neuem Leben ersteht und dass wir die Gegenwart verlassen, um in die Vergangenheit hinabzusteigen. Indessen ist weder das eine noch das andere der Fall: Wir können nur sagen, dass die Erinnerungen gleich anderen Bildern zuweilen unsere gegenwärtigen Zustände imitieren, wenn unsere aktuellen Gefühle ihnen entgegenkommen und sich in sie einordnen.«[100]

DER APFEL FÄLLT NICHT WEIT VOM STAMM: WIE GENERATIONEN DAS VERHALTEN PRÄGEN

Das Verhalten der Generationen ist geprägt vom jeweiligen kulturellen und historischen Kontext. Bei interkulturellen Paaren bestimmen daher unterschiedliche Referenzpunkte das Verhalten der Partner, je nachdem, welche Werte in dem Kontext vorherrschend waren, in dem sie aufgewachsen sind. Ähnlich wie beim kollektiven Gedächtnis greifen sie dabei auf etwas zurück, das sie kaum bewusst reflektieren.[101]

Bestimmte Werte prägen in Europa die Generation der so genannten Baby Boomer, die zwischen 1956 und 1965 geboren wurden. »Die Konsumgüterbranchen waren nach dem Krieg noch immer eher vom Warenmangel gekennzeichnet. Für die Baby Boomer-Generation gehörte es zum Alltag, auf materielle Dinge gut Acht zu geben. Der sorglose Umgang mit Geld und materiellen Gütern der jungen Generation stößt bei Baby Boomern daher häufig auf Unverständnis.«[102] Diese Generation erlebte in den 1968er-Jahren aber auch die Studentenrevolution und offene Kritik an der etablierten Politik. Deshalb neigt sie zur Skepsis gegenüber Ordnungshütern und anderen Autoritäten.

K., eine Österreicherin, und ihr kanadischer Mann B. sind in unterschiedlichen politischen Umgebungen aufgewachsen:

ER: »Ich habe kein Problem mit der Polizei. Einmal auf der Straße kamen Polizisten zu uns, ich weiß nicht mehr warum, ich fing an mit ihnen zu reden, sie fragten, woher ich komme, aus Kanada, ja, sie würden gern dort in der Armee sein usw. Als meine Frau hinzukam, war sie entsetzt, dass ich mit Polizisten rede!

SIE: Ich habe die Polizei immer bekämpft, auf Demonstrationen, und er spricht mit Polizisten! Jede Autorität wurde von uns bekämpft und alle Regeln über Bord geworfen!

ER: Das gab es bei uns nicht. Kein Krieg, keine Demos, keine Kämpfe.«

In Europa war das Verhalten der Nachkriegsgeneration offensichtlich von anderen Werten geprägt als in Nordamerika.

SIE: »In Europa war die schwerste Arbeit nötig, um etwas zu schaffen. Daher kommt das hohe Arbeitsethos. Man ist nur dann wertvoll, wenn man bis zur Erschöpfung arbeitet.

ER: Okay, das gab es bei uns nicht.«

SIE: Ein Aspekt, der mich von meinem Mann sehr trennt: In meiner Familie gab es immer Bücher. Aber nach dem Krieg konnte man sich nichts leisten. Zu uns kam immer ein Vertreter für einen DDR-Verlag. Ich habe die ganzen Bücher der damaligen DDR gelesen! Womit ich auch gekämpft habe, war seine Unwissenheit und unkritische Haltung Medien gegenüber. Der kritische Zugang zu Medien war in Kanada gleich null.

ER: Medien sind halt Medien.

SIE: Mit dieser unkritischen Haltung habe ich lange gekämpft. Vor allem, weil bei uns zu Hause immer mehrere Zeitungen gelesen wurden, meine Schwester war politisch engagiert, ich war Südwind-Abonnentin.«

Bei einem anderen Paar kommen die unterschiedlichen Kontexte zur Sprache, die in Kindheit und Jugend prägend waren. Fehlen gemeinsame Erinnerungen oder Begriffe in einer interkulturellen Paarbeziehung, können sie als trennend empfunden werden. So geht es S., einer Österreicherin, und ihrem türkischen Mann C.:

SIE: »Wir haben wenig miteinander zu lachen, das basiert auf unterschiedlichen Hintergründen. Wir können uns nicht über die gleichen Kinderserien amüsieren, wir haben nicht die gleiche Musik gehört, die uns damals, als wir jung waren, berührt hat. Diese Gemeinsamkeiten haben wir nicht.

ER: Das stimmt, gemeinsame Zeit der Kindheit und Jugend ist eine wichtige gemeinsame Quelle. Das gibt es aber bei Paaren, die altersmäßig viele Jahre auseinander sind, auch nicht. Ich habe diese Zeit, als ich nach Österreich gekommen bin, sehr intensiv erlebt. Ich konnte nicht mitreden oder ich wusste, dass die anderen bestimmte Bemerkungen nicht verstehen würden, wenn ich sie gemacht hätte. Was ich in diesem Moment spürte, ist gar nicht vermittelbar. Das ist etwas, das man nicht teilen kann. Es verursacht eine Distanz, die man nicht erklären kann, obwohl es ein emotionaler Moment ist. Zum Beispiel gehört der Fasching in diese Kategorie. Fasching ist für mich nicht lustig, ich habe keinen Spaß daran. Das stört meine Frau. Diese Spannung schafft eine Distanz zwischen uns, die man nicht überbrücken kann.«

C. kann mit Fasching nichts anfangen, weil dieses Ritual nicht zu seinem sozialen Gedächtnis gehört. Das zeigt, wie sehr ein solches kollektives Erlebnis mit einer sozialen Gruppe verbunden ist. Dass er keine emotionale Verbindung zu diesem Ereignis hat, erlebt das Paar als trennend.

Religiöse Rituale, wie zum Beispiel Weihnachten, haben in unterschiedlichen kulturellen Kontexten nicht den gleichen Stellenwert und werden sehr unterschiedlich begangen. Die Österreicherin M. und ihr israelischer Mann A. schildern ihre unterschiedlichen Vorstellungen von Weihnachten so:

ER: »Mich hat zu Weihnachten wirklich gestört, wenn wir bei ihr sind, dann sitzen wir hier und essen und die Großeltern sind unten und essen ganz allein.

SIE: Das war immer schon so, schon als ich klein war, Opa würde nie raufkommen!

ER: Ich fühle mich so schlecht dabei; ich weiß, dass sie unten sind und dort essen, ich fühle mich schlecht, sie sind allein, sie könnten ja ihr Essen mitbringen, es geht um das Zusammensitzen! Jesus hat immer zum Essen alle eingeladen, so dass alle rund um den Tisch gesessen haben.

SIE: Ja, Traditionen sind verschieden... Die Großeltern sind dann später raufgekommen, dann sind wir in die Mette gegangen und mit dem Schlitten im Schnee gefahren... Es gibt einen großen Unterschied in den Familientraditionen. Am 24. Dezember ist die Kernfamilie zusammen, am 25. trifft sich die ganze Familie.

ER: Für mich ist klar: Wenn das Wetter kalt ist, dann bleibt man unter sich.

SIE: Bei euch ist man das ganze Jahr draußen, da können alle kommen ...

ER: Ich denke, wir werden in Zukunft alle zusammen feiern. Nur den Baum, den bring ich nicht herein, das kann ich nicht. Ich habe ein Problem damit, einen Baum zu kaufen, nach Hause zu tragen und zu schmücken.

SIE: Das ist halt ein Brauch bei uns, das haben ja nicht alle christlichen Länder.

ER: Es gibt sicher genug Juden, die einen Christbaum und Geschenke haben, aber ich selbst habe ein Problem damit.«

Die beiden setzen sich bewusst mit den Unterschieden auseinander und können dadurch die Haltung des jeweils anderen akzeptieren – ein wichtiger Schritt zu interkultureller Kompetenz.

Bei einem anderen Paar zeigen sich im Gespräch große Unterschiede in der Sozialisierung und als Folge davon ein unterschiedliches Generationenverhalten. H., die aus Singapur stammt, und ihr österreichischer Mann erzählen:

»Ja, öffentliche Bestrafung. Wir entdeckten, dass das Thema war. Ich erzählte meinem Mann einmal, dass bei uns jede Familie einen Rohrstock zu Hause hat. Das ist natürlich inakzeptabel. Ich schlage meine Kinder nicht, aber ich bin sicher nicht so nett oder liebevoll, wie man es hier möglicherweise erwartet. Bei uns widersprechen Kinder nicht, sie sind gehorsam! In diesem Punkt musste ich mich sehr anpassen.«

Ebenso ist es mit dem Wunsch ihrer Tochter nach Privatsphäre:

»Jetzt geht es bei uns darum, dass meine Tochter ein eigenes Zimmer möchte. Sie und ihr Bruder teilen sich ein Zimmer, sie spielen sehr viel zusammen. Ich erzähle ihr jetzt immer, dass ich erst ein eigenes Zimmer hatte, als ich achtzehn war. Ich musste so lange warten, bis meine Onkel auszogen und ein Zimmer frei wurde.«

Welche Stellung die Kinder in der Familie haben, ist kulturell sehr unterschiedlich. In Europa ist ihr Stellenwert sehr hoch, und die meisten Kinder haben ein eigenes Zimmer oder zumindest einen Bereich, über den sie allein verfügen können, der als ihre Privatsphäre gilt. Im kulturellen Kontext von Singapur und in vielen Ländern Asiens gibt es nicht einmal den Begriff »Privatsphäre«. Man ist nie allein und braucht deshalb auch kein eigenes Zimmer. Das Bedürfnis nach Privatsphäre entspricht Gewohnheiten, die in der Kindheit angelegt werden. Das Thema Raum – Privatsphäre und öffentlicher Raum – kann bei interkulturellen Paaren eine Konfliktquelle darstellen.

Ein Beispiel von Generationenverhalten in unterschiedlichen politischen Systemen wird von C., einer Deutschen, und ihrem österreichischen Partner D. angesprochen:

SIE: »Was deine Mutter immer wegwirft! Das liegt an der Sozialisierung ...

ER: Ja, wenn der Rasenmäher kaputt ist, wird gleich ein neuer gekauft. Deine Eltern lassen ihn reparieren. Man hilft sich, tauscht Sachen aus, lässt Dinge reparieren.

SIE: Sie sind durch ihre Sozialisierung in der DDR sehr sozial eingestellt und haben es geschafft, über Freunde ein Beziehungsnetz zu schaffen, um ihr Leben aufrechtzuerhalten.

ER: Das färbt auf unsere Beziehung ab, denn wir legen viel Wert auf Nachhaltigkeit. Daher kommt uns die Seite deiner Eltern entgegen.

SIE: Ja, aber es treten auch bei uns manchmal Missverständnisse auf. Da wirkt meine Erziehung eher nach.«

Die Sozialisierung in unterschiedlichen politischen Systemen hinterlässt Spuren, die sich in den späteren Werten und Einstellungen auswirken. In diesem konkreten Fall werden die markanten Unterschiede betont, die in der ehemaligen DDR und in Österreich die Wiederaufbau-Generation geprägt haben. Das soziale Gedächtnis prägt das Reden über die Vergangenheit und damit ihre Deutung.

WENN SICH NACHWUCHS ANMELDET: KINDER UND KINDERERZIEHUNG

Die Ankunft von Kindern ist ein entscheidender Wendepunkt in jeder Paarbeziehung, doch für interkulturelle Paare gilt dies in besonderer Weise. Schwangerschaft und Entbindung sowie die ersten Monate nach der Geburt des Kindes werden in verschiedenen Kulturen ganz unterschiedlich gestaltet – verbunden mit spezifischen Ritualen, Ernährungsregeln und Betreuungskonzepten.[103] Oft wird die Beziehung der Schwangeren und jungen Mutter zur eigenen Mutter in dieser Zeit enger, und in vielen Ländern ist es üblich, dass diese nach der Geburt für längere Zeit bei der jungen Familie wohnt, um ihrer Tochter in ihrer neuen Rolle zur Seite zu stehen, und ihr in den ersten Monaten hilft, den Familienalltag neu zu organisieren. Dieses Thema sollten die Partner vor der Familiengründung ausführlich besprechen.

Auch die Kindererziehung ist sehr von der jeweiligen Kultur abhängig und birgt für ein interkulturelles Paar viel Konfliktpotenzial. Auf individueller Ebene sind Kinder der Stolz der Eltern und erfüllen sie mit Glück. Darüber hinaus führen Kinder aber auch die Familienlinie weiter, erfüllen soziale Erwartungen und sichern einen gewissen gesellschaftlichen Status – das ist in allen Kulturen so. In Ländern, in denen es keine staatliche Rentenversicherung gibt und nicht erwerbstätige Eltern darauf angewiesen sind, dass ihre Kinder sie später unterstützen, sind diese Kinder zugleich Altersvorsorge. Welche Stellung, welchen Wert Kinder in einer Gesellschaft haben, hängt somit wesentlich von den sozialen Strukturen und ökonomischen Gegebenheiten ab. Die Kindererziehung orientiert sich wesentlich an diesem Wert. Dazu sollen die folgenden Ausführungen Einblick gewähren.

Im Gespräch erzählt Z. von der unterschiedlichen Kindererziehung in Österreich und China:

»In China werden die kleinen Kinder meistens von den Großeltern betreut, da es auf dem Land gar keine Kindergärten gibt und in den Städten erst für Kinder ab drei Jahren. Ich sehe große Unterschiede in der Kindererziehung, denn in Europa ist die Erziehung der Kinder sehr liberal und an den Interessen der Kinder orientiert. Die Ausbildung ist nicht so wichtig wie die Neigung der Kinder zu erkennen. In China hingegen steht Lernen im Vordergrund. Ziel ist es, auf eine gute Universität zu kommen. Ehrgeiz, um gute Noten zu erzielen, und materieller Erfolg sind hohe Werte in China. Deshalb werden die Kinder in China auch streng erzogen. Ich finde, es wäre wichtig, hier (in Österreich) mehr auf die Leistung der Kinder zu schauen. Aber durch den Wohlstand hier ist die Ausbildung nicht so wichtig, man setzt die Kinder nicht so unter Stress und gibt eher nach. Man respektiert die Kinderrechte. Das ist in China ganz anders.«

Die Japanerin C., die mit ihrem österreichischen Mann zwei Kinder hat, schätzt das Schulsystem in Österreich, weil hier der Druck auf die Kinder nicht so hoch ist:

»Die Leistungserwartung in Japan ist sehr hoch. In Japan müssen die Kinder nach der Schule in eine zweite Schule gehen, eine Art Zusatzunterricht. Man muss für die Aufnahmeprüfungen lernen, für die nächste Schule: mit 6 oder mit 12 Jahren, aber auch mit 3, vor dem Kindergarten. Das ist schwer. Die Cousine meiner Tochter hat das geschafft, aber sie hatte drei Jahre lang keine Sommerferien und keine Wochenenden, sie musste nur lernen. Das ist zu viel. Ich bin da lockerer. Es ist hier auch nicht nötig. Meine Tochter hat in der Volksschule immer nur Einser gehabt. Jetzt im Gymnasium ist es anders. Mir ist wichtig, dass sie weiterkommt. Allerdings ist hier ein großer Wechsel von der Volksschule ins Gymnasium, das ist für die Kinder schwierig.«

Leistung und gute Noten stehen in konfuzianisch geprägten Ländern (Japan, China, Taiwan, Korea, Singapur) bei der Erziehung der

Kinder an erster Stelle. Das übergreifende Ziel der Erziehung ist immer, die Leistung, das Verhalten und die moralischen Einstellungen des Kindes zu verbessern. Dabei soll der junge Mensch ein Gespür dafür entwickeln, was die anderen sagen, wie sie es sehen, was sie von ihm halten. Selbstkultivierung bedeutet im konfuzianischen Sinne, tugendhaft zu leben, das heißt sich anzupassen, biegsam und formbar zu sein, sich in andere hineinzuversetzen, die eigene Wahrnehmung zu sensibilisieren, bedachtsam zu handeln, sich Wissen anzueignen und sich an den Erwartungen der anderen zu orientieren. In der Erziehung und weiteren Persönlichkeitsentwicklung geht es in erster Linie um die Überwindung persönlicher Schwächen wie Eigeninteresse, Impulsivität, Unehrlichkeit und schwache Leistungen. Dazu sind Selbstkontrolle und Disziplin wichtige Hilfsmittel, und das Lernen ist Ausdruck der Selbstkultivierung und steht für Ausdauer, Fleiß und Konzentration. Aufgrund des hohen Wettbewerbs in diesen Ländern stehen Schüler und Studierende unter einem großen Druck, den Erwartungen ihrer Familie, aber auch der Gesellschaft gerecht zu werden.[104]

In einer interkulturellen Familie kommt es vor, dass bei der Kindererziehung Gepflogenheiten aus den unterschiedlichen kulturellen Kontexten vermischt werden, wie C. betont:

> »Ich mische die Kulturen ein bisschen. Es gibt immer Vor- und Nachteile. Hier ist es normal, dass die Kinder von Anfang an getrennt von den Eltern sind, jedes Kind schläft in einem eigenen Raum. In Japan ist man sehr eng mit den Kindern, wir schlafen alle in einem Raum. Es gibt ja auch nicht so viele Zimmer. Alle schlafen auf dem Boden auf der Matratze. Wenn ein Kind weint, ist man da, man braucht also dieses Gerät (Babyphon) nicht. Für meinen Mann war das so okay. Er wollte immer den Kindern gut zuhören und ihnen viel Aufmerksamkeit geben. Bis heute schlafen wir zusammen mit den Kindern in einem Zimmer. Ich finde es gut so.«

H. aus Singapur und ihr österreichischer Mann haben zwei Kinder und einen gemeinsamen Weg gefunden, die Kinder zu erziehen. Es war aber nicht einfach:

»Die Werte sind ganz unterschiedlich. Bei uns ist Respekt vor Älteren so wichtig, auch die Harmonie und vor allem Disziplin. Andererseits werden die Kinder in Singapur ziemlich westlich erzogen. Das Schulsystem ist aber sehr streng. Kinder haben schon in der Vorschule Nachhilfe, weil das Level so hoch ist. Ich wollte nicht, dass meine Kinder in diesem Schulsystem wären.«

Im Gegensatz zu Ländern, in denen die Erziehung durch Leistung und Streben nach Vollkommenheit geprägt ist, ist in Europa theoretisches Lernen, analytisches Denken und kritisches Hinterfragen erwünscht.

H. aus Singapur fährt fort:

»Einmal gab es einen Zwischenfall: Mein Mann findet manchmal, dass ich eine ›Tiger-Mutter‹ bin. Voriges Jahr beim Kinderlauf wollte meine Tochter nicht mitlaufen, aber danach wollte sie die Medaille haben. Ich sagte ihr, sie hätte sie verdienen müssen, und mein Mann war ganz erstaunt und meinte: ›Gib sie ihr doch einfach!‹ Ich erwiderte, dass sie ja gar nicht mitgelaufen sei, wofür sie denn die Medaille bekommen solle? Da nannte er mich ›Tiger-Mum‹. Ich finde aber, dass ich gar nicht streng bin! Auch wenn ich mit meiner Tochter für das Diktat in der Schule übe, meint er, ich sei ehrgeizig. Aber das ist noch lange nicht ehrgeizig!«

Mit »Tiger-Mutter« wird auf ein Buch angespielt, das vor einigen Jahren sowohl in den USA als auch in Europa großes Aufsehen erregte. Es geht dabei um die Unterschiede in der Erziehung nach chinesischem und amerikanischem Vorbild. Die Autorin Amy Chua, die als Chinesin in Amerika lebt, beschreibt, wie sie ihre beiden Töchter durch einen streng konfuzianischen Erziehungsstil zu erfolgreichen Musikerinnen erzog. Sie ist der Meinung, die Eltern seien für die hervorragenden Leistungen ihrer Kinder verantwortlich und müssten dafür sorgen, dass sie unermüdlich üben und nach Vollkommenheit streben.[105] In Europa wurden diese Haltung und die Methoden der Mutter sehr kritisch aufgenommen.

Kinder haben eben in spezifischen kulturellen Kontexten einen unterschiedlichen Stellenwert innerhalb der Familie. H. beschreibt das asiatische Modell, das sie aus ihrem kulturellen Kontext kennt – trotz des westlichen Einflusses in Singapur, den sie vorher erwähnt hat –, im Gegensatz zu Europa:

> »Kinder bei uns stehen nicht im Mittelpunkt, sie sind einfach da. In einer asiatischen Großfamilie sind sie nicht so sichtbar. Aber hier in Europa sind Kinder der Mittelpunkt der Welt! Hier haben wir eine sehr offene Beziehung zu unseren Kindern. Ich passe mich sehr an. Mein Mann hatte hier großen Einfluss auf mich.«

S. und ihr Mann C., die gemeinsam einen Sohn haben, weisen auf einen wichtigen kulturellen Unterschied im Umgang mit Kindern hin:

> **SIE:** »Ja, es fällt mir ein: In Österreich sagen Eltern zu ihren kleinen Kindern immer ›Schätzchen, Mäuschen, Häschen‹ usw. Aber in der Türkei sagt man zu seinem Sohn ›mein Löwe‹. Mein Sohn ist für mich immer mein Schätzchen!
>
> **ER:** Mir ist das auch aufgefallen, als einmal mein Vater bei uns war, und Freunde aus Österreich waren auch da mit ihren Kindern. Unser Sohn war damals zehn Monate alt. Ich beobachtete meinen Vater, wie er mit den Kindern spielte und wie die Erwachsenen mit den Kindern redeten – die Frau sagte zu ihnen ›Mäuschen‹, mein Vater sagte zu seinem Enkelsohn ›mein Löwe, mein starker Löwe‹. Da dachte ich, dass ich auch mit diesen Kosenamen aufgewachsen bin und dass daraus der türkische Macho entsteht ... Er ist der Löwe! Er ist der Starke! Ich weiß auch, wie mein Vater meine Schwester immer genannt hat: ›Meine Schöne, meine Beste.‹ Das sind die klassischen Rollenbilder! Das Männlichkeitsbild, das ich auf diese Weise angenommen habe, war der Löwe, aber in einer Beschützerrolle, der Überlegenheit ausstrahlt, um die Eigenen zu beschützen.«

Die Art und Weise, wie man mit kleinen Kindern spricht, hat Auswirkungen auf das spätere Rollenverständnis, das dann tief im Selbstverständnis verankert ist. Interkulturelle Paare tun gut daran, auf die subtilen Verhaltensweisen und Kommunikationsformen zu achten, mit denen sie selbst und der Partner ihren Kindern unbewusst begegnen. Wenn sie dieses Verhalten thematisieren, können sie die zugrunde liegenden Werte und Einstellungen bewusst machen und diskutieren.

Angesichts der eigenen Bi- oder Multikulturalität stellt sich in einer interkulturellen Partnerschaft auch die Frage, welcher Kultur die gemeinsamen Kinder sich zugehörig fühlen werden. I. ist Albanerin und lebt mit ihrem dänischen Mann in Österreich. Die beiden haben zwei Töchter:

> »Ich mache mir viele Gedanken darüber, wie die Töchter sein werden. Was werde ich meinen Töchtern sagen, wenn sie nach ihrer Identität fragen? Sie werden sicher Österreicherinnen sein, aber mit südländischen Wurzeln und einem dänischen Vater.«

Bei älteren Kindern kommt die Frage nach der Identität an die Oberfläche, wie bei C., einer Französin, die mit ihrem österreicherischen Mann eine Tochter hat:

> »Meine Tochter ist sich sehr bewusst, dass sie zwei Ursprünge hat. Ich frage mich oft, wie es für sie ist, dass ich so einen Akzent im Deutschen habe. Sie geht sehr flexibel damit um. Jetzt ist mir bewusst geworden, dass ich regelmäßig mit ihr nach Frankreich fahren muss. Das ist wichtig für sie.«

Eine weitere Frage ist, welcher Elternteil bei der Erziehung den größeren Einfluss hat. Die Kinder von V., einer Deutschen, und ihrem amerikanischen Mann T. sind schon etwas älter. V. berichtet:

> »Erziehung ist zentral. Wie stark will sich ein Partner einbringen? Jeder will etwas von seiner Kultur mitgeben. Bei uns war immer mein Mann sehr präsent. Die amerikanische Kultur war und ist ein wichtiger Bestandteil für unsere Kinder. Sie gingen deshalb in die Kennedy- Schule, eine bikulturelle Schule. Jetzt sind sie in den USA und möchten dort bleiben. In diesem Punkt waren wir uns nicht einig. Ich bedaure es, denn so haben die Kinder nur einen amerikanischen Abschluss und nicht auch einen deutschen. Ich sehe nicht, dass sie auch einen Fuß in Europa

haben. Ich habe Angst, dass bei den Kindern das Gleichgewicht, das es früher gab, ins Wanken gerät. Gleichzeitig sehe ich, dass Kinder heute anders sind; sie sind offen und Interkulturalität ist normal für sie. Wenn sie so vielfältig aufwachsen, dann sind sie auch nicht so tief in den Traditionen verwurzelt. Wir sind anders aufgewachsen, ich bin sehr ortsgebunden.«

Wie bei anderen Paaren kann es hier auch in interkulturellen Beziehungen ein Ungleichgewicht geben – weil die Eltern in der Erziehung aber immer auch ihre Kultur vermitteln, ist dies eine sensible Frage: Wie geht man damit um, wenn man das Gefühl hat, als ein Elternteil den Einfluss auf die eigenen Kinder zu verlieren? Wichtig ist, den Paarkonflikt, der sich daraus ergeben kann, nicht auf dem Rücken der Kinder auszutragen.

UNSER KIND SPRICHT MEHRERE SPRACHEN: HÜRDEN UND CHANCEN BEIM SPRACHERWERB

Die meisten interkulturellen Paare, mit denen ich sprach, möchten ihre gemeinsamen Kinder mehrsprachig erziehen. Zum einen ist Mehrsprachigkeit im globalen Kontext heute ein Vorteil, und die Paare leben ihre Multikulturalität auch bewusst, zum anderen werden durch die Sprache auch kulturelle Werte vermittelt. Aber welche Sprache wird als Familiensprache zu Hause gesprochen? Wie leicht ist es, Kinder zweisprachig zu erziehen? Wie geht man mit der herrschenden Landes- bzw. Bildungssprache (in unserem Fall Deutsch) um, wenn in der Familie andere Sprachen gesprochen werden? Welche Herausforderungen stellen sich im Familienalltag? Jede Familie findet ihre eigene Lösung. S. und ihr türkischer Mann C. hatten am Anfang Schwierigkeiten mit der zweisprachigen Erziehung:

ER: »Es ist manchmal schwer, die Zweisprachigkeit durchzuziehen. Die ersten drei Jahre waren nicht einfach, weil ich nicht wusste, wie es gehen soll. Unser Sohn sprach immer auf Deutsch zurück. Jetzt ist es so, dass er irritiert ist, wenn ich deutsch und nicht türkisch mit ihm spreche.

SIE: Ja, er war irritiert, wegen unserer Babysitterin. Sie ist Türkin und spricht mit ihm türkisch. Jetzt möchte sie, dass ich mit ihr deutsch spreche, weil sie es üben will, bis jetzt sprachen wir englisch miteinander. Heute hat er mitbekommen, wie wir deutsch sprachen, und hat mich gefragt: ›Was sprichst du jetzt?‹

ER: Jetzt merke ich, dass er mit mir hin und wieder deutsch spricht. Dann muss ich mich selbst zusammennehmen und darauf bestehen, dass wir türkisch sprechen.«

Zweisprachigkeit wird in der Familie von Österreicherin M. und ihrem ungarischen Mann T. zielstrebig durchgezogen. Für das ältere Kind ist Zweisprachigkeit ganz normal:

ER: »Wir achten darauf, dass wir die Kinder zweisprachig erziehen. Wenn wir zu viert reden, spreche ich mit den Kindern nur ungarisch, mit meiner Frau deutsch.

SIE: Ja, er ist sehr konsequent. Bei vielen Freunden ist es nicht so.

ER: Ich sprach schon einmal mit meinem Sohn deutsch, als andere dabei waren. Er sagte dann: ›Papa, sprich mit mir ungarisch!‹ Er schämt sich nicht dafür.

SIE: Ja, es war für uns beide klar, dass wir es so machen.«

Ein anderes Paar spricht untereinander deutsch und erzieht die Kinder zweisprachig:

ER: »Ich rede mit den Kindern hebräisch, meine Muttersprache. Deutsch ist schon im Vordergrund durch den Kindergarten. Aber ich rede automatisch mit ihnen hebräisch. Mittlerweile erwartet mein Sohn, dass ich mit ihm hebräisch spreche.«

SIE: »Er mischt manchmal noch. Später müssen sie dann noch die hebräische Schrift lernen, das ist schwierig.«

H. aus Singapur erzählt, dass sie und ihr Mann die Sprachen sehr mischen. Sie selbst spricht englisch mit ihren Kindern, die Familiensprache ist Deutsch:

»Mit meinem Mann spreche ich ›denglisch‹ – wir mischen oft Deutsch und Englisch. Mit den Kindern versuche ich, ordentliches Englisch zu sprechen, aber sie antworten immer auf Deutsch. Ich halte aber daran fest. Es ist aber schwer.«

Bei der Engländerin V. verlief eine zweisprachige Erziehung ihrer Kinder aus erster Ehe schwierig:

SIE: »Ich habe am Anfang mit den Kindern englisch gesprochen. Aber ich konnte es nicht durchhalten. Es war zu schwierig. Ich habe es nicht geschafft. In der Familie haben wir immer deutsch gesprochen.«

In einer Familie werden die Kinder dreisprachig erzogen, da das Deutsche für beide Eltern nicht Muttersprache ist. Die Albanerin I. und der Däne J. leben in Österreich und sprechen jeweils die eigene Muttersprache mit den Kindern. In Krippe und Kindergarten lernen die Kinder Deutsch. Das Paar selbst spricht miteinander englisch.

Sprache ist ein wichtiger Bestandteil der Identität, und durch die Geburt von Kindern erleben Eltern manchmal auch einen Teil der eigenen Identität neu, der eine Zeitlang verdrängt wurde. Durch Kinder, mit denen man dann nach langer Zeit in der eigenen Muttersprache spricht, kann dieser Aspekt sehr bewusst erlebt werden. I. hat mit ihren beiden kleinen Töchtern diese Erfahrung gemacht:

»Ich habe die ersten anderthalb Jahre mit meiner ersten Tochter nur deutsch gesprochen. Ich wollte, dass meine Eltern mit ihr albanisch reden. Aber das hat irgendwie nicht funktioniert. Ich habe dann gemerkt, dass etwas verloren geht. Dann habe ich ein albanisches Au-Pair Mädchen organisiert. Das war sehr wichtig für mich. Jetzt sehe ich, dass meine Tochter ganz selbstverständlich Albanisch annimmt. Sie möchte gar nicht mehr, dass ich deutsch mit ihr spreche, nur albanisch. Mir kommen deshalb vor Freude immer wieder die Tränen!«

Auch für C. ist es wichtig, dass ihre Kinder ihre Muttersprache sprechen, auch wenn im Alltag Kompromisse nötig sind:

»Mit den Kindern spreche ich immer japanisch. Bis zu ihrem sechsten Lebensjahr hat meine Tochter immer mit mir japanisch gesprochen. Seit sie in der Schule ist, nicht mehr. Durch die Schule erzählt sie viel auf Deutsch. Ich lasse das zu, denn sonst würde sie mir nichts mehr erzählen. So spricht sie deutsch mit mir, ich mit ihr japanisch. Manche Mütter schaffen das, aber viele nicht. Meine Kinder verstehen viel Japanisch, sprechen es aber nicht so gut. Wenn sie Japanisch nicht in der Schule haben, ist es schwer. Wenn wir in Japan sind, sprechen sie japanisch. Für mich ist wichtig, dass sie kommunizieren können. Japanisch schreiben und lesen, das ist zu viel. Aber reden sollen sie können.«

Durch die Sprache werden unbewusst auch kulturelle Werte vermittelt. Gerade im Japanischen herrscht eine ausgeprägte Höflichkeitskultur, die C. ihren Kindern weitergeben möchte:

»Mit der Sprache versuche ich, den Kindern die japanische Kultur beizubringen. Hier in Österreich ist zum Beispiel auffällig, dass man sich nicht gleich entschuldigt, wenn man etwas falsch gemacht oder jemanden verletzt hat. Man findet eine Ausrede oder man sagt nur, es tue einem leid. In Japan muss man sich gleich entschuldigen, sofort. Man muss sich auch immer sofort für etwas bedanken. Das bringe ich meinen Kindern bei. Aber hier bekommen sie dadurch eher Nachteile als Vorteile. Ich sage ihnen dann, irgendwann bekommst du es zurück, wenn auch nicht gleich. ›Aug um Aug, Zahn um Zahn‹ – das mag ich überhaupt nicht. Die Eltern hier fördern aber eher so ein Verhalten, man soll sich verteidigen. Das finde ich problematisch.«

Aus sprachwissenschaftlicher Sicht können Kinder mehrere Sprachen gleichzeitig und gleich gut erlernen. Dazu der Sprachwissenschaftler Jürgen M. Meisel: »Tatsächlich belegt die Forschung der letzten 25 Jahre, dass beim frühkindlichen Erwerb der Mehrsprachigkeit in jeder Sprache eine Kompetenz erworben wird, die der von Monolingualen qualitativ völlig entspricht.«[106]

Mutter- und Vatersprache sind wichtig, um sich im kulturellen Kontext der Eltern zurechtzufinden und um mit anderen Familienmitgliedern zu kommunizieren. Sprechen Kinder zu Hause andere Sprachen als die Landessprache, tritt diese mit dem Eintritt in Kindergarten oder Schule automatisch in den Vordergrund. Interkulturelle Paare, die ihre Kinder mehrsprachig erziehen, müssen wissen, dass Kinder in den Sprachen, die sie erlernen, einen unterschiedlichen Wortschatz entwickeln, der mitunter geringer ist als bei Kindern, die einsprachig aufwachsen. Die verschiedenen Sprachen werden – in der Familie wie in anderen Umgebungen – mit bestimmten Lebenssituationen verbunden, so dass die Kinder einen zu diesem Kontext passenden Wortschatz entwickeln, während für andere Themen eventuell Wörter fehlen.[107]

Einige Eltern berichteten, dass ihre Kinder auf Deutsch antworten, obwohl sie in ihrer Muttersprache angesprochen wurden. Das liegt daran, dass eine andere Sprache im sozialen Umfeld der Kinder überwiegt. Wichtig ist, dass die Partner in interkulturellen Beziehungen konsequent sind, wenn sie den Kindern ihre eigene Muttersprache vermitteln wollen. Nur so kann das Kind eine fundierte Sprachkompetenz entwickeln. Mehrsprachigkeit ist anstrengend, weil sie bewusst gefördert werden muss. Oft ist ein zusätzlicher Einsatz der Eltern oder dritter Personen nötig, da die Schulen hier nur in den seltensten Fällen helfen können.

Ein wichtiger Bereich der mehrsprachigen Erziehung ist auch die Alphabetisierung in mehreren Sprachen. Bei Sprachen, die unterschiedlichen Schriftsystemen angehören, wie etwa asiatischen oder arabischen Sprachen, ist das zusätzliche Erlernen der Schrift eine große Herausforderung. Soziale, sprachliche und kognitive Faktoren spielen bei diesem komplexen Vorgang eine Rolle. Auch hier sollten interkulturelle Familien gegebenenfalls auf Ressourcen von außen zurückgreifen. Eltern sollten ihre Kinder jedoch nicht davon abhalten, in der Sprache, die nicht die vorrangige Bildungssprache ist, lesen oder schreiben zu lernen.[108]

WENN ES IM GETRIEBE KNIRSCHT: DER UMGANG MIT KONFLIKTEN

Wie interkulturelle Paare mit auftretenden Konflikten umgehen, hängt weitgehend davon ab, in welcher Kultur sie aufgewachsen sind. Wenn Werte wie Gesicht-Wahren und Höflichkeit bei der Sozialisierung entscheidend waren, um die Harmonie der Beziehungen nicht zu beeinträchtigen, neigen Menschen zu indirektem Konfliktverhalten, das heißt sie vermeiden eine offene Auseinandersetzung.

C. beschreibt das unterschiedliche Konfliktverhalten in ihrem Heimatland und in Österreich:

> »Wenn man in Japan streitet, hat man keine Chance mehr, man kann danach keine normale Beziehung haben. Einmal hatte ich eine Auseinandersetzung mit dem Vater eines anderen Kindes in der Schule. Er hat gesagt, dass sich die Kinder ruhig prügeln können. Ich hörte zuerst ruhig zu, und dann sagte ich ihm meine Meinung, dass die Kinder durchs Reden zueinander kommen sollen. In Japan wäre so etwas nicht möglich gewesen. Man sagt nichts, bleibt höflich, sagt nicht, was man denkt, denn sonst wird ja die Beziehung gestört. So wie hier, dass man trotz Auseinandersetzung am nächsten Tag wieder gut ist oder normal miteinander redet, das ist in Japan unmöglich!«

Auch H. berichtet von einem solchen konfliktvermeidenden Verhalten, das sie aber in ihrer Beziehung allmählich geändert hat, weil man in ihrer jetzigen Heimat Österreich anders mit Konflikten umgeht:

> »Der allererste Konflikt war, dass ich nicht sprach. Bei mir zu Hause sagt man nicht, ob man etwas mag oder nicht. Die Familie meines Mannes ist sehr direkt, und ich war am Anfang immer lieb und freundlich, alle fanden mich nett. Aber ich sagte nichts. Irgendwann frisst dich das auf! Man braucht hier die verbale Kommunikation, man versteht hier nicht das Nonverbale. Mein Mann und ich treffen uns jetzt irgendwo in der Mitte. Aber ich schweige nicht mehr, wenn etwas nicht passt. Wir haben aber immer noch Missverständnisse bei mir zu Hause. In Singapur herrscht ein eher rauer Ton in der Umgangssprache und das versteht er manchmal falsch. Einmal gab es einen Zwischenfall, als meine Schwiegereltern zu uns nach Singapur kamen. Man erwartet bei uns von Gästen, dass sie auch bei der Familie wohnen. Sie aber wollten in einem Hotel übernachten. Das war schon eine Sache in der Familie ...«

Bei einem anderen Paar – er kommt aus Rumänien und sie aus Frankreich – treten immer wieder Konflikte auf, die ihren Ursprung im jeweils unterschiedlichen Konfliktverhalten haben. Die Französin B. erzählt:

> »Wenn er etwas falsch gemacht hat, kann er seinen Fehler nicht einsehen. Er schweigt dann. Das macht mich verrückt. Ich möchte aber wissen, wie es dazu kam, und möchte mit ihm darüber sachlich reden. Er versteht das als Vorwurf und zieht sich noch mehr zurück. Aber ich möchte wissen, ob er nicht daran gedacht hat oder es absichtlich getan hat oder einfach unaufmerksam war.«

In diesem Fall befinden sich beide auf unterschiedlichen Ebenen, er auf der Beziehungsebene, sie auf der Sachebene. Sie möchte den Vorfall ganz sachlich analysieren. Ihm ist es hingegen unangenehm und er zieht es vor, das Problem beiseite zu schieben. Das Bedürfnis, sein Gesicht zu wahren und die Paarbeziehung nicht allzu sehr zu beeinträchtigen, stehen bei ihm im Vordergrund. Eine Lösung kann darin liegen, dass beide versuchen, den Blickwinkel des anderen einzunehmen und so die Perspektive zu wechseln. Dadurch kann das gegenseitige Verständnis erhöht werden.

Nicht immer ist der unterschiedliche Umgang mit Konflikten nur auf kulturelle Unterschiede zurückzuführen, so wie bei der Französin C. und deren österreichischem Mann:

> »Es gibt bei uns einen Unterschied, mit Problemen umzugehen. Mein Mann kann es nicht, er wechselt das Thema. Aber ich bin mit Problemen aufgewachsen. Für ihn ist das eine fremde Welt. Das ist ein großer Unterschied. Es liegt am Milieu, an der Ausbildung, hier kommt das Technische bei ihm heraus, er ist Wirtschaftsingenieur. Er ist schwierig bei der Kommunikation. Aber das ist nicht kulturell. Ich bin nicht so eine große Rednerin, aber manchmal muss ich sprechen. Ich muss es aussprechen, dann geht es mir besser, ich muss darüber sprechen. Ich spreche, streite, aber ich muss die Sache klären, das ist meine südliche Seite in mir. Ich bin nicht so ruhig, wie es ausschaut; ich habe mich angepasst, aber ich bin nicht ruhig. Zu Hause bei meinen Eltern meint A. oft, dass wir schreien, aber wir sprechen ganz normal, wir sind eher emotional. Wenn wir streiten, dann sind

wir am nächsten Tag wieder gut, aber ich lebe nun hier in einer ganz anderen Welt. Hier wird alles mehr zugedeckt, man kehrt Probleme unter den Teppich, aber irgendwann explodiert es dann.«

In der albanisch-dänischen Beziehung von I. und J. gibt es ebenfalls unterschiedliche Herangehensweisen, aber sie sehen auch die positiven Seiten ihrer Unterschiede – zum Beispiel die Ergänzung:

»Wir entscheiden ganz unterschiedlich. Wenn ich eine Entscheidung treffe, dann muss ich mit vielen Leuten sprechen. Ich spreche mit allen Menschen, die ich schätze. Mein Mann geht laufen, wenn er eine Entscheidung treffen muss. Wir sind da sehr unterschiedlich. Aber Unterschiede sind auch gut! Wir haben das ja beim Hausbau gesehen, wir ergänzen uns. Mein Mann meinte einmal: ›Wir haben doch die Entscheidung getroffen ...‹ Ich sagte darauf: ›Wir haben darüber gesprochen, aber ich brauche Zeit um darüber nachzudenken ...‹ Mein Mann ist extrem kontrolliert, er würde nie sagen, das wäre blöd oder so. Ich knalle öfters die Türen, habe Heulattacken und bin wütend. Das sind die Sommerstürme, mein südliches Temperament, erkläre ich ihm dann. Beides hat Vor- und Nachteile und wir müssen miteinander einen Weg finden!«

Interkulturelle Paare müssen viel ausdiskutieren, um die Positionen zu klären. Gespräche und fortwährende Auseinandersetzungen sind sehr wichtig für K., eine Österreicherin, und ihren Mann B. aus Kanada:

SIE: »In unserer ersten Silvesternacht waren wir unterwegs und haben uns echt gefetzt. Mein Mann sagte zu mir: ›you belong to me.‹ Und ich habe die ganze Silvesternacht versucht, ihm klar zu machen, dass ich nur mir gehöre. Das war ein massiver kultureller Unterschied! Ich habe sehr bewusst daran gearbeitet und B. auch.

ER: Ja, sicher. Ich kann mich anpassen.«

Konflikte können aber auch mit Gelassenheit übergangen werden. Dazu W. aus Österreich, der mit der Iranerin J. verheiratet ist:

ER: »Es vergeht bei der Familie oder bei Freunden im Iran immer viel Zeit mit Warten. Man sitzt lange herum, es wird viel Aufwand mit dem Essen gemacht. Irgendwann geht einem dann der Gesprächsstoff aus, und dann nehme ich meinen Reiseführer heraus und schalte ab ...«

V. überlegt, wie ein Gleichgewicht zwischen ihrer deutschen Kultur und der amerikanischen Kultur ihres Mannes (wieder) hergestellt werden kann, nachdem die beiden gemeinsamen Kinder inzwischen in den USA leben – sie versucht den Konflikt zu lösen, anstatt ihn zu akzeptieren:

»Mein Mann muss immer wieder ein Fass aufmachen nach dem Motto: ›Das Leben stellt einen ständig vor neue Herausforderungen!‹ Ich für mich habe schon genügend Herausforderungen in meinem Leben gehabt. Ich fühle mich sehr an Deutschland gebunden. Aber wenn die Kinder nun tatsächlich drüben bleiben, dann muss man sich überlegen, ob man sich dort einen Ort schafft, um zumindest zeitweise in ihrer Nähe zu sein. Ich frage mich nur, ob Europa für die Kinder später fürs Studium interessant sein wird?«

Für interkulturelle Paare ist es nützlich, Methoden zur Konfliktlösung zu kennen. Zuschreibungen nach dem Motto: »Mein Partner ist so, er denkt so, macht das so usw.«, wirken eher eskalierend, da auf eine Zuschreibung eine Verteidigung folgt, die meistens emotionsbeladen ist. Besser ist es, die konkrete Situation zu betrachten, in dem diese Verhaltensweise auftritt, und sie aus dieser Situation heraus einzuordnen. Damit vermeidet man Zuschreibungen.

Ein Blick auf die kulturellen und familiären Hintergründe ist hilfreich, um die Situation in einem größeren Zusammenhang zu sehen. Wir haben bereits gesehen, dass Werte wie Gesicht-Wahren oder Verteidigung der Ehre aus ihrem kulturellen Hintergrund zu deuten sind. Konflikte entstehen durch Überlagerungen von nicht miteinander vereinbarten Werten und Einstellungen. Wichtig ist es, diese zugrundeliegenden Werte zu erkennen und zur Sprache zu bringen.

Paare können Konflikte auch dadurch lösen, dass die Partner sich in die Situation des jeweils anderen hineinversetzen und sich fragen: Wie ginge es mir in dieser Situation? Wie würde ich mich verhalten?

Ein anderer Umgang mit Konflikten besteht im Versuch, eigene Muster zu ändern bzw. aus gewissen Verhaltensmustern herauszutreten und gleichzeitig einen Perspektivenwechsel vorzunehmen. Dabei geht es darum, die eigene Wahrnehmung zu erweitern, indem jeder versucht, andere Perspektiven zuzulassen, um dadurch zu neuen Einstellungen und Verhaltensweisen zu gelangen. Bei diesem Modell gibt es kein Richtig oder Falsch, sondern nur ein anderes Verhalten aufgrund eines anderen Kontextes und anderer Beteiligter.[109]

Eine weitere Möglichkeit besteht darin, Unterschiede stehen zu lassen. Dies erfordert die Fähigkeit, mit widersprüchlichen Situationen umgehen zu können und Gegensätze auszuhalten. Da nicht jeder Konflikt zufriedenstellend aufgelöst werden kann, ist dies eine wichtige, wenn auch schwer zu erlangende interkulturelle Kompetenz.

DER KNACKPUNKT: WAS EMPFINDEN PAARE ALS GRÖSSTE HERAUSFORDERUNG?

Eine interkulturelle Beziehung zu führen, ist nicht immer leicht. Nach einigen Jahren blickt man zurück und stellt sich die Frage: Was war am schwierigsten? Hier berichten B., ein Kanadier, und seine österreichische Frau K., was für sie eine besonders große Herausforderung war:

ER: »Das Schlimmste waren all die Regeln hier. Kanada ist viel entspannter. Aber ich habe mich adaptiert.

SIE: Es gibt nach wie vor etwas, wo ich eine Fremdheit zwischen uns spüre. In der Zwischenzeit kann ich das akzeptieren. Ich habe das Gefühl, dass er von mir nie und nimmer alles verstehen kann und umgekehrt. Ich kann ihm erzählen über die sexuelle Revolution, Frauenemanzipationsbewegung, die mich geprägt haben, all meine Selbstfindungstrips in jungen Jahren, aber verstehen würde er es nie.«

Die Distanz, die durch unterschiedliches Generationenverhalten oder ein unterschiedliches soziales Gedächtnis entsteht, muss ausgehalten werden – das bezeichnet man als Ambiguitätstoleranz, den Umgang mit Widersprüchen.

Dazu gehört auch zu erkennen, was genau der Grund für Unterschiede und Konflikte ist, denn die Persönlichkeit der Betroffenen ist ebenso ein Faktor wie der kulturelle Hintergrund, wie B. und K. berichten:

ER: »Ich hatte eine schwierige Zeit, als ich letzten Sommer in Kanada war, mit meiner Schwester und meinem Schwager. Wenn ich jetzt zurückdenke, sehe ich alles kritischer und schaue in die Tiefe. Aber meine Familie ist nicht so, alles ist leicht.

SIE: Alles wird unter den Teppich gekehrt.

ER: Man hat das Gefühl, sie nehmen nichts ernst. Die Realität ist dort ganz anders.

SIE: Befindlichkeit zählt nicht, spüren darf man nichts. Die Erwartungshaltung ist so zu sein, dass alle positiv von einem denken. Ist das kanadisch oder typisch für seine Familie?

ER: Man kann nicht sagen kanadisch, denn Kanada ist zu groß.«

Es geht also nicht um Nationalkulturen. Wenn Personen sich unterschiedlich verhalten, wäre es zu einfach, das als »typisch« für eine bestimmte Kultur einzuordnen. Es geht in diesem Buch nicht darum, in Stereotypen zu denken. Kulturen stellen unterschiedliche Wirklichkeiten dar – wir haben sie auch Kontexte genannt. Der jeweilige Bezugsrahmen ist unterschiedlich, und Werte und Einstellungen sind es auch. In einer interkulturellen Partnerschaft ist das Ziel, diese Unterschiede kennenzulernen und zu akzeptieren, ohne sie zu bewerten.

Die Unterschiede stehen zu lassen, ist etwas, das beide Partner lernen müssen. Dazu wieder das kanadisch-österreichische Paar:

SIE: »Am Anfang war vieles unbewusst, wir haben viel gestritten, es war nicht leicht. Und dann war es nicht so, dass ich die kulturellen Unterschiede

> nicht erkennen konnte, sondern eher: Er ist anders, auf so vielen Ebenen, und dieses Anderssein zu akzeptieren und als gleichwertig stehen zu lassen, das war für mich der innere Prozess. Letztlich sagen zu können: Ja, es ist so, aber für mich passt es nicht. Und das so stehen zu lassen. Es ist ein weiter Weg bis dahin.«

Für die Französin C. und ihren österreichischen Mann A. ist der schwierigste Punkt, dass sie in ihrer interkulturellen Paarbeziehung keine gemeinsame Geschichte haben:

> »Es ist schwierig, meinem Mann zu erklären, was ich alles erlebt habe, meinen Hintergrund. Wir haben keine gemeinsame Geschichte, keine Gemeinsamkeiten aus der Kindheit oder Jugend, die wir teilen. Das macht es zwar spannend, aber gleichzeitig auch unspannend. Das ist wohl der Preis für eine interkulturelle Beziehung. Man kann nicht alles teilen, Erfahrungen aus der Kindheit. Das ist ganz anders, eine andere Seite. Wir kennen viel, sind reich an Erfahrungen, aber das sind die Nachteile, dass man nicht alles teilen kann.«

H. erzählt, was sie in Österreich am meisten vermisst und ihren Kindern gern mehr vermitteln würde:

> »Ich denke, was ich meinen Kindern gern weitergeben würde, sind Traditionen. In Singapur gibt es so viele ethnische Gruppen, die ständig irgendetwas feiern. Das fehlt hier. Auf der anderen Seite bin ich von meiner Kultur schon so entfernt, dass ich mich nicht dazu verpflichtet fühle, spezielle Feste zu feiern. Ich gebe mir hier nicht die Mühe. Dann die Familie. In Singapur habe ich eine große Familie, das Haus ist immer voll. Hier lebt man in Kleinfamilien. Für meine Kinder wünschte ich, dass sie nicht in dieser kleinen Welt bleiben.«

V., die als Deutsche mit einem Amerikaner verheiratet ist, gibt zu bedenken, dass man mit vielen Konflikten nicht rechnet, wenn man eine interkulturelle Partnerschaft eingeht:

> »Niemand sagt einem, wie schwierig so eine Partnerschaft ist! Die Kindererziehung birgt ein großes Konfliktpotenzial. Und wir hängen sehr extrem an unseren beiden Ländern. Das Ideal meines Mannes ist, halb drüben, halb hier zu sein. Ich bin gebundener. Ich hänge sehr an Europa und kann mir nicht vorstellen, für immer in Amerika zu leben.«

Die Einsicht, dass in einer interkulturellen Partnerschaft nicht alle Konflikte gelöst werden können, ist nicht so einfach. Gemeinsame Kinder binden aneinander, erschweren aber auch den Konflikt.

IN DER MITTE TREFFEN: GESUNDE KOMPROMISSE

Eine dritte Ebene zu finden, ist ein zentrales Ziel interkultureller Paare – wie grundsätzlich für jedes Paar. Sie müssen eine eigene gemeinsame Welt (oder Wirklichkeit) erschaffen, in der beide Partner einen gleichwertigen Raum einnehmen. Dazu die Österreicherin V. und ihr indischer Partner S.:

> »Kochen, das war es! Meine Küche ist in seine eingeflossen und seine Gewürze in meine. Wir schufen Kreationen, die eine vollkommene Mischung unserer Kulturen waren. Das war sehr schön.«

H. ist Chinesin und mit dem Österreicher T. verheiratet. Sie erzählt von einem gemeinsamen Vorhaben:

> »Wir bauen jetzt ein Haus. Das wird für unsere gemeinsame Zeit sein. Wir diskutieren viel darüber, wie wir es machen. Wir können gut aufeinander Rücksicht nehmen und finden immer einen Kompromiss.«

Zahlreiche Bereiche eignen sich, um diese dritte Ebene zu finden – ob es das Kochen, der Hausbau oder etwas anderes ist, zum Beispiel gemeinsame Reisen. Es muss ein Bereich sein, in dem beide einen gleichwertigen Raum einnehmen und einander auf Augenhöhe begegnen. Auf dieser Ebene kann dann etwas Neues, Gemeinsames geschaffen werden.

Dabei sind jedoch immer auch Kompromisse nötig.

Die Österreicherin K. und ihr kanadischer Mann B. berichten, wie sie zu Kompromissen finden:

ER: »Zu lernen, wo die Unterschiede sind, das ist der Trick. Wenn wir die Unterschiede nicht kennen, lässt sich kein Kompromiss finden. Dann bleibt man immer wie hinter einer Mauer und versteht nichts. Wir haben beide mit der Zeit Kompromisse gefunden. Zum Beispiel die Frage: Wie feiern wir Weihnachten? Am 24. oder am 25. Dezember? Jetzt haben wir beides abgeschafft!

SIE: Ja, man findet Kompromisse oder auch eine eigene, dritte Kultur, aber das ging nur mit viel innerer Arbeit an mir, teilweise sehr bewusster Arbeit.«

Die Erweiterung von Kommunikationsmustern förderte die Anpassung bei H. aus Singapur und führte zu einem Kompromiss:

»Man versteht hier die nonverbale Kommunikation nicht. Hier muss man direkt sein, sonst frisst es dich auf. Ich denke, dass wir einen guten Mittelweg gefunden haben. Ich fresse nichts mehr in mich hinein.«

H. erzählt auch, wie sie in ihrer Familie mit dem Thema gutes Benehmen und Manieren umgehen, das kulturell sehr unterschiedlich bewertet wird:

»So einfache Dinge wie Tischmanieren, da ist man hier sehr streng; in Singapur ist es ganz normal, bei Tisch laut zu rülpsen! Die Kinder wissen das in der Zwischenzeit und manchmal in Graz bei den Großeltern rülpsen sie absichtlich, mein Mann auch, und dann sagen sie: ›In Singapur darf man!‹ Wir spielen mit den verschiedenen Werten. Wir wissen, dass man sich in unterschiedlichen Situationen anders verhält oder benimmt.«

Werte und Einstellungen regeln das Zusammenleben in Gesellschaften auf sehr unterschiedliche Weise und drücken sich auf der

Verhaltensebene in Regeln und Tabus aus. Kinder, die in unterschiedlichen kulturellen Kontexten aufwachsen, können zwischen diesen Kontexten hin und her wechseln. Da bestimmte Werte immer nur in einem spezifischen Kontext gelten, sind sie relativ. Regeln erscheinen daher diesen Kindern nie als etwas Absolutes, da sie als kulturabhängig und veränderbar erlebt werden. Daraus folgen eine erhöhte Flexibilität und Anpassungsfähigkeit sowie Toleranz für unterschiedliche Verhaltensregeln in unterschiedlichen kulturellen Kontexten.[110]

C. und A. finden, dass ihre interkulturelle Partnerschaft eine Bereicherung ist:

> »Bei einer rein Schweizer oder rein französischen Ehe wäre es ganz anders gewesen. Wir sind offener geworden.«

Die Chinesin Z. und ihr österreichischer Mann erleben das genauso:

> »Man wird immer offener. Man entwickelt ein anderes Gedankengut, Toleranz, Offenheit. Das beeinflusst die Beziehungen zu den anderen. Man kann mit anderen gut umgehen. Ich bin schon dankbar, dass es so ist. Mit der Zeit passt man sich an, und einiges geht weg, anderes kommt dazu. Ich denke immer mehr europäisch, und Themen wie das Soziale, die Nachhaltigkeit und Umwelt werden für mich immer wichtiger.«

Baut man in einer interkulturellen Partnerschaft automatisch interkulturelle Kompetenz auf? Dazu wieder B. aus Kanada und seine Frau K. aus Österreich:

ER: »Interkulturelle Kompetenz bedeutet für mich, dass ich wie die Bewohner des Landes lebe. Ich habe das auf den Bahamas und den Philippinen gemacht, ich mache das auch hier.

SIE: Für mich ist Neugierde wichtig. Neugierde auf die Andersartigkeit haben. Akzeptieren des Anderen, ohne es abzuwerten. Dazu braucht es auch Neugierde. Der zweite Punkt, der für mich wichtig ist: Man braucht ein

> Mindestmaß an innerer Sicherheit, damit man das Andere stehen lassen kann. Es erfordert ununterbrochene Arbeit an sich selbst. In einer bikulturellen Partnerschaft ist das entscheidend. Beide müssen geben und nehmen können.«

Damit wird ein wichtiger Punkt angesprochen: die innere Stabilität. Wenn ich eine innere Sicherheit habe, kann ich mich auf Neues und Unbekanntes einlassen und Offenheit und Neugierde an den Tag legen. Man muss innerlich stabil sein, um sich mit dem Anderen auseinandersetzen zu können. Das ist auch eine wichtige Komponente der interkulturellen Kompetenz.

ZENTRALE »BAUSTELLEN« EINER INTERKULTURELLEN PARTNERSCHAFT: ZUSAMMENFASSUNG

Interkulturelle Paare müssen grundsätzlich mit »Baustellen« rechnen, und zwar auf verschiedenen Ebenen wie Sprache, unterschiedlichen kulturellen Werten, religiösen Praktiken und Ritualen sowie Gewohnheiten aufgrund unterschiedlicher Familientraditionen. Darüber hinaus gibt es kein gemeinsames historisches Gedächtnis, und viele historische und soziale Ereignisse, die in der Jugend prägend waren, können nicht geteilt werden. In all diesen Bereichen kann es zu Missverständnissen kommen.

Viele interkulturelle Paare sprechen miteinander eine dritte Sprache, die für beide nicht die Muttersprache ist, andere sprechen die Sprache, die für einen der beiden Muttersprache ist. Es kann dabei zu Frustration kommen, wenn es im Beziehungsalltag häufig sprachliche Missverständnisse gibt, die langwieriger Erklärungen bedürfen. In diesem Zusammenhang kann das Gefühl der Sprachlosigkeit auftauchen: das Gefühl, die Sprache nicht zu beherrschen und sich nicht richtig mitteilen zu können.

Eine weitere Herausforderung ist die Frage, in welcher Sprache mit den Kindern gesprochen wird. Werden die Sprachen beider Partner in der Familie gleichberechtigt behandelt? Es erfordert viel Geduld und

Vertrauen in die Sprachkompetenz der Kinder sowie große Konsequenz und Flexibilität bei den Eltern, um das Projekt Mehrsprachigkeit erfolgreich durchzuführen.

Ein ebenso schwieriger Punkt ist das entstehende Ungleichgewicht in der Paarbeziehung, wenn ein Partner in das Heimatland des anderen zieht. Der zugezogene Partner muss sich mehr anpassen, und für ihn oder sie ist es schwieriger, die eigene Ursprungskultur zu erhalten und sich gegebenenfalls vor vollkommener Assimilation zu schützen. Es ist sehr wichtig, der eigenen Ursprungskultur Raum zu geben. Dieser Aspekt kam in den Gesprächen mit betroffenen Paaren sehr deutlich zum Ausdruck. Entscheidend ist also, dass der Partner diesen Aspekt der Identität des anderen anerkennt. Ein aktives Interesse am Heimatland des Partners und die Bereitschaft, es regelmäßig zu bereisen, sind nötig, um aus dem eigenen kulturellen Kontext herauszutreten und auf den anderen zuzugehen und sich ihm oder ihr wirklich zu öffnen. Ist dies nicht der Fall, besteht auch keine Bereitschaft, aus dem eigenen kulturellen Kontext herauszugehen.

Manche Paare äußern den Wunsch, in ein drittes Land zu gehen, das für beide fremd ist; andere erzählen, wie wichtig eine solche Erfahrung für sie war. Die interkulturelle Paarbeziehung ernst zu nehmen, kann unter Umständen bedeuten, diesen Schritt zu wagen und in einem dritten Land den gemeinsamen Lebensmittelpunkt zu schaffen. Dadurch würde ein Gleichgewicht hergestellt, das möglicherweise vorher nicht vorhanden war. Ein Paar könnte sich dazu entscheiden, für einen vereinbarten Zeitraum diesen Schritt zu wagen, um zu sehen, wie beide damit zurechtkommen.

Eine weitere zentrale Herausforderung ist das unterschiedliche historische und soziale Gedächtnis. In einer interkulturellen Beziehung haben die Partner keine gemeinsame Vergangenheit und keine gemeinsamen Bezugspunkte in wichtigen historischen und gesellschaftlichen Ereignissen. Prägende Erlebnisse aus der Jugendzeit bleiben dem Partner fremd und können nicht geteilt werden. Dies kann zu einem Gefühl der Entfremdung führen, denn auch wenn man einander viel aus der Vergangenheit erzählt, können diese Erfahrungen nur bis zu einem gewissen Grad gedanklich nachvollzogen werden.

Schließlich können nicht alle Konflikte gelöst werden. Interkulturelle Paare tun gut daran einzusehen, dass manche Konflikte unlösbar bleiben. Mit der Zeit können Paare ein tieferes Verständnis für einander entwickeln und aufgrund ihrer fundierten Kenntnis des jeweiligen anderen kulturellen Kontextes die Sichtweise des Partners nachvollziehen. Dadurch kann es gelingen, mit der Zeit Lösungen zu entwickeln, an die ursprünglich gar nicht gedacht wurde.

Es gibt zahlreiche Möglichkeiten, eine interkulturelle Partnerschaft gut zu leben. Die hier interviewten Paare sind sich der Bereicherungen und Herausforderungen bewusst, die ihre Beziehungen mit sich bringen. Die beschriebenen Wege und Lösungen für diese Lebensform sollen für die Leser als Anregungen dienen.

Im nächsten Kapitel geht es um interreligiöse Paare. Wie stellen sich christlich-muslimische Paare der Herausforderung, beiden Religionen gleichberechtigt Bedeutung zu geben? Es zeigt sich, dass auch diese Paare ein vielfach noch wenig vorgezeichnetes Terrain betreten.

INTERKULTURELL UND INTERRELIGIÖS:
CHRISTLICH-MUSLIMISCHE EHEN

»Wir haben gelernt, einander zu respektieren.«

WAREN IN DER VERGANGENHEIT sogenannte Mischehen zwischen Protestanten und Katholiken sowie Christen und Juden problematisch und in Europa sogar lange verboten, sind es heute zunehmend christlich-muslimische Ehen, die ihre Glaubensgemeinschaften vor neue Herausforderungen stellen.

Betrachtet man die weltweite Entwicklung der islamischen Weltbevölkerung, dann zeigt sich ein steigender Trend. »Geht man 2010 von 1,6 Milliarden Muslimen weltweit aus, dürften es 2030 bereits 2,2 Milliarden sein. Damit wächst die muslimische Bevölkerung rund doppelt so schnell (durchschnittlich 1,5 % pro Jahr) wie die nicht-muslimische Bevölkerung (durchschnittlich 0,7 % pro Jahr).«[111] In Österreich wird der Anteil der muslimischen Bevölkerung von 5,7 % im Jahr 2010 auf hochgerechnete 9,3 % im Jahr 2030 steigen, in Deutschland von 5 % auf 7,1 % und in der Schweiz von 4,7 % im Jahr 2010 auf 8,1 %. Und die muslimische Bevölkerung ist im Vergleich zur nicht-muslimischen weltweit jung: Der Anteil der 15- bis 19-Jährigen wird sich voraussichtlich von derzeit rund einem Viertel auf fast ein Drittel im Jahr 2030 erhöhen (1990 betrug er noch ein Fünftel). Allerdings sinkt die Geburtenrate auch in Ländern mit überwiegend muslimischer Bevölkerung deutlich, je nach Bildungshintergrund der Frauen.[112]

In Europa rücken christlich-muslimische Ehen heute mehr und mehr ins Blickfeld der Gesellschaft. Betrachtet man aber die Zahlen, dann ist klar ersichtlich, dass diese Gruppe äußerst klein ist. Im Jahr 2013 wurden in Österreich 1,075 % christlich-muslimische Ehen geschlossen, davon 1 % römisch-katholisch-muslimische und 0,075 % evangelisch-muslimische Ehen. Für Deutschland gilt, dass im Jahr 2013 nur 0,4 % christlich-muslimische Ehen geschlossen wurden, davon 0,2 % römisch-katholisch-muslimische Ehen und 0,2 % evangelisch-muslimische Ehen. In der Schweiz wurden 6,4 % christlich-muslimische Ehen im Jahr 2013 geschlossen, davon 1 % römisch-katholisch-muslimische Ehen, 0,2 % altkatholisch-muslimische Ehen und 0,7 % evangelisch-muslimische Ehen.[113] Der Anteil dieser interreligiösen Ehen in unserer Gesellschaft ist also verschwindend klein.

Für viele junge Menschen spielt Religion bei der Partnerwahl heute keine oder nur eine nebensächliche Rolle.[114] In den Gesprächen, die ich mit Paaren geführt habe, wurde das immer wieder deutlich. Für einige Paare steht die Religion im Familienleben an untergeordneter Stelle. Einem anderen Paar ist Religion im Alltag zwar wichtig, aber beide haben sich entschieden, die gemeinsamen Kinder ohne religiöses Bekenntnis zu erziehen.

Die Gespräche mit christlich-muslimischen Paaren, für die eine praktische Religionsausübung ein zentraler Bestandteil ihres Lebens ist, zeigen sehr gut auf, wie ein interreligiöser Alltag gelebt werden kann. Die angesprochenen Themen machen deutlich, dass unsere Gesellschaft auf die Bedürfnisse dieser Gruppe kaum Antworten hat. Die Österreicherin I., verheiratet mit H. aus Afghanistan, erzählt:

> »Wir praktizieren Religion je auf unsere eigene Weise. In unserem Lebensalltag schließt das eine das andere nicht aus.«

Eine Schwierigkeit für christlich-muslimische Paare liegt darin, dass es für ihr Lebensmodell kaum Vorbilder gibt. Das betonen die Österreicherin W. und ihr Mann R. aus Marokko:

SIE: »Wir hatten am Anfang keine Rollenbilder. Alle waren gegen unsere Beziehung. Wir waren sehr verunsichert. Unsere Lebenswelt wurde in keiner Weise von außen widergespiegelt.

ER: Ja, ich denke, es gäbe weniger Vorurteile, wenn man mehr wüsste, wie man es machen soll.«

Die christlich-muslimischen Paare, mit denen ich gesprochen habe, treffen sich ein- bis zweimal im Jahr in einer interreligiösen Gruppe, die sie gemeinsam mit ihrem Pfarrer Martin Rupprecht ins Leben gerufen haben. R. aus Marokko erzählt:

»In der interreligiösen Gruppe gibt es viel Austausch und positive Geschichten. Es ist wichtig, dass wir uns untereinander austauschen können. Gemeinsam finden wir für vieles Lösungen.«

Dechant Pfarrer Martin Rupprecht, der die interreligiöse Gruppe in Wien leitet, meint dazu:

»Ich arbeite seit zwölf Jahren in diesem Bereich und habe zahlreiche Vorträge zum Thema gehalten. Es geht immer um persönliche Begegnung und Kommunikation. Oft gibt es keine Bereitschaft für die interreligiöse Begegnung und auch nicht für die Kommunikation. Es mangelt generell an der Fähigkeit zu kommunizieren, an Kulturwissen und an Akzeptanz.«

Die Österreicherin I., verheiratet mit H. aus Afghanistan, erzählt dazu:

»Ich erfahre in meinem Umfeld auch Diskriminierung mir gegenüber als praktizierende Christin. Mir fällt auf, dass viele Menschen keine Kenntnis über andere

Religionen haben, aber auch kaum über die eigene Religion Genaueres wissen. In den Familien gibt es keine religiöse Erziehung mehr, weil es kaum mehr Wissen über die Rituale gibt. Man weiß gerade noch das, was in der Volksschule gelehrt wurde.«

Dieser Aspekt tritt in der allgemeinen Diskussion über den Islam und über religiöse Erziehung oft in den Hintergrund: Die Kenntnis über die eigene (in Österreich christliche) Religion. In einem immer stärker säkularisierten Umfeld tritt Religion verstärkt in den Hintergrund. Wissen geht verloren, neue Kenntnisse über die andere Religion, in unserem Fall den Islam, werden kaum aufgebaut. Aber auch in Bezug auf den Islam wird eine differenzierte Sichtweise benötigt. H. aus Marokko und seine österreichische Frau W. meinen dazu:

ER: »Wenn wir über den Islam reden – über welchen Islam sprechen wir? Es gibt einen sehr strengen Islam, bei dem die Hierarchie vom Vater über den Ehemann geht und die Frau darunter steht. Ich selbst sehe es ganz anders.

SIE: Ja, mein Mann ist sehr offen. In Marokko wäre er vermutlich anders, wegen der Leute dort.«

Im Gespräch wird die Bedeutung des sozialen Umfelds sehr hervorgehoben. Die Paare betonen, dass der Kontakt zu anderen aus dem Herkunftsland des Partners problematisch sein kann. Die Österreicherin I. und ihr Mann H. erzählen:

SIE: »Wir meiden den Kontakt mit der afghanischen Community.

ER: Wenn ich mit meiner Frau in einer Gruppe von Afghanen, die gerade aus Afghanistan gekommen sind, wäre, ginge das gar nicht. Die afghanischen Männer sind anders als Afghanen, die hier leben. Auch die Frauen sind anders in Afghanistan.

SIE: Ich kenne auch Afghaninnen, die sehr modern sind. Das passt auch nicht in unser Bild, das wir von den Afghaninnen haben. Aber was ich sagen wollte: die Communities halten die traditionellen Werte aufrecht. Ich bin sicher, dass unsere Ehe in einer traditionellen Umgebung nicht gehalten hätte. Mein Mann musste sich sehr mit mir und dem Leben hier auseinandersetzen, um sich anzupassen.«

In der Literatur und von Seiten der Experten, mit denen ich gesprochen habe, wird dieser Aspekt immer wieder hervorgehoben: Nationale Communities in der Migration üben zuweilen auf Migranten starken Druck aus, so dass eine Anpassung weitgehend verhindert werden kann. Das kann sich auf eine interkulturelle oder interreligiöse Partnerschaft sehr negativ auswirken. Die Österreicherin W., verheiratet mit H. aus Marokko, betont deshalb die Bedeutung der sozialen Umgebung:

»Liebe allein reicht nicht aus. Eine interreligiöse Beziehung ist kontextabhängig. Die Umgebung spielt eine große Rolle. Es muss Toleranz und Offenheit geben. Man muss auch verzichten können.«

In den folgenden Abschnitten geht es um die Hintergründe, mit denen sich christlich-muslimische Paare auseinandersetzen müssen.

STAATLICHES UND RELIGIÖSES RECHT: HÜRDEN AUF DEM WEG ZUR HEIRAT

Ein zentraler Punkt bei christlich-muslimischen Ehen sind die rechtlichen und islam- bzw. kirchenrechtlichen Bestimmungen. »Das islamische Recht wurde für Muslime in einem islamischen Staat mit muslimischer Mehrheit entwickelt. Wenn Muslime und Musliminnen in der Minderheit leben wie im europäischen Kontext, steht zur Debatte, wie in europäischen Staaten mit dem islamischen Recht umgegangen werden kann, und wieweit es möglich ist, unerlässliche Bereiche der Scharia in einem Aushandlungsprozess innerhalb der jeweiligen Gesetzgebungen zu berücksichtigen.«[115] In Deutschland, Österreich und der Schweiz kommt das islamische Recht bei einer Eheschließung nicht zur Geltung.[116] Eine ausschließlich religiös geschlossene Ehe (ob nach islamischem oder christlichem Ritus) wird nicht anerkannt, denn nur durch eine standesamtliche Trauung erreicht eine Ehe ihre rechtliche Gültigkeit.[117]

Islamrechtliche Regeln spielen für eine Ehe zwischen Muslimen und Christen eine bedeutende Rolle, da diese auf der Scharia, der religiösen Rechtsordnung des Islam beruhen. »Als göttliches Recht ist sie grundsätzlich unveränderlich und einer weltlichen Gesetzgebung nicht zugänglich.«[118] In vielen islamischen Ländern muss die Ehe daher nicht bei einer staatlichen Institution registriert werden, und eine rein standesamtliche Trauung wird nach islamischem Recht nicht anerkannt.[119] In Ländern mit mehrheitlich islamischer Bevölkerung, die aber säkulare Staaten sind, wie die Türkei, ist die Eheschließung vor einem Standesbeamten rechtliche Grundlage einer Ehe. Das religiöse Recht wurde in der Türkei im Rahmen der Reformierung und Kodifizierung von Recht und Justiz bereits im 17. Jahrhundert abgeschafft.[120]

Der Islam erlaubt muslimischen Männern auch Ehen mit christlichen oder jüdischen Frauen.[121] In vielen Fällen treten dabei die Partnerinnen zum Islam über, damit die Ehe auch aus islamrechtlicher Sicht anerkannt wird, auch wenn diese Konvertierung oft reine Formsache ist. Die Paare, mit denen ich gesprochen habe, wurden alle in einer interreligiösen Zeremonie getraut:

> »Getraut wurden wir interreligiös von einem christlichen Pfarrer und einem Imam.«
> »Wir wurden vom Pfarrer und von einem Imam interreligiös gesegnet. Für unsere Familien war das ganz neu.«
> »Meine Frau ist Muslima, ich bin katholischer Christ. Wir wollten beide eine kirchliche Heirat. Unser Pfarrer hat es ermöglicht.«

Muslimischen Frauen hingegen ist es islamrechtlich verboten, einen Mann mit anderem religiösen Bekenntnis zu heiraten, wozu übrigens auch Atheisten gerechnet werden.

Das Heiratsverbot für Frauen hat aus traditioneller Sicht praktische Gründe. Es wird »damit begründet, dass in diesen Fällen nicht gesichert sei, dass alle Speisen immer ritualrechtlich halal sind (...)«.[122] Außerdem sollen die islamischen Vorstellungen in der Kindererziehung gewährleistet sein.

Dieses Heiratsverbot spiegelt sich auch in einem Land mit vorwiegend christlicher Bevölkerung wie Österreich wider: Dort heiraten weniger Musliminnen nicht-muslimische Männer, als Muslime christliche Frauen.[123] Laut Dechant Pfarrer Martin Rupprecht, der sich in Wien als Berater für christlich-muslimische Paare einsetzt, gibt es vereinzelt Imame, die auf der Basis der Gleichstellung von Mann und Frau interreligiösen Heiratszeremonien von Musliminnen und Christen zustimmen. Dazu erzählt die Österreicherin W., die mit R. aus Marokko verheiratet ist:

> »Ehen zwischen Musliminnen und Christen sind sehr selten. Hier gibt es eine große Geschlechterungerechtigkeit. Es gibt meines Wissens nach nur zwei Imame auf der Welt, die den Koran so auslegen, dass eine muslimische Frau einen christlichen Mann heiraten darf.«

Muslimisch-christliche Paare, die ihre jeweilige Religion aktiv praktizieren wollen, stehen vor zahlreichen Herausforderungen. Zunächst ist nach islamrechtlicher Sicht eine Ehe ungültig, wenn eine Muslima einen Nicht-Muslimen heiratet. Problematisch ist es auch, wenn in einer interreligiösen Ehe gemeinsame Kinder entweder getauft oder ohne Bekenntnis erzogen werden, denn damit wendet sich der muslimische Partner vom Islam ab und die Ehe wird islamrechtlich ungültig. Das kann sich auf das soziale Umfeld negativ auswirken und sogar zum Bruch mit Familie und Freunden führen.

Das römisch-katholische Kirchenrecht erlaubt Ehen zwischen Muslimen und Christen, aber nur mit einer Genehmigung des Bischofs. Denn nach katholischer Auffassung ist eine Ehe mit einem Nicht-Getauften nicht möglich. »Erst durch den Dispens des zuständigen Bischofs kann das Paar von diesem Hindernis ›befreit‹ werden und kirchlich heiraten.«[124] Außerdem fordert die römisch-katholische Kirche, dass gemeinsame Kinder im Sinne der christlichen Tradition erzogen werden. In der Praxis wird heute von interreligiösen Eheleuten verlangt, dass sie ihre Kinder über den christlichen Glauben informieren.

Aus Sicht der evangelischen Kirche bestehen keine formalen Richtlinien, was eine christlich-muslimische Ehe betrifft, da für eine evangelische Trauung die Eheschließung auf dem Standesamt ausschlaggebend ist. Dennoch werden im Vorfeld Themen wie Religionszugehörigkeit gemeinsamer Kinder und die soziale Stellung der Frau in muslimischen Ländern angesprochen.[125]

MEIN GLAUBE, DEIN GLAUBE: WENN RELIGION IM ALLTAG EINE ROLLE SPIELT

Zu Beginn einer Beziehung erkennt ein Paar nicht immer, welche Auswirkungen religiöse und kulturelle Unterschiede haben. Die beiden müssen nach und nach lernen, mit diesen Unterschieden umzugehen und Lösungen zu finden, bei denen beide Kulturen und beide Religionen gleichberechtigt sind.

Es ist nicht leicht, sich auf die alltäglichen Aspekte einer interreligiösen Partnerschaft gut vorzubereiten, denn bislang gibt es nur wenig hilfreiche Literatur und kaum Anlaufstellen für betroffene Paare. Die meisten Beratungsstellen konzentrieren sich auf rechtliche, interkulturelle oder psychologische Beratung und können über Glauben und religiöse Praktiken kaum Auskunft geben. Religiöse Stellvertreter wie Imame, Pfarrer oder Pastoren sind wiederum »parteiisch«, also nicht immer die richtigen Ansprechpartner für ein christlich-muslimisches Paar, wenn es um Informationen über die (andere) Religion des Partners geht.

Nach christlichem Verständnis ist es jedoch eine Aufgabe der psychologischen Eheberatung in kirchlicher Trägerschaft, Menschen in Übergangsphasen und schwierigen Situationen zu begleiten, und dazu gehört die Begleitung und Beratung interreligiöser Paare. In Österreich gibt es kaum Stellen, die Beratung für christlich-muslimische Paare anbieten, eine davon wird hier erwähnt. Für Deutschland ist zum Beispiel die Christlich-Islamische Gesellschaft (CIG e.V.) zu nennen, die Christen und Muslime verschiedener Glaubensrichtungen ermöglichen will, der eigenen Religion treu zu bleiben und jeweils für die andere aufgeschlossen zu sein.[126] »Der Wunsch, einander kennenzulernen, den eigenen Glauben zur Sprache zu bringen und den Glauben des anderen zu verstehen und zu erfahren, schafft ein Miteinander gläubiger Menschen, die sich ihrer gesellschaftlichen Verantwortung bewusst sind.«[127]

Um welche Themen geht es, wenn interreligiöse Paare in die Beratung kommen? Pfarrer Martin Rupprecht hat festgestellt, dass eher Paare oder Familien mit höherer Bildung sich beraten lassen und bereit sind, sich mit der Religion des Partners aktiv zu beschäftigen. Die Fragen der Betroffenen drehen sich meist um kulturelle Verschiedenheit, Kommunikationsprobleme, unterschiedliche Vorstellungen von Partnerschaft und Ehe sowie religiöse Unterschiede, die geklärt werden müssen. Die folgenden Seiten beleuchten, welche Herausforderungen muslimisch-christliche Paare in ihrem Alltag meistern müssen – und wie ihnen das gelingen kann. Zum Thema Beratung für christlich-muslimische Paare sind in den Anmerkungen Hinweise zu finden.[128]

VERBINDEND ODER TRENNEND: RELIGIÖSE UNTERSCHIEDE

In zahlreichen christlich-muslimischen Partnerschaften ist die Religion am Anfang der Beziehung nebensächlich, zumal, wenn der Partner nicht unbedingt als religiös aktiv wahrgenommen wird. In vielen Fällen wissen die Partner wenig bis gar nichts über die Religion des anderen. »Viele Mädchen, die sich in einen Muslim verlieben, haben noch nie von Mohammed gehört«, berichtet Martin Rupprecht. Damit solche Unwissenheit nicht zum Konflikt führt, »ist es wichtig, dass sich Partner in einer interreligiösen Ehe über die Religion des anderen informieren, und zwar darüber, was tatsächlich in den religiösen Schriften steht (z. B. im Koran oder in der Bibel), aber auch, wie die Religion im Herkunftsland bzw. in den beiden Herkunftsfamilien gelebt wird.«[129] Dann können die Erwartungen der Partner und ihrer Familien besser gedeutet werden. Denn es ist entscheidend zu wissen, welchen Stellenwert die Religion in der Familie des Partners hat, um mit den jeweiligen Regeln und Tabus umzugehen und Kompromisse im Zusammenleben zu finden.

Man solle über alles sprechen, betont Pfarrer Rupprecht. In der Beratung spricht er mit den jungen Leuten alle Themen an, die in der Beziehung Konfliktpotenzial haben. »Viele muslimische Männer wollen islamisch heiraten, um Geschlechtsverkehr haben zu können. Europäische Mädchen verstehen diesen Wunsch nicht aus dem islamischen Kontext heraus. Für Muslime ist es eine Sünde, vorehelichen Geschlechtsverkehr zu haben. Sie wollen oft nicht in dieser Sünde leben.« Für nicht-muslimische Mädchen im europäischen Kontext steht die romantische Liebe im Vordergrund, und sie gehen davon aus, dass ihr muslimischer Freund dies ebenso sieht. Diese (falsche) Erwartung kann zu einem ernsten Missverständnis führen.

Häufig treten Christinnen in interreligiösen Beziehungen auch zum Islam über, damit ihre Ehe im Heimatland des Partners, aber auch von seiner Familie anerkannt wird. Dazu erzählt eine Deutsche, die einen Ägypter heiratete und Muslima wurde: »Ich war schon lange zum Islam übergetreten, aber eigentlich mehr aus ganz praktischen Gründen. Als Frau hätte ich in Ägypten sonst keine Rechte gehabt, ich hätte nicht erben und im Falle eines Falles auch nicht das Sorgerecht für meine Kinder übernehmen können.«[130]

Es gibt aber auch andere Motive für einen Übertritt zum Islam. Dazu erzählt eine deutsche Frau: »Ich selbst betrachte mich als ›christliche Muslimin‹, falls es so etwas geben könnte. Ich glaube daran, dass wir alle einen gemeinsamen Gott haben und alle Religionen nur verschiedene Sichtweisen dieses gleichen Kerns sind. Unsere Kinder sind natürlich beide Moslems. Unsere Tochter ist mit einem Amerikaner verheiratet, er musste aber vor der Heirat zum Islam übertreten.«[131] Das Konvertieren eines Partners ist für interreligiöse Paare oft ein Weg zu einem lebbaren Kompromiss. Pfarrer Martin Rupprecht berichtet von iranischen Männern, die mit Österreicherinnen zusammen sind. Um gemeinsam in den Iran einzureisen, muss ein Paar islamisch heiraten und die Frau zum Islam konvertieren.

Auch wenn am Anfang der Beziehung oder Ehe die Religion eher im Hintergrund steht, kann es vorkommen, dass die religiösen Unterschiede im Lauf der Zeit wichtiger werden und schließlich als Mittel zur Abgrenzung dienen. Gewinnt die eigene Religion immer mehr an Bedeutung, ist das möglicherweise eine Art Flucht, wenn in der Beziehung Probleme auftauchen, zum Beispiel Missverständnisse, Verständnislosigkeit, Schwierigkeiten mit den Eltern, Uneinigkeit in der Kindererziehung oder allgemein unterschiedliche Erwartungen, was die Beziehung betrifft.[132] Die religiösen Unterschiede dienen dann als Erklärung für Unverständnis oder mangelnde Anerkennung des Partners. Dadurch ist (zumindest in der Wahrnehmung der Betroffenen) die Religion nicht mehr ein Raum der gegenseitigen Begegnung, sondern ein Bereich, der die Partner voneinander trennt.[133]

ERLAUBT ODER VERBOTEN: SPEISEVORSCHRIFTEN UND ANDERE REGELN

Der Islam ist stark von Ritualen geprägt, mit denen die Gläubigen sichtbar Gott verehren und ihre Ergebenheit gegenüber Gott ausdrücken. Dazu gehören das rituelle Gebet fünfmal täglich, die rituelle Waschung vor den Gebeten, Almosen an Bedürftige, das Fasten im Ramadan und die Pilgerfahrt nach Mekka. Alle diese Rituale haben vor allem reinigende Wirkung. Das Thema »rein« und »unrein« im muslimischen Alltag betrifft auch Speisen. Speisen müssen *halal* sein (d.h. erlaubt, im Gegensatz zu *haram,* verboten). Das bekannteste Verbot gilt sicherlich dem Verzehr von Schweinefleisch, aber auch der Verzehr von Nagetieren, Insekten oder Reptilien ist verboten. Außerdem müssen Tiere von einem Muslim auf bestimmte Weise geschlachtet werden (Schächtung).[134]

Im Christentum hingegen gibt es keine Essensverbote. Im Vordergrund steht nicht ein bestimmtes Ritual, sondern eine innere Reinheit, die aus der Begegnung mit Jesus im Gebet folgt. Den biblischen Berichten nach erklärte Jesus alle Speisen für rein, da sie von außen, von Gott kommen: Nur was vom Menschen kommt, kann unrein sein. Für die Lebenspraxis ist das ein großer Unterschied, da im Christentum nur wenige Vorschriften für den Alltag gelten. »Zwar gibt es im Christentum viele Bezüge zu ethischen Richtlinien der Bibel, aber das ist keine ausführliche Rechtfertigung wie im Islam.«[135]

Im Islam sind die Rituale und Richtlinien für das Alltagsleben konkrete Verhaltensanweisungen, deren Nichtbefolgung zu Sanktionen führt. Anders als im Christentum liegt im Islam die Betonung auf der Handlung und nicht auf der Absicht. »Entsprechend unterliegen Situationen und nicht Personen der sozialen Kontrolle.«[136] Die soziale Kontrolle erfolgt durch die Außenwelt, die vorgibt, wie sich der Einzelne zu verhalten hat, und die Erwartungshaltung ist: Wer sich in eine bestimmte Situation begibt, wird sich ihr entsprechend verhalten. Dies erklärt die strikte Trennung von Männer- und Frauenräumen. Das bedeutet zum Beispiel, dass der Ruf einer Frau bereits geschädigt sein kann, wenn sie sich in eine Situation begibt, wo die Gefahr eines Regelverstoßes besteht, etwa in einem Kaffeehaus, in dem ihr nicht bekannte Männer sind, oder wenn sie auf der Straße herumschlendert. Deshalb sind Frauen dazu angehalten, Orte zu meiden, an denen die Ehre und damit der Ruf der Familie aufs Spiel gesetzt werden könnte.[137]

Es ist also wichtig, sich sichtbar an die Regeln zu halten, um keine Mutmaßungen zu schüren. Dazu ein Auszug aus einem Gespräch mit einer Deutschen, die mit ihrem ägyptischen Mann in Ägypten lebt: »Wenn ich allein (zu Hause) war, durfte ich niemanden einlassen. In Ägypten sieht man es so, dass eine Frau allein immer eine Versuchung darstellt. Das ist die allgemeine Vorstellung. Sie hat mindestens ihren guten Ruf zu verlieren. Wenn eine Frau zum Beispiel irgendwo herumsteht, wird das so interpretiert, dass sie einen ›Kunden‹ sucht. Deshalb gehen die Frauen, wenn sie sich allein auf der Straße bewegen, mit dem Blick nach unten gesenkt, man geht möglichst schnell und zielbewusst, so dass niemand auf dumme Gedanken kommt. Die Gesellschaft hier ist eben so. Die Eifersucht des Mannes dient insofern immer auch dem Schutz der Frau.«[138] Im Gegenzug vermeiden Männer es, tagsüber zu Hause zu sein, wenn die Frauen im Haus sind. »Wer tagsüber zu oft zu lange zu Hause ist, macht sich verdächtig.«[139] Männer sind bei der Arbeit, auf dem Markt, auf dem Feld oder im Kaffeehaus.

Heute werden diese Regeln im städtischen Alltags- und Berufsleben und vor allem in der Migration nur noch teilweise praktiziert, aber trotzdem sind die dahinter liegenden Werte und Einstellungen tief verankert und können zu Konflikten bei christlich-muslimischen Paaren führen. Dieser Punkt kommt auch im Gespräch mit einem österreichisch-türkischen Paar zur Sprache:

> »Es gibt Bereiche, wo Männer und Frauen getrennt sind. Eine Frau geht bei uns nie in ein Männerkaffee, um mit ihrem Mann zu sprechen. Sie schickt ein Kind und lässt ihn rufen. Kein Mann kommt auf die Idee, unangemeldet untertags nach Hause zu kommen. Seine Frau ist da mit ihren Freundinnen, da gibt es eine Intimität, in die man nicht eindringt. Das kannst du einem Österreicher nicht erklären. Es ist so, dass die Männer aus dem Haus ausgesperrt sind. Diese Dinge sind in mir verankert.«

MANN UND FRAU: DIE (UN-)GLEICHHEIT DER GESCHLECHTER

Was religiöse und moralische Pflichten wie Frömmigkeit, Geduld, Wohltätigkeit und Demut betrifft, sind nach dem Koran beide Geschlechter gleich.[140] In Ehe und Familie hingegen besteht grundsätzlich die traditionelle Geschlechterhierarchie, und die Aufgaben für Mann und Frau sind klar verteilt. Eine Erwerbstätigkeit ist traditionell den Männern vorbehalten, während Frauen für Familie und Haushalt sorgen. Allerdings steigt heute in allen muslimischen Ländern und genauso in der Migration die Zahl gut ausgebildeter und erwerbstätiger muslimischer Frauen. Bei der Arbeitsteilung im Haushalt geht der Trend unter jungen Menschen in Richtung gleichberechtigter Aufteilung. »Dem stehen aufgrund politischer Konflikte radikale Gruppen gegenüber, die Frauen in einer Weise behandeln und unterdrücken, die sich aus den islamischen Quellen nicht rechtfertigen lässt.«[141] Die Kritik von Musliminnen richtet sich heute vor allem gegen Rechtsgelehrte, die die Überlieferung einseitig zugunsten der Männer interpretieren. Dazu meinen die Österreicherin I. und ihr afghanischer Mann H.:

> **SIE:** »Es gibt wenig Geschlechtergerechtigkeit. Das Arabische entwickelte sich nicht weiter. Der Koran wurde nicht in andere Sprachen übersetzt.

ER: Es geht um die Deutungshoheit.

SIE: Ja, der Beginn eines europäischen Islam würde die Befreiung aus der Deutungshoheit bedeuten.«

Frauen haben in beiden Religionen das gleiche Problem: Sie sind mit einer patriarchalischen Kultur und entsprechenden Strukturen konfrontiert. Das bedeutete in der Vergangenheit: Unterordnung der Frau unter den Mann, klare Arbeitsteilung und räumliche Geschlechtertrennung (zum Schutz der Frauen). Die Abhängigkeit der Frau sorgte dafür, dass die Vaterschaft klar und die Erbfolge geregelt war. »Dies lässt sich soziologisch auf eine Formel bringen, als Menschen gleichwertig, aber nicht rechtlich gleichgestellt.«[142]

Diese tradierte Haltung kann auch heute noch zu dominantem Rollenverhalten des Mannes in einer christlich-muslimischen Beziehung führen, wenn die Frau nicht, wie von seiner Familie vielleicht erwartet, eine nach außen hin untergeordnete Rolle einnimmt. Vorstellungen von Emanzipation und Gleichberechtigung können dann als Bedrohung des eigenen Wertesystems verstanden werden. Dies gilt für beide Religionen. Eifersucht kann bei muslimischen Männern dann ein Thema sein, wenn ihre Ehefrauen sehr selbstständig und emanzipiert sind. Im christlich geprägten europäischen Kontext ist persönliche Freiheit jedoch ein zentraler Wert.

Theologisch betrachtet sind im Christentum wie im Islam Männer und Frauen grundsätzlich gleichwertig. Die Gleichrangigkeit der Geschlechter ist in der Schöpfung begründet: »Dem Wesen nach sieht der Koran jedoch keinen Unterschied zwischen den Menschen und den Geschlechtern, da sie als Geschöpfe Gottes gleich sind.«[143] Deshalb fordern zahlreiche muslimische Frauen eine Neuinterpretation des Korans im Sinne der Gleichstellung von Mann und Frau. Sie argumentieren, dass die traditionellen Interpretationen Ergebnis historischer und rechtlicher Gegebenheiten aus vergangener Zeit sind und den Bedürfnissen der heutigen Gesellschaften nicht mehr entsprechen.[144]

WER DARF WAS? UNTERSCHIEDLICHE VORSTELLUNGEN VON HEIRAT UND BEZIEHUNG

Im christlich-europäischen Kontext stellen wir heute das Modell der Liebesheirat als Grundlage für Ehe oder Partnerschaft nicht in Frage. Und doch ist auch in unserer modernen Gesellschaft die Liebe nicht das einzige Kriterium für eine Eheschließung. Eine Heirat ist oft zweckgebunden und geht mit gesellschaftlichem Status einher. Sie ermöglicht als Schritt ins Erwachsensein die Ablösung von der Herkunftsfamilie und damit auch einen sozialen Aufstieg. Auch der Wunsch, die eigene sexuelle Aktivität zu legitimieren, kann ein Grund sein. Im islamischen Kontext wird eine Heirat weitgehend als soziale Verpflichtung gesehen. Bei interkulturellen Paaren können daher unterschiedliche Vorstellungen von Ehe auseinanderklaffen.

Eine weitere Tradition, die in manchen islamischen, vor allem afrikanischen Ländern noch praktiziert wird, ist die Vielehe.[145] Für einige afrikanische Länder gilt, dass Männer eine Ehefrau brauchen, um weiterhin eine »Hütte«, also einen Platz im Dorf zu haben, auch wenn sie nach Europa gehen. Sowohl Pfarrer Martin Rupprecht als auch die Soziologin Gertrud Schmutzer vom Verein FIBEL erzählen von Fällen, in denen die Frauen erst später erfahren, dass ihr Mann in seinem Heimatland bereits eine Frau hat.

Religiöse Unterschiede gibt es auch beim Umgang mit Regeln zu körperlicher Nähe und Distanz zwischen den Geschlechtern. In muslimischen Ländern ist es für ein Paar tabu, in der Öffentlichkeit Zärtlichkeit auszutauschen. Auch beim Verhalten gegenüber Eltern und älteren Familienmitgliedern gibt es klare Regeln, die respektvoll und gemäß der sozialen Rangordnung innerhalb der Familie befolgt werden müssen. Körperberührungen sind in diesem Kontext ausgeschlossen. Im europäisch-christlichen Kontext können Paare freier miteinander umgehen, es gelten höchstens nicht klar definierte Regeln von Anstand und Schicklichkeit. Dies kann bei einem christlich-islamischen Paar zum Konflikt führen, wenn es sich nicht mit diesen unterschiedlichen Verhaltensregeln und Werten auseinandersetzt.

Im Islam ist die Brautgabe (oder Morgengabe), die der Bräutigam für die Frau vor der Heirat entrichtet, in vielen Familien üblich. Die Brautgabe ist nach traditionellem islamischem Recht ein Vermögensgut, das der Bräutigam für die Eheschließung oder den »Genuss« der Frau gewährt. Dies kann im europäischen Eherecht problematisch sein, weil die Brautgabe eine einseitige Verpflichtung des Mannes darstellt und ihn damit im Sinne der Gleichbehandlung benachteiligt.[146] In der Praxis ist die Morgengabe in vielen Familien üblich.

Wie diese Beispiele deutlich machen, sind unterschiedliche Vorstellungen von der Ehe in interreligiösen Partnerschaften nicht zu unterschätzen und sollten im Vorfeld ausgiebig diskutiert werden.

WIE SAG ICH'S MEINEM KINDE? (INTER-)RELIGIÖSE ERZIEHUNG

Die Geburt eines Kindes verändert jede Partnerschaft. In einer interreligiösen Paarbeziehung kann sie auch die eigene Einstellung zur Religion verändern, weil man plötzlich für einen anderen Menschen verantwortlich ist. Wie wichtig religiöse Rituale den Partnern sind, wird ihnen oft erst durch das eigene Kind bewusst, sofern sie sich nicht vorher schon gemeinsam damit auseinandergesetzt haben. »Oft werden religiöse Anliegen erst bei der Erziehung von Kindern bedeutungsvoll. Ist man vor der Geburt der Kinder relativ locker mit Weihnachten oder mit der Fastenzeit umgegangen, taucht plötzlich das Bedürfnis auf, einen Teil seiner eigenen, angelernten Identität weiterzugeben.«[147] Das bestätigen auch die Experten, mit denen ich gesprochen habe, aus ihrer Beratungserfahrung.

Beispielsweise kann es bei der Namensgebung zu Meinungsverschiedenheiten kommen: Wer bestimmt den Namen – das Paar, der Mann, die Frau, seine oder ihre Großeltern? Welcher Name aus welcher Sprache und Kultur wird ausgewählt? Zu diesem Thema erzählt die Österreicherin W. von dem Konflikt, den sie und ihr Mann zu bewältigen hatten:

> »Den Vornamen zu finden war schwer. Wir sind dabei an die Grenzen meines Mannes gestoßen. Für mich war der Vorname sehr wichtig. Für ihn musste der Vorname islamisch vertretbar sein. Bei unserem ersten Kind suchte ich den

Namen aus und er war traurig, weil sein Kind nun einen Namen hat, den er nicht vertreten kann. Die Geburtsanzeige unseres ersten Kindes hängt deshalb nicht am Kühlschrank in der Küche der Schwiegereltern in Marokko.«

Weiteres Konfliktpotenzial bieten religiöse Initialriten wie die Beschneidung bei Jungen im Islam und die Taufe von Babys oder Kleinkindern (beiderlei Geschlechts) im Christentum.[148] Setzt sich das Paar damit auseinander, wird oft deutlich, dass die gesamte Familie bei diesem Thema mitreden will. Unterschiedliche religiöse Erwartungen von Seiten der Familie können zu schweren Loyalitätskonflikten innerhalb des Paares führen. Damit wird die Religion zur Belastung für die Zweierbeziehung, ohne dass die Betroffenen dies wollen. In manchen Partnerschaften kann es sogar zu einer Verleugnung der religiösen Tradition eines Partners führen, um solchen kulturellen Konflikten aus dem Weg zu gehen.

In welcher Religion die Kinder erzogen werden, sollte behutsam ausdiskutiert werden. Viele Paare lassen es offen und möchten, dass sich ihre Kinder später selbst entscheiden, welcher Religion sie sich aktiv zuwenden wollen.[149]

Gleichzeitig haben sie den Wunsch, mit ihren Kindern die jeweiligen religiösen Feste zu begehen. Dies geht auch aus den geführten Gesprächen mit Betroffenen hervor. Dazu die Österreicherin I., die mit ihrem Mann H. aus Afghanistan ein Pflegekind hat:

»Kinder wachsen ganz natürlich mit beiden Religionen auf und entwickeln interkulturelle Kompetenz im religiösen Alltag. Für unsere Tochter sind beide Religionen kein Widerspruch.«

In der Familie von W. und ihrem marokkanischen Mann R. sind ihre beiden Kinder nicht getauft, sie sollen sich die Religion später selber aussuchen:

»Unsere Kinder gehen in den katholischen Kindergarten. Mein Mann ist damit einverstanden. Die religiösen Inhalte sind unserer Meinung nach gleich.«

Zum Thema Kindergarten machen meine Gesprächspartner auf einen wichtigen Aspekt aufmerksam, der in der allgemeinen Diskussion über interreligiöse Erziehung kaum Erwähnung findet. H. aus Afghanistan erzählt:

»Ich würde mein Kind hier nicht in einen islamischen Kindergarten geben. Es gibt hier kein Pendant zum katholischen Kindergarten. Das ist ein großes Manko.«

Im religiösen Alltag der Familien gibt es weitere Hindernisse, die in der Öffentlichkeit wenig Beachtung finden. Die Österreicherin I. hebt hervor:

»Es fehlen gute Kinderbücher für den Dialog zwischen Christen und Muslimen. Persische Bücher sind oft so negativ, sie sind sehr von der Geschichte geprägt. Das ist eine große Lücke, da die Lebenswelt, in der die Kinder aufwachsen, nicht in der Gesellschaft und damit auch nicht in der Kinderliteratur widergespiegelt wird.«

Dazu ergänzt W., die mit R. aus Marokko verheiratet ist:

»Ja, es gibt keine guten Kinderbücher auf Arabisch. Sie sind oft so langweilig. Es ist dadurch schwer, die Zweisprachigkeit der Kinder durch entsprechende Kinderliteratur zu unterstützen.«

Diese angesprochenen Themen zeigen, dass unsere Gesellschaft zentralen Bedürfnissen interreligiöser Familien kaum Rechnung trägt.

Insgesamt geht aus den Gesprächen mit den Paaren eindeutig hervor (was auch durch die Literatur immer wieder bestätigt wird): Interreligiöse Paare führen höchst individuelle Lebensformen und leben eine ihrer Situation entsprechende individuell geprägte religiöse Praxis.[150] Der Bildungsstand eines Paares und das jeweilige Religionsverständnis sind dabei ebenso wichtig wie, bei Zuwanderern, das Ausmaß der Integration in die Gesellschaft.[151]

Gerade wenn es um Kinder geht, sind in interreligiösen Familien gegenseitiger Respekt der Beteiligten und Achtung vor der Religion des Partners gefragt. Dies kann nur in einem ständigen Dialog in einer vertrauensvollen Beziehung gelingen.

ELTERN UND CO: WIE WICHTIG SIND DIE FAMILIEN?

Die Familien, die hinter dem interreligiösen Paar stehen, üben oft einen großen Einfluss aus. Pfarrer Rupprecht schätzt, dass etwa ein Drittel der Paare mit ihren Familien kämpfen, die ihre Beziehung nicht akzeptieren wollen. Oft kommt es dabei zum Zerwürfnis mit der Familie. Zu diesem Thema meint W., die mit einem Marokkaner verheiratet ist:

> »Ich kenne ein junges Paar, sie ist eine Muslima aus Bosnien und er ein österreichischer Christ. Sie ist erst achtzehn Jahre alt. Die Eltern sind total dagegen. So eine Beziehung hat keine Chance. Sie ist viel zu jung, um ihre Eltern zu verlassen. Ich kenne auch einen anderen Fall, bei dem beide älter sind und sie finanziell unabhängig ist. Das ist dann möglich.«

Viele Muslime wachsen in einem sehr starken Familienverband auf, in dem häufig Rebellion gegen die Eltern bzw. gegen den Vater nicht vorgesehen ist. Für sie kann so ein Zerwürfnis eine große emotionale Belastung sein. In solchen, als kollektivistisch bezeichneten Familienverbänden hat der Einzelne eine geringe Bedeutung, und individuelle Wünsche ordnen sich dem Gruppeninteresse unter. Eine Loslösung von der Familie kann auch den sozialen Tod in der Gemeinschaft bedeuten. Verstoßung, aber auch Ehrenmorde an Töchtern können die Folge sein. In den Gesprächen mit christlich-muslimischen Paaren kamen Konflikte mit den Familien zur Sprache. I. und ihr afghanischer Mann H. erzählen:

> ER: »Meine Familie hat es schließlich akzeptiert. Aber am Anfang war es schwer. Meine Geschwister waren dagegen. Und dann haben wir auch noch ein Pflegekind. Unsere Tochter ist nicht unser leibliches Kind. Das ist im Islam ein großes Problem. Es gibt dafür kein Verständnis. Man nimmt nur Familienmitglieder auf, keine Fremden.

SIE: Ja, die Eltern waren skeptisch. Für sie war die Situation ganz neu. Von meiner Mutter aus herrscht eine Grunddistanz zu meiner Tochter.

ER: Die gibt es auch von meinen Geschwistern gegenüber unserem Kind.

SIE: Der Stellenwert von Kindern ist in Afghanistan ein anderer. Kinder gelten als Arbeitskraft. Von daher sieht man sie anders. Und dazu kommt dann noch die Familienloyalität, die über allem steht.«

Wie kann das Paar damit umgehen, wenn die Eltern streng religiös sind und dies von ihren Kindern auch verlangen? Hier ist es wichtig zu klären, wie groß der Einfluss der Eltern auf das Paar sein darf, betont Pfarrer Rupprecht. Nur mit einer sehr offenen Kommunikation kann das Paar hier eine gemeinsame Entscheidung treffen und sich so mit Loyalitätskonflikten aktiv auseinandersetzen. Das Paar sollte sich darüber im Klaren sein, dass die Abgrenzung von den Eltern einerseits nötig ist, um sich als Paar und junge Familie zu positionieren, andererseits aber auch nicht bedeutet, sich von den Eltern ganz abzuwenden. Voraussetzung dafür ist aber, dass Paare sich diesen Themen offen stellen. Im Gespräch weist I., die mit H. aus Afghanistan verheiratet ist, auf wichtige Aspekte einer Partnerschaft hin:

»Für mich sind drei Punkte als Grundlage für eine gute Ehe wesentlich: die Loslösung von der Stammfamilie, gemeinsame Werte und gemeinsame Ziele. Das alles teile ich mit meinem Mann.«

In der interreligiösen Beratung werden Paare deshalb dazu angehalten, von Anfang an heikle Themen zu besprechen. Heikle Themen sind Kinder, religiöse Praktiken, Beziehung zu den Eltern, Gleichberechtigung und die Beziehung zwischen Mann und Frau in der Ehe, aber auch Geld. Bei vielen interkulturellen und interreligiösen Paaren ist es für den muslimischen Partner selbstverständlich, Eltern oder andere Familienangehörige in der Heimat finanziell zu unterstützen. Auch hierüber muss offen und klar geredet werden. Wie hoch soll die Unterstützung sein? Welche Auswirkungen hat das auf das gemeinsame Haushaltseinkommen? Um diese Diskussionen zu führen, müssen Paare die kulturell unterschiedlichen Familienstrukturen und damit einhergehende Verpflichtungen kennen.

Für interreligiöse Paare ist es wichtig, einander zu vertrauen und zusammenzuhalten und sich damit eindeutig zu positionieren. Sobald sich einer der beiden gegen den Partner mit seiner Herkunftsfamilie solidarisiert, kommt es zum Vertrauensbruch. Dieses Thema wird später (im Kapitel »So gelingt eine interkulturelle Partnerschaft«) noch ausführlicher behandelt.

ZUSAMMEN SIND WIR STARK: VERTRAUEN ALS FUNDAMENT

Die interkulturelle und interreligiöse Beratungspraxis zeigt, dass es in einer christlich-muslimischen Paarbeziehung besonders wichtig ist, Vertrauen aufzubauen. Erst auf dieser Grundlage können die religiösen Unterschiede besser angenommen werden. »Vertrauen hilft, Unterschiede und darin liegende Grenzen auszuhalten und diese in die Beziehung zu integrieren.«[152] Paare können Vertrauen aufbauen, indem sie die Religion des Partners kennenlernen und sich jeweils mit dem Glauben des anderen auseinandersetzen.

Aus den Gesprächen ging hervor, dass die andere Religion gar nicht so ein Problem darstellt, vielmehr gar kein Glaube als problematisch erfahren wird. Dazu erzählen W., die mit R. aus Marokko verheiratet ist, und I., verheiratet mit H. aus Afghanistan:

W: »Ich habe mit Atheisten ein Problem. Es gibt für mich eine interkulturelle Differenz mit Atheisten. Im Alltag habe ich eher mit ihnen aufgrund mangelnder Akzeptanz Probleme.

I: Ich tue mich leichter mit jemanden, der auch ein Gottesbild hat, als mit einem Atheisten. Unser Gottesbild ist gleich, wir führen ein spirituelles Leben und haben gemeinsame Werte.«

Pfarrer Martin Rupprecht veranschaulicht mit dem Bild eines Hauses, wie man sich gemeinsam den Herausforderungen einer interreligiösen Ehe stellen kann: In jeder Beziehung gibt es nicht verhandelbare Elemente: die Entwicklung des Ur-Vertrauens, also Geborgenheit und Sicherheit, bildet das Fundament des Lebens und Menschseins. Auf diesem Fundament stehen die Säulen – die Ehepartner. Sie haben Überzeugungen und Glaubenssätze, die ihre Identität als Christ oder Muslim ausmachen, und sind durch das Band der Liebe miteinander verbunden, so dass ein Innenraum für Geborgenheit entsteht. Über diesem Raum breitet sich das Dach von Familie, Herkunft, Tradition und Sozialisation aus. Dieses Dach bietet Schutz, kann aber auch eine Last oder Belastung sein, etwa durch äußeren Druck auf das Paar und daraus entstehende Loyalitätskonflikte. Deshalb braucht es Stützen, die das Dach mittragen: besondere Tugenden wie Tapferkeit, um für den Partner einzustehen; Weisheit, um den eigenen Weg als Paar und Familie zu finden; Gerechtigkeit, um sich zurücknehmen zu können und anderen das zu gewähren, was ihnen zusteht; und Mäßigung, um bei Entscheidungen bedachtsam und sorgfältig zu sein.

Dieses Modell kann in der Beratung christlich-muslimischer Paare als Bild dienen, das dem Paar hilft, die eigene Position innerhalb der Systeme, die es umgeben, zu erkennen.

WENN GRENZEN ÜBERWUNDEN WERDEN: INTERRELIGIÖSER DIALOG

Interreligiöse Ehen werden heute immer noch von vielen Glaubensgemeinschaften als Bedrohung angesehen und abgelehnt. Versuche junger Paare, beide Religionen zu leben und gemeinsame Kinder mit Ritualen aus beiden Religionen vertraut zu machen, scheitern oft an der Ablehnung ihres sozialen Umfelds, etwa wenn Kinder sowohl getauft als auch (bei Jungen) beschnitten werden sollen.[153]

Hinter einer solchen Ablehnung stehen oft tief sitzende Vorurteile auf christlicher wie auf islamischer Seite. Eine aktuelle Umfrage des Emnid Instituts im Auftrag der Bertelsmann Stiftung im Herbst 2014 in Deutschland zum Thema Islamwahrnehmung zeigt eine ablehnende Haltung der Mehrheit der Bevölkerung gegenüber Muslimen. Einer der Gründe dafür liegt im radikalen Islamismus, durch den die Bevölkerung sich bedroht fühlt – auch wenn er weniger als ein Prozent aller Muslime ausmacht. Islamfeindlichkeit ist der Umfrage zufolge keine Randerscheinung, sondern findet in der Mitte der Gesellschaft statt und zeigt sich in offener Diskriminierung und ausgrenzenden Verhaltensweisen. Die Umfrage zeigt aber auch, dass regelmäßige persönliche Kontakte Vorurteile gegenüber Muslimen abbauen können.[154]

Eine interreligiöse Beziehung ist die Herausforderung, sich ständig mit den eigenen religiösen Werten und denen des Partners auseinanderzusetzen. Nur eine ständige Offenheit und das Vertrauen auf der Grundlage gegenseitiger Liebe können eine solche Verbindung aufrechterhalten. »Sich immer wieder daran erinnern, was einen als Paar zusammengebracht hat«, nennt Martin Rupprecht das. Die Beziehung muss bewusst gepflegt werden. Trotz der Schwierigkeiten finden immer mehr christlich-muslimische Paare so einen Weg, in ihrer gemeinsamen Lebenspraxis beiden Religionen gerecht zu werden.

Rupprecht berichtet, dass er gemeinsam mit einem Imam Kindersegnungen für Kinder aus christlich-muslimischen Familien und Hochzeiten für interreligiöse Paare durchführt. Er ist optimistisch und sieht eine Öffnung von islamischer Seite, die einen interreligiösen Dialog ermöglicht. Noch vor gar nicht langer Zeit war kein Imam zu einer solchen gemeinsamen Kindersegnung bereit, und heute sind einige offen dafür. Damit hier noch mehr in Bewegung kommt, ist es wichtig, dass christlich-muslimische Paare bewusst und offen über alles reden und Kompromisse dabei finden, wie sie ihr Leben mit der religiösen Verschiedenheit gestalten.

Interreligiöse Paare und Familien sind heute eine Chance, soziokulturelle Grenzen zu überwinden und religiöse Vorurteile aufzulösen. Sie zeigen, wie Interkulturalität und Interreligiosität im 21. Jahrhundert gelebt werden können.

TEIL 2
SO GELINGT EINE INTERKULTURELLE PARTNERSCHAFT

»Man lernt die Welt von einer zweiten Seite sehr genau kennen.«

UNTERSCHIEDLICH SOZIALISIERT: WELCHE VORAUSSETZUNGEN DIE PARTNER MITBRINGEN

Die Interviews haben uns einen Einblick davon gegeben, wie interkulturelle und interreligiöse Paare mit ihren Unterschieden leben. Im Folgenden werden wir beleuchten, welche Einstellungen in einer interkulturellen Partnerschaft besonders wichtig sind – als Grundvoraussetzungen für eine gelingende Beziehung.[155] Einige davon gelten grundsätzlich für jede Paarbeziehung, aber andere betreffen vor allem interkulturelle Paare. Dabei helfen verschiedene Modelle, die in interkulturellen Zusammenhängen angewandt werden.[156]

Interkulturelle Paare unterscheiden sich von intrakulturellen Paaren – also solchen, die aus der gleichen Kultur kommen – nicht grundsätzlich. Für beide gilt: Jeder Mensch ist eine Welt für sich. Allerdings wird jeder in einem bestimmten sozialen, historischen und kulturellen Kontext sozialisiert, und dessen vorherrschende Werte sind für die Entwicklung des Einzelnen maßgeblich. Was Menschen aus dem gleichen kulturellen Hintergrund verbindet, benennt der Psychoanalytiker Paul Verhaeghe: »Wir sind alle einzigartig, weil wir unterschiedliche Spiegelungen erlebt haben, auf die wir auf unsere Weise reagiert haben. Und doch sind wir in einem gewissen Maß alle gleich, da Spiegelungen innerhalb einer bestimmten Gruppe und einer bestimmten Kultur fast immer große Gemeinsamkeiten aufweisen.«[157] Bei interkulturellen Paaren sind diese Spiegelungen sehr unterschiedlich, wie wir in den Gesprächen mit Betroffenen ausführlich gesehen haben.

Interkulturelle Paare leben für gewöhnlich mit einer größeren Kulturdistanz als Paare, deren kultureller Kontext ähnlich ist. Je größer diese Kulturdistanz ist, desto mehr Unterschiede gibt es, auch wenn die Partner viele Gemeinsamkeiten haben können, weil sie oft aus einer ähnlichen sozialen Schicht stammen und über einen vergleichbaren Bildungshintergrund verfügen. Von großer Kulturdistanz spricht man, wenn markante Unterschiede in Werten, Einstellungen und religiösen oder weltanschaulichen Aspekten bestehen. Eine Sozialisierung in Japan oder Indien basiert auf anderen Werten als eine Sozialisierung in Deutschland, der Schweiz oder Österreich.

AUF AUGENHÖHE: GEGENSEITIGE ANERKENNUNG

In jeder Paarbeziehung ist es wichtig, den Partner so anzunehmen, wie er ist. Gehen wir davon aus, dass jeder Mensch eine Welt für sich darstellt. Wir unterscheiden uns alle in vielerlei Hinsicht – durch Persönlichkeitsmerkmale, Geschlechtszugehörigkeit, sexuelle Orientierung, ethnische Herkunft, religiöse Verwurzelung, physische Befindlichkeit. Darüber hinaus stammen wir aus unterschiedlichen Familien und kulturellen Systemen, durchlaufen verschiedene Ausbildungen in unterschiedlichen Ländern, arbeiten in unterschiedlichen Berufsfeldern in diversen Funktionen usw.

Eben weil wir so vielfältige Wesen sind, ist es wichtig, andere Menschen ungeachtet dieser Unterscheidungsmerkmale anzunehmen. Je eher ich meinen Partner in seiner Vielfalt akzeptieren kann, desto besser wird die Paarbeziehung sein. Dies ist eine Grundregel für jede Partnerschaft und spiegelt auch ein Grundbedürfnis wider: das Bedürfnis nach Anerkennung. In jeder, aber gerade in einer interkulturellen Partnerschaft ist die gegenseitige Anerkennung die Basis für eine gut funktionierende, reife, das heißt erwachsene Beziehung.[158]

In einer interkulturellen Partnerschaft ist die kulturelle Ebene eine eigene Größe und ein tragendes Element. Um für eine interkulturelle Beziehung bereit zu sein, muss ich meine natürliche ethnozentrische Haltung – also die Annahme, dass meine eigenen Verhaltensmuster oder die meiner kulturellen Gruppe grundsätzlich gut und richtig sind –, überwinden.[159] Das heißt, wenn ich aus meinem eigenen kulturellen Kontext heraustreten kann, bin ich imstande, auch den anderen mit seiner Kultur anzunehmen.

Dazu ist ein kulturelles Bewusstsein nötig, und dies erlange ich, indem ich meinen eigenen kulturellen Kontext reflektiere. Das gelingt am leichtesten durch Erfahrungen in einem anderen kulturellen Hintergrund und durch Vergleiche mit der eigenen Kultur. Dazu ein Auszug aus einem der Interviews:

> »Wir haben viel über die Unterschiede zwischen Indien und Österreich gesprochen. Er hat oft erzählt, wie es für ihn in Österreich war, und konnte mir sehr gut Dinge in Indien erklären. Diese Vergleiche waren für mich sehr hilfreich.«

Immer wieder gibt es interkulturelle Paarbeziehungen, bei denen diese Auseinandersetzung mit sich selbst und mit der kulturellen Identität des Partners kaum oder gar nicht stattfindet. Man geht eine Beziehung ein und hofft, dass es gut gehen wird. Die Interviews haben jedoch gezeigt, wie wichtig es ist, sich mit zahlreichen Einzelheiten bewusst auseinanderzusetzen und einander gut kennenzulernen, damit eine interkulturelle Partnerschaft funktionieren kann. Das kontinuierliche Gespräch ist dabei das zentrale Werkzeug.

ERKENNE DICH SELBST: AUSEINANDERSETZUNG MIT DER EIGENEN IDENTITÄT

Um einen Partner aus einem anderen kulturellen Kontext nicht als Bedrohung wahrzunehmen oder die eigene Identität durch ihn infrage gestellt zu sehen, ist eine innere Stabilität erforderlich. Voraussetzung dafür ist, dass ich mit mir selbst im Reinen und mir selbst gegenüber ehrlich bin. Dazu gehört neben dem Nachdenken über sich selbst auch ein gesundes Selbstwertgefühl.

Es geht darum, sich selbst anzunehmen, wie man ist, mit all den Fehlern und Unvollkommenheiten, die man in sich hat. Wenn ich mich selbst wertschätzen kann, ohne perfekt sein zu müssen, und ich mir erlaube Fehler zu machen, dann kann ich auch meinen Partner so sein lassen, wie er ist. Je stabiler ich innerlich bin, desto leichter fällt es mir, den anderen anzunehmen. Dieses Mindestmaß an innerer Sicherheit ermöglicht die Akzeptanz des andern. Je schwächer ich innerlich bin und je mehr ich mich selbst in Frage stelle, desto eher werde ich den anderen als Bedrohung wahrnehmen und möglicherweise bekämpfen – und dann will ich auch eher erreichen, dass mein Partner sich ändert und meine Werte und Einstellungen annimmt. So kann eine Machtbeziehung entstehen, in der ich den anderen ständig zu beherrschen und kontrollieren versuche.

Die Gespräche mit interkulturellen Paaren haben gezeigt, dass diese Auseinandersetzung mit der eigenen Person oft schwierig ist und kontinuierliche Arbeit an sich selbst und an der Partnerschaft erfordert.

Die Entwicklung eines kulturellen Bewusstseins ist auch die erste Stufe nach der so genannten Honeymoon-Phase beim Kulturschock-Modell. Nach anfänglichem Enthusiasmus erfolgt die Ernüchterung, die als Kulturschock bezeichnet wird: ein Stimmungstief, das Überforderung oder Stress durch eine komplexe Veränderung der Lebenssituation in einer neuen kulturellen Umgebung anzeigt. Davon ausgehend wird in einem nächsten Schritt kulturelles Bewusstsein für den eigenen und den neuen kulturellen Kontext entwickelt. Dann können durch beständige Selbstreflexion Akzeptanz und Anpassungsbereitschaft aufgebaut werden – zentrale Etappen bei der Entwicklung interkultureller Kompetenz. Mit der Entwicklung dieses Bewusstseins wird in der interkulturellen Partnerschaft die Basis für gegenseitige Anerkennung und Akzeptanz geschaffen.

ENTDECKEN UND LOSLASSEN: NEUGIERDE STATT KONTROLLE

Wenn ich mir meiner eigenen Identität sicher bin, kann ich auch für andere Menschen offen sein. Bin ich zu sehr oder ausschließlich mit meiner eigenen Person und mit meinen eigenen Problemen beschäftigt, werde ich kaum Neugierde für den anderen aufbringen – im Falle einer Beziehung für meinen Partner. Die vorrangige Beschäftigung mit mir selbst verhindert eine Öffnung nach außen.

Das Entwicklungsmodell interkultureller Sensibilität bezeichnet dies als die Phase der ethnozentrischen Haltung von Abwehr.[160] Wer sich in dieser Phase befindet, wehrt kulturelle Unterschiede ab, weil das eigene Weltbild die Grundlage jeder Wirklichkeit ist. Alles andere muss an dieses Weltbild angepasst werden. Bin ich immerfort damit beschäftigt, mein eigenes Weltbild zu verteidigen, nehme ich anderes nicht wirklich wahr. Eine neugierige Haltung Unbekanntem gegenüber ist dagegen schon ein Zeichen einer sogenannten ethnorelativistischen Haltung – nämlich einer Haltung der Akzeptanz in Bezug auf kulturelle Unterschiede und der Bereitschaft, sich je nach Situation an diese Unterschiede anzupassen.

Voraussetzung für eine gelingende interkulturelle Paarbeziehung ist es, dass die Partner sich jeweils für die Welt des anderen interessieren und Neugierde zeigen. Ebenso wichtig ist es, den Partner aktiv in die eigene Welt einzuladen und ihm wie einem Touristen das eigene Land zu erklären, so dass er wiederum die Welt seines Partners kennenlernt. Durch dieses Erkunden eines neuen Terrains erhöhen interkulturelle Paare das Verständnis für einander. Diese Erfahrung machte ein Paar aus unseren Gesprächen:

> »Erst als mein Mann mit mir in meine Heimat mitgeflogen ist, wusste ich, dass er mich wirklich ernst nimmt. Meine Kultur musste von ihm erst anerkannt werden.«

Ein anderer Aspekt schwingt hier mit: So viel man einander auch über sich erzählt, es bleibt bei einer Erzählung. Gerade bei interkulturellen Paaren, die kein gemeinsames historisches und soziales Gedächtnis teilen, bleibt sich das Paar in manchen Bereichen fremd, fühlen die Partner sich gelegentlich unverstanden, auch wenn sie sich in vielen Bereichen sehr nahe sind. Sie müssen den anderen anders sein lassen und erkennen, dass sie manches nicht teilen können:

> »In bestimmten emotionalen Situationen wie zum Beispiel der Trauer brauche ich klare Worte. Von meinen Freunden kamen die treffendsten Worte, die punktgenau das trafen, was ich in jener Situation am meisten brauchte. Ich konnte das meinem Freund einfach nicht erklären. Von ihm und den österreichischen Freunden kamen extrem viele Worte, auch ausgedrückte Tragik; das war mir viel zu schwülstig. Das bin nicht ich.«

So erlebte Fremdheit kann vor dem jeweiligen kulturellen Kontext gut eingeordnet werden. Gelingt dies, können Paare widersprüchliche und komplexe Situationen aushalten, auch wenn sie nicht alles im Griff haben oder kontrollieren können. Vielleicht kann das folgende Bild eine solche Beziehung veranschaulichen: Ich schaue meiner Partnerin zu, die wie ein wunderschöner Vogel um mich kreist, sich mehrmals entfernt und immer wieder zu mir zurückkehrt. Bin ich offen und kann loslassen, dann lasse ich sie ihre Runden drehen und lausche anschließend neugierig dem, was sie in der Zwischenzeit erlebt hat. Ich vertraue darauf, dass sie wieder zurückkommt. Bin ich aber unsicher und habe Angst, sie könnte nicht mehr zu mir zurückkommen, dann neige ich dazu, ihre Flügel zu stutzen und sie zu kontrollieren, indem ich sie nicht aus den Augen lasse.

Um den anderen loslassen zu können, muss ich unter Umständen eigene Bedürfnisse zurücknehmen. Ich muss annehmen, was ich nicht beeinflussen kann. In interkulturellen Partnerschaften ist diese Kompetenz eine wichtige Grundlage für das gegenseitige Vertrauen.

VERTRAUEN ALS GRUNDLAGE: EIN WERTEBEWUSSTSEIN ENTWICKELN

In einer interkulturellen Beziehung handeln beide Partner aufgrund der unterschiedlichen Werte aus ihrer eigenen Welt. Diese werden in der frühen Kindheit vermittelt und sind tief verinnerlicht und eng mit

Emotionen verbunden. Durch die unterschiedlichen kulturellen Kontexte erzeugen sie beim Partner häufig Unverständnis.

Beide Partner haben zum Beispiel ihre eigenen Vorstellungen davon, wie man dem anderen eine Freude macht, und es kommt vor, dass eine gut gemeinte Geste vom anderen falsch verstanden wird. Allzu leicht geht man unbewusst über bedeutungsvolle Gesten des anderen hinweg oder ignoriert sie, dabei lag dem anderen sehr viel daran. Dies wird im folgenden Beispiel aus einem der Interviews veranschaulicht:

»Mein Mann ist extrem großzügig. In seiner überschwänglichen Art, mir möglichst viel Freude zu machen, kann das auch verschwenderisch wirken. Ich bin sehr sparsam erzogen worden, jeder Cent wurde bei uns umgedreht und Geschenke fielen oft eher bescheiden aus, auch wenn sie immer von Herzen kamen. Ich lernte in meiner Ehe, die überaus großzügigen Geschenke meines Mannes anzunehmen ohne den Beigeschmack (den ich ihnen gab), dass sie ja eigentlich viel zu teuer sind. Mit der Zeit erkannte ich, wie wichtig es ihm ist, mir in dieser Weise seine Liebe zu zeigen.«

Es ist daher wichtig, eine Geste oder Handlung des anderen in ihrer tiefer liegenden Bedeutung zu sehen, weil der andere immer auf der Grundlage seiner eigenen Werte handelt.

In einer vertrauensvollen Beziehung will keiner den anderen verletzen. Der gegenseitige Blick auf die unterschiedlichen Werte und Bedeutungen ist nötig, damit es nicht zu Verletzungen oder Kränkungen kommt. So wie eine Interviewpartnerin es schildert:

»Die kulturelle Ebene muss man sehen können, von beiden Seiten aus. Sonst funktioniert es nicht. Zum Beispiel die Gastfreundschaft in Österreich, sie ist extrem, fast beschämend, fast zu viel, sie überfordert mich. Ich versuche sie anzunehmen, mich zu bemühen.«

Dies erfordert ein Wertebewusstsein: das Bewusstsein der eigenen Werte und der Werte des anderen. Es setzt auch ein Wissen um die kulturelle Identität voraus. Denn wenn ich weiß, dass es für Werte keinen absoluten Maßstab gibt, sie vielmehr immer kontextgebunden sind, kann ich eine ethnozentrische Haltung überwinden. Nach dem Modell der Entwicklung interkultureller Sensibilität befinden Paare sich dann auf der zweiten Stufe, der Stufe des Ethnorelativismus: Unterschiedliche Werte werden erkannt und akzeptiert. Die Partner entwickeln die Fähigkeit, kulturelle Unterschiede immer nur in einem Kontext und in Beziehung zu einander zu sehen. Dies veranschaulicht folgende Aussage aus einem der Interviews:

> »Im Iran verhält sich meine Frau völlig anders. Sie bemüht sich krampfhaft, es allen in ihrer Familie recht zu machen, und stresst sich dadurch enorm. Die Familienbeziehungen sind ja höchst kompliziert im Iran. Da kann ich noch so oft sagen, sie soll sich entspannen. Ich bin drauf gekommen, dass es das Beste ist, nichts zu sagen, sie zu lassen, so wie sie dort ist, und einfach für sie da zu sein. Ich lernte dadurch, ihre Bikulturalität zu verstehen und anzunehmen. Dort gilt für sie nur, den Erwartungen ihrer Familie zu entsprechen, sie selbst nimmt sich in dieser Umgebung ganz zurück. Hier steht für sie der berufliche Erfolg im Vordergrund. Beides ist sie.«

GLEICHGEWICHT STATT GEFÄLLE: DER KULTUR DES ANDEREN RAUM GEBEN

Gerade wenn ein Partner in das Land des anderen zieht und auch dessen Sprache spricht, ist es für ihn nicht leicht, Aspekte der eigenen Ursprungskultur zu erhalten. In den Gesprächen wurde immer wieder deutlich, wie groß das Bedürfnis ist, der eigenen Herkunftskultur genügend Raum zu geben und damit ein Gleichgewicht in der Partnerschaft herzustellen:

> »Mein Ziel war es, ebenbürtig in meiner Partnerschaft zu sein. Denn das war ein Problem in meiner früheren Beziehung.«

Die eigene Kultur muss also gelebt werden können. Passt sich einer der beiden Partner zu sehr an, kann das Gefühl entstehen, dass etwas fehlt. Oder ein Partner ist in der Beziehung zu wenig präsent und hat das Gefühl, zu wenig Einfluss auf die gemeinsamen Kinder zu haben. Es kommt auch vor, dass so ein Ungleichgewicht vom anderen Partner gar nicht wahrgenommen wird. Dadurch entsteht eine Schieflage, da einer von beiden viel investiert, z. B. in kulturelle Anpassung, Spracherwerb oder Mobilität. Der andere hingegen erbringt wenig oder keine Anpassungsleistung und kann dadurch auf ganz andere Ressourcen zurückgreifen. Diese Schieflage sollte das Paar irgendwann ausgleichen, sonst kann es passieren, dass es eines Tages zu spät ist und das Gleichgewicht nicht mehr hergestellt werden kann. Deswegen ist es wichtig, dass beide sich den nötigen Raum auch bewusst nehmen und darüber sprechen. Wer in einer interkulturellen Beziehung lebt, sollte sich fragen: An welchen Aspekten meiner Herkunftskultur liegt mir besonders viel? Was möchte ich erhalten oder pflegen? Welche Traditionen und Werte möchte ich meinen Kindern weitergeben? Welchen Raum möchte ich meiner Sprache in der Partnerschaft einräumen? Wie wichtig ist mir, dass mein Partner auch meine Sprache gut spricht? Dazu S., eine Österreicherin mit persischen Wurzeln:

> »Ab und zu brauche ich auch Persisch. Vor zwei Jahren war ich mit meinem Vater im Iran. Es war das erste Mal, dass ich das Land richtig kennengelernt habe. Jetzt ist eine Bindung da, und ich möchte für mich nicht, dass die Sprache verloren geht.«

In diesem Zusammenhang stellt sich auch die Frage, wo der Lebensmittelpunkt des Paares langfristig eingerichtet wird. Die Frage ist: Wer folgt wem nach? Was ergibt sich daraus für das Paar? Welche Vor- und Nachteile haben dadurch die beiden Partner? Kann man sich in einem dritten Land niederlassen, wo beide gleichermaßen neu beginnen und nicht einer den Heimvorteil hat? Eine Möglichkeit ist, eine Zwischenlösung anzustreben und für einen vereinbarten Zeitraum (etwa ein oder zwei Jahre) auszuprobieren, in einem dritten Land zu leben. Auf diese Weise kann sich das Paar auf gleicher Ebene und unter gleichen Voraussetzungen neu erleben.

Assimilation bedeutet, dass ein Partner sich aufgibt und damit gewissermaßen unsichtbar wird, während der andere Partner dominiert. Ein Gleichgewicht zwischen beiden besteht immer nur dann, wenn beide gleichermaßen Gebende und Nehmende sind, in ausgeglichener Weise präsent sind und beide sich selbst auch zurücknehmen können.

AUS ALT MACH NEU: VERÄNDERUNG AKZEPTIEREN

In einer Paarbeziehung verändert man sich. Beide Partner beeinflussen sich gegenseitig und nehmen vom anderen Werte, Einstellungen und Verhaltensweisen an. Im Idealfall schaffen sie dadurch gemeinsam eine neue Welt und eine gemeinsame Wirklichkeit. Dieser Prozess, bei dem die Partner sich aneinander anpassen und Neues entsteht, ist vergleichbar mit dem Anpassungsprozess an eine neue Kultur bei Migration oder einer längeren Auslandsentsendung, bei der ebenfalls Neues angenommen und Altes aufgegeben wird. Wie wichtig es ist, manches Alte zu verlernen und anderes Neues zu erlernen, wurde in den Gesprächen mehrmals betont:

> »Mit der Zeit entwickelt man sich weiter. Einiges geht weg, anderes kommt dazu.«

Es kann sein, dass lang bestehende Freundschaften durch die neue Paarbeziehung beeinträchtigt werden, weil die Veränderung, die sich innerhalb dieser Beziehung vollzieht, von alten Freunden nicht mitgetragen werden kann. Wichtig ist es, sich diese Veränderungen bewusst zu machen. Dann können Paare versuchen, beides zu leben, etwa alte Freunde zu treffen, ohne dass der Partner immer dabei ist. Unsere Identität hat zahlreiche Facetten, die alle ihren eigenen Raum benötigen, um gelebt zu werden.

Das Thema Veränderung kommt auch zum Tragen, wenn die Familien der Partner nicht akzeptieren wollen, dass das junge Paar sich dem Einfluss der Ursprungsfamilie entziehen möchte. Die Frage kommt auf: Wie kann man sich als junges Paar von der Ursprungsfamilie lösen, ohne sie zu verlassen bzw. zu kränken? Viele Paare sehen nur ein Entweder-Oder: Wenn ich zu meinem Partner oder meiner Partnerin stehe, dann verlasse ich gleichzeitig meine Familie. Aus diesem Entweder-Oder gilt es sich zu lösen, um ein Sowohl-als-Auch zu ermöglichen. Das junge Paar hat das Recht auf seine neu geschaffene Wirklichkeit und muss sie schützen, denn nur so tritt es ins Erwachsenenleben ein. Eltern, die das Beste für ihre Kinder wollen, haben die Pflicht, diese Loslösung zu akzeptieren und ihre Kinder loszulassen. Loyalitätskonflikte mit der Familie können mit dieser Argumentation entschärft werden. Diese Thematik ist in Kulturen zentral, in denen die Religion sehr im Vordergrund steht (siehe das Kapitel »Interkulturell und interreligiös«) oder die Familienbindungen äußerst stark sind und Familienloyalität über der Partnerloyalität steht. In diesem Kontext stehen auch Verfolgungen von jungen Frauen (Töchter, Schwiegertöchter, Ehefrauen), die sich in der Migration durch den kulturellen Anpassungsprozess verändern und in ihrer Familie in Misskredit fallen. Auch Ehrenmorde gehören zu dieser Thematik.

GEMEINSAM SIND WIR STARK: SCHWIERIGKEITEN MEISTERN

Interkulturelle und interreligiöse Paare müssen im Beziehungsalltag viele Herausforderungen meistern, was eine Partnerschaft auf die Probe stellen kann. Die Anziehung, die am Beginn der Beziehung stand und sie auch zusammen hält, geht im Alltag zuweilen unter. Trennendes wie mangelnde Sprachkenntnisse, fehlende Berufsmöglichkeiten oder unterschiedliche Einstellungen zu zentralen Themen tritt dann allzu sehr in den Vordergrund. Dazu kommen eventuell Rechtsunsicherheiten in Bezug auf einen Aufenthaltsstatus, finanzielle Sorgen, Arbeitslosigkeit, bestimmte Erwartungen der Ursprungsfamilie, neue Rollen durch die Geburt von Kindern oder Uneinigkeit in der Kindererziehung. All das überrollt das Paar wie eine Lawine und verschüttet das, wodurch es eigentlich zusammengehalten wurde. In solchen Situationen hilft es, wenn die Partner sich immer wieder bewusst machen, was sie ursprünglich zusammengeführt hat und wo ihre Gemeinsamkeiten und Ähnlichkeiten liegen, die ihre Beziehung tragen.

Dabei ist es wichtig, den Partner immer wieder in seinem oder ihrem Heimatland und im Kontext der Ursprungsfamilie zu erleben; wenn er seine Muttersprache spricht, wie er sich in einer vertrauten Umgebung oder im eigenen Freundeskreis verhält usw. Die Gespräche mit betroffenen Paaren haben gezeigt, wie wichtig es ist, den Partner in seiner Souveränität zu erleben und nicht nur in seiner Schwäche oder in einem Mangel. Denn wie alle anderen Aspekte einer interkulturellen Partnerschaft sind auch Probleme immer kontextgebunden, also von der jeweiligen Situation abhängig. Das sollten die Partner sich immer wieder bewusst machen. Deshalb sind regelmäßige gemeinsame Besuche in der Heimat des einen Partners wichtig. Sie ermöglichen, den anderen in seiner Stärke und Souveränität zu erleben.

Schwierig kann auch der Umgang mit der jeweiligen Ursprungsfamilie sein. Gerade bei interkulturellen und interreligiösen Beziehungen kommt es vor, dass Eltern (auf einer oder beiden Seiten) mit der Wahl des Partners nicht glücklich sind und ablehnend reagieren. Selbst bei unterstützenden Familien können Spannungen auftreten, zum Beispiel wenn sich die Mutter wochenlang in der Wohnung des Paares einquartiert, um ihrer Tochter nach der Geburt eines Kindes zu helfen. Alle diese Schwierigkeiten sollten vom Paar gemeinsam bewältigt werden. Sobald sich ein Partner mit seiner Ursprungsfamilie solidarisiert, hat der andere leicht das Gefühl, verraten zu werden – die Folge ist eine Kränkung oder sogar ein Vertrauensverlust. Deshalb ist gemeinsame Solidarisierung als Paar von höchster Bedeutung. Das Wissen, dass beide schwierige Situationen gemeinsam bewältigen können, stärkt das Paar in seiner gemeinsamen Welt.

Ausführliche und kontinuierliche Gespräche sind unerlässlich, in denen sich die Partner über die jeweiligen Wertehaltungen in ihren Ursprungsfamilien auseinandersetzen und auf dieser Basis sich zu Werten bekennen, die sie gemeinsam als Paar vertreten.

SOWOHL-ALS-AUCH STATT ENTWEDER-ODER: KONFLIKTE KREATIV LÖSEN

In einer interkulturellen Paarbeziehung können nicht alle Konflikte gelöst werden. Die amerikanischen Paartherapeuten John M. Gottman und Julie Schwartz Gottman,[161] die seit Jahrzehnten zum Thema Paare, Paardynamiken und Paarkonflikte forschen, stellten fest, dass 69 Prozent der Probleme, die sich in einer Partnerschaft ergeben, unlösbar sind. Deshalb ist es wichtig herauszufinden, welche tieferen Hintergründe im Konflikt eine Einigung verhindern. In einer offenen Auseinandersetzung können Wege gefunden werden, die für beide gangbar sind. In einer interkulturellen Partnerschaft sind immer mehrere Lösungen und Sichtweisen möglich und sollten auch zugelassen werden. Ein Schwarz-Weiß-Denken ist dabei nicht hilfreich, weil es auf einem Entweder-Oder beruht, das ein Sowohl-als-Auch, also eine Integration beider Positionen, von vornherein ausschließt. Dazu Beispiele aus den Gesprächen:

> »Bei der Frage, wie wir Weihnachten feiern, zelebrierten wir am Anfang den 24. und den 25. Dezember. Jetzt haben wir beides abgeschafft ...«

> »Wir haben immer wieder darüber gestritten, wie wir den Heiligen Abend gestalten. Für mich war es wichtig, dass nur wir beide feiern und am Christtag die gesamte Familie zusammenkommt. Das war bei uns immer so. Mein Mann wollte immer wegfahren und meinte, das Weihnachtsfest sei nicht wichtig. Es ging jahrelang hin und her. Immer mit viel Streit und Emotionen. Jetzt haben wir nach längeren Gesprächen herausgefunden, was jeder von uns mit diesem Fest verbindet: tief liegende Kindheitserinnerungen, Kränkungen, Sehnsüchte. Jetzt machen wir es so: diesmal bin ich dran, nächstes Jahr er. Das ist eine gute Lösung für uns beide.«

Diese beiden Zitate drücken viel aus: Bei beiden Paare nehmen beide ihren Raum gleichermaßen ein und haben nach einiger Zeit ihre eigene, gemeinsame Welt geschaffen.

Rituale und Feste gehen auf die Kindheit zurück und stehen für tief liegende Werte – deshalb sind sie auch häufig Konfliktquellen. Nimmt ein Partner diese Werte in ihrer Bedeutung für den anderen nicht ernst, kann dies zu Verletzungen und Kränkungen führen. Hinzu kommt, dass die tief liegenden Werte älter sind als neuere, später angenommene Werte und deshalb in verschiedenen Situationen immer wieder zum Vorschein kommen. Wichtig ist es also, den Partner mitsamt seiner Vergangenheit anzuerkennen und anzunehmen. Denn für die eigene Vergangenheit ist man nicht verantwortlich – wir werden in einen gegebenen Kontext geboren, von dem wir geprägt werden. Gespräche über die Kindheit können tief liegende Werte an die Oberfläche bringen und Erklärungen für Verhaltensmuster in der Gegenwart liefern.

Die Ankunft von Kindern ist für jede Paarbeziehung eine Herausforderung. Zum einen verändern sich die Rollen des Paares – zur Rolle als Partner kommt die Mutter- und Vaterrolle hinzu. Zum anderen treten durch die Geburt von Kindern tiefe Emotionen aus der eigenen Kindheit an die Oberfläche. Diese Erinnerungen werden aktiviert und auf das eigene Kind projiziert. Plötzlich werden »richtig und falsch« unreflektiert zu absoluten Werten und gegenüber dem Partner kompromisslos verteidigt. Damit sind Konflikte vorprogrammiert. Auch hier ist wieder die offene Auseinandersetzung nötig: über Erziehungsmethoden, Religion und religiöse Rituale, Sprache und Zweisprachigkeit, Schule und Ausbildung, Rolle der eigenen Eltern, Position in der Ursprungsfamilie, Beziehung zu Geschwistern, Bedeutung des Heimatortes usw. Das folgende Paar hat dies erkannt und umgesetzt:

> »Für unsere Kinder ist es wichtig, dass sie beide Seiten kennenlernen. Wir feiern jedes Fest, christliche und jüdische. Aber der Lebensmittelpunkt der Kinder ist hier. Ich bringe ihnen bei, was möglich ist, den Rest müssen sie dann selbst entscheiden. Wir reden mit ihnen Deutsch und Hebräisch, auch wenn Deutsch durch den Kindergarten im Vordergrund ist.«

NIEMAND IST EINE INSEL: PAARE UND SYSTEME

Paare leben nicht isoliert, sondern stehen als Ganzes oder Einzelne in anderen Zusammenhängen oder Systemen. Ein System besteht aus zusammengesetzten Einheiten, die miteinander in Wechselbeziehung stehen und nach außen Beziehungen haben.[162] Ein Paar besteht aus zwei Personen, die ihrerseits Familiensystemen angehören, die in einer bestimmten Umgebung bestehen und mit weiteren Systemen verbunden sind. Dadurch ergeben sich verschiedene Blickwinkel: Wie verhält sich das Paar in einem anderen Kontext als der Zweisamkeit? Wie handeln die Partner, wenn sie unter Freunden oder in der erweiterten Familie sind? Welche Sprachen werden in der Beziehung gesprochen? Kann der eine Partner die Sprache des anderen so gut, dass er beim Zusammensein mit Freunden oder Verwandten alles versteht? Wenn nicht, wie geht der Partner damit um? Diese Fragen sollte sich das Paar stellen und sich darüber unterhalten.

Die systemische Betrachtungsweise richtet den Blick auf das Situative. Es wird beobachtet, wie sich das Verhalten einer Person in unterschiedlichen Situationen verändert. In unterschiedlichen Kontexten zeigt sich unterschiedliches Verhalten. Damit können personifizierte Zuschreibungen im Sinne von »Du bist ... unfähig, schwach, mangelhaft usw.« vermieden werden. Ein Verhalten wird mit einer konkreten Situation, einem Kontext in Verbindung gebracht. Mit dem Blick auf den Kontext kann man sehen, wie vielschichtig die Identität einer Person ist, aber auch, dass die einzelnen Schichten an entsprechende Kontexte gebunden sind. Ein Beispiel aus einem der Interviews:

> »Mein Mann ist, sobald wir in seinem Heimatland sind, immer gleich in seiner typischen Familienrolle: er fühlt sich für alles verantwortlich und ist der ›Macher‹. Vor den anderen beachtet er mich dann kaum und vermeidet Körperkontakt mit mir. Am Anfang konnte ich damit nicht umgehen. Es war schwer. Er war wie ein anderer Mensch. Wir haben viel darüber diskutiert und gestritten. Er sagte mir immer, das sei seine Rolle zu Hause. Hier ist er ganz anders, weicher, verständnisvoll. Ich habe es akzeptiert, aber wir haben wirklich sehr oft darüber geredet. Mittlerweise verstehe ich, wie seine Familie funktioniert und was sie erwartet.«

Das Beispiel zeigt gut die Dynamik zwischen Ursprungsfamilie und neuer Familie auf, indem der beschriebene Partner in seiner Ursprungsfamilie wieder in seine alte Rolle fällt. Aus systemischer Sicht müsste er sich aber solidarisch zu seiner Frau verhalten, um sein System, d. h. seine Ehe oder Familie als System zu schützen. Denn in der Dynamik zweier

Systeme gilt, dass das jüngere vor dem älteren Vorrang hat, da es als junges System geschützt werden muss, um sich entwickeln zu können. Diese Dynamik zeigt sich auch, wie im Kapitel »Interkulturell und interreligiös« erwähnt wurde, wenn interreligiöse Paare sich dem übermäßigen Einfluss streng religiöser Eltern entziehen wollen. Es ist ihr Recht, sich von den Eltern loszulösen, und sie müssen darin unterstützt werden. Für die erfolgreiche Gründung eines neuen Familiensystems ist die Loslösung von den Eltern zentral.

Bei interkulturellen und interreligiösen Paaren ist die Vielschichtigkeit durch die vielen unterschiedlichen kulturellen Bezüge sehr hoch. Im Heimatland verhält sich der Partner souverän und gewandt, da er seine Muttersprache sprechen kann, sich überall auskennt und gut vernetzt ist. Im Land der Partnerin treten eher Schwächen auf: seine mangelnden Deutschkenntnisse, die Tatsache, dass er noch kaum Freunde hat, Unkenntnis der Strukturen am Arbeitsmarkt usw. Gleichzeitig kann er in der neuen Umgebung eine andere Männerrolle leben, während er in seinem Heimatland vielleicht eine patriarchale Männerrolle vertreten musste. Der Blick auf unterschiedliche Kontexte hilft, die vielen Seiten der Identität zu sehen und das konkrete Verhalten mit dem jeweiligen Kontext in Verbindung zu bringen.

Ebenfalls hilfreich ist der Perspektivenwechsel: sich vorzustellen, wie es für den Partner ist, in einem neuen Land, von der eigenen Familie und von engen Freunden entfernt zu sein, eine Fremdsprache zu sprechen, sich an die neue Umgebung anzupassen usw. Die Bereitschaft sich in diese Situation hineinzuversetzen drückt Empathie aus, eine der wichtigsten Kompetenzen im interkulturellen Kontext. Durch Einfühlungsvermögen kann das gegenseitige Verständnis erheblich erweitert werden. Dazu ein Auszug aus einem der Interviews:

> »Früher habe ich immer die Dinge nur aus meiner Perspektive gesehen. Aber durch meinen Freund habe ich angefangen, Situationen aus seiner Sicht zu sehen, und ich fand das ganz furchtbar! Ich erkannte plötzlich die Ungleichheit, die uns umfing. Ich spürte die globalen Grenzen, die ich nie zuvor gespürt habe.«

Die Bedeutung des historischen und sozialen Gedächtnisses wurde bereits mehrfach angesprochen. Interkulturelle Paare erleben historische Ereignisse unterschiedlich, da ihre Bedeutung im jeweiligen Kontext soziokulturellen Deutungen unterliegt. Hier noch ein Ausschnitt aus den Interviews:

> »Die Eltern meines Mannes gehörten zur Generation der Kriegsgewinner. Mein Vater hat durch den Zweiten Weltkrieg sehr gelitten und dieses Leid prägte meine Kindheit. Die Eltern meines Mannes haben vom Krieg durch zahlreiche Unterstützungsmaßnahmen für Kriegsveteranen in Kanada profitiert. Hier in Europa lernte ich durch meine Eltern, dass nur harte Arbeit den wirtschaftlichen Aufstieg ermöglicht.«

Auffassungen vom Lebensstil, der Wert von Arbeit und Leistung, Grundwerte wie Zufriedenheit, Glück, Lebenssinn usw. stehen immer in einem soziokulturellen und historischen Zusammenhang. Diese Bereiche sind sowohl durch einen spezifischen kulturellen Kontext geprägt als auch abhängig von gesellschaftlichen Trends, die das Verhalten einer Generation prägen. Bei großer Kulturdistanz erleben Paare deshalb große Unterschiede in ihrer Geschichte, mit denen sie umgehen müssen. In den Interviews wurden Unterschiede in Grundwerten immer wieder angesprochen. Hier eine Bemerkung einer Deutschen, die mit einem Amerikaner verheiratet ist:

> »Die Amerikaner sehen sich als Helfer der Welt. Sie sind aus ihrer Sicht der Mittelpunkt. Es gibt so etwas wie Fahnentreue. Das ist für uns in Europa heute sehr fremd. Auch das soziale Denken ist ganz anders. Das soziale Netzwerk, das wir in Europa haben, wird in den USA total abgelehnt. Ich sehe große Unterschiede in den Grundwerten.«

Wenn sich Paare mit den Grundwerten, die auf ihre Kindheit und Jugend zurückgehen, auseinandersetzen, kann es ihnen gelingen, tief liegende, meistens unbewusste Wertehaltungen an die Oberfläche zu bringen und zu diskutieren. Dadurch kann sich das Paar innerhalb von gesellschaftlichen, politischen und wirtschaftlichen Zusammenhängen sehen und positionieren.

DIE DRITTE EBENE: EINE GEMEINSAME WELT AUFBAUEN

Die dritte Ebene ist der Raum, in dem gemeinsame Bedeutung geschaffen wird. Das können neue Rituale sein, neue Bedeutungen, aber auch gemeinsame Ziele, Pläne oder Träume.

Um eine dritte Ebene schaffen zu können, muss jeder der Partner an sich selbst arbeiten und sich mit der Welt des anderen auseinandersetzen. Hier eine Stelle aus einem der Interviews:

> »Mir ist in unserer Beziehung wichtig, eine eigene Welt zu schaffen und sie zu schützen. Das Wertvolle und Besondere, das uns zusammenschweißt, nicht aus den Augen zu verlieren, immer zu erweitern.«

Das erfordert Offenheit sich selbst und dem anderen gegenüber. Es geht dabei nicht nur darum, die Lebenswelt des anderen zu erkunden, sondern auch um die Grundwerte, die diskutiert werden sollen: Was ist beiden wichtig im Leben? Welche Werte vertreten beide Partner? In welcher Rangordnung stehen sie jeweils? Steht sehr gute materielle Absicherung im Vordergrund oder reicht ein Einkommen, das gerade die Grundbedürfnisse deckt? Steht Work-Life-Balance an erster Stelle oder eine steile berufliche Karriere mit ambitionierten Zielen? Wie hoch ist der Einsatz für beide Partner, um die jeweiligen Ziele zu erreichen? Daraus ergibt sich eine Diskussionsbasis für das Paar auf einer gleichberechtigten Ebene. Ziel dabei ist es, dass beide Partner Verantwortung dafür übernehmen, was ihnen wichtig ist, und willens sind, sich dafür einzusetzen.

Ein Paar braucht auch gemeinsam genügend Zeit und Raum – für gemeinsame Aktivitäten und zum gemeinsamen Nachdenken und Reden. Zahlreiche Untersuchungen haben festgestellt, dass Paare, vor allem wenn sie verheiratet sind, zu wenig in diesem Sinne miteinander reden. Sich bewusst für einander Zeit zu nehmen ermöglicht es, qualitative Zeit miteinander zu verbringen und gemeinsam gesetzte Ziele zu verfolgen. Der Wert der »Paar-Zeit« ist allerdings sehr kulturspezifisch und entspringt einem individualistischen Weltbild. In kulturellen Kontexten, in denen der Einzelne nicht so im Mittelpunkt steht, wie z. B. in Indien oder China, gibt es diesen Wert in so einem Sinn nicht. Deshalb ist es wichtig, sich über diesen Grundwert ausführlich auszutauschen. Bei großer Kulturdistanz könnte sich das Paar Fragen wie folgende stellen: In welchem Ausmaß haben beide das Bedürfnis, Zeit miteinander zu verbringen? An welche Aktivitäten denken beide?

In den Interviews kam öfters zur Sprache, dass nationale Communities für Migranten den kulturellen Anpassungsprozess behindern können, da diese Gruppe als Heimatersatz gesehen wird und streng national-kulturelle Werte aufrechterhält. Wenn sich nicht beide Partner aktiv bei Community-Aktivitäten engagieren, sondern nur einer von beiden, besteht die Gefahr, dass sich der eine mit der Zeit innerlich vom Partner entfernt, weil er glaubt, der andere interessiere sich nicht für seine Kultur. Manche Paare, wie im Kapitel über interreligiöse Paare beschrieben wurde, meiden nationale Communities, da sie mit deren Wertehaltungen nicht übereinstimmen.

Durch eine interkulturelle Beziehung kann etwas Neues entstehen – eine Mischung aus den beiden Welten der Partner. Dabei muss das Paar allerdings berücksichtigen, dass die eigene Herkunftskultur mehr Gewicht hat, da sie älter ist und entsprechend erlernte Verhaltensweisen oft reflexartig auftreten. Das neu Erlebte ist jünger und setzt sich erst mit der Zeit durch. Auch wenn die Werte und Einstellungen aus der Herkunftskultur immer vorhanden bleiben, können sie in gewisse Schranken verwiesen werden, um den neuen Sichtweisen Raum zu geben und damit allmählich die Einstellung zu verändern – wie alte Pfade, die auch nach Jahrzehnten noch erkennbar sind, selbst wenn sie niemand mehr benutzt. Neu angelegte Pfade können hingegen durch regelmäßige Benutzung zu gut ausgetretenen Wegen werden.

Interkulturelle Paare tragen ein großes Potenzial in sich. Es zu nutzen ist oft nicht leicht. Dazu braucht man umfassende Kenntnis über die Einflüsse, die auf ein Paar einwirken. Die Vielschichtigkeit der kulturellen Identität, die Komplexität der Systeme, die es umgeben, das historische Gedächtnis, die Unterschiede in den Grundwerten – all das immer im Blick zu behalten, ist eine große Herausforderung.

Die Bereicherung, die eine interkulturelle und interreligiöse Beziehung bringt, ist allerdings groß. Man lernt die Welt von einer zweiten Seite genau kennen.

Im folgenden Kapitel werden Sie einige Methoden kennenlernen, mit denen Sie diese Grundlagen ganz praktisch in Ihrer interkulturellen oder interreligiösen Partnerschaft umsetzen können.

TIPPS UND ÜBUNGEN FÜR INTERKULTURELLE UND INTERRELIGIÖSE PAARE

DIE FOLGENDEN ÜBERLEGUNGEN UND KONKRETEN ÜBUNGEN sollen Ihnen dabei helfen, Ihre interkulturelle Partnerschaft in positiver und bereichernder Weise leben zu können. Aspekte aus der Paartherapie, Techniken aus der Konfliktlösung und Bewältigungsstrategien sowie Interventionstechniken aus der interkulturellen Thematik liefern den methodischen Rahmen.[163]

DIE LANDKARTE: EINANDER KENNENLERNEN

Wie gut kennen interkulturelle Paare einander? Wie viel wissen sie von einander und vom kulturellen Hintergrund oder der Religion des Partners? Gute Kenntnis über die so genannten »Landkarten der Partner« sind empfehlenswert: »... mit emotionaler Intelligenz ausgestattete Paare (sind) sehr vertraut mit der Welt des anderen. Das heißt sie haben eine detaillierte Landkarte des Partners – (...) die Stelle im Gehirn, wo alle wichtigen Informationen über das Leben des anderen gespeichert werden. Man kann auch sagen, dass diese Paare viel kognitiven Raum für ihre Partnerschaft geschaffen haben. Sie erinnern sich an die wichtigsten Ereignisse in der Vergangenheit des anderen und erneuern diese

Informationen immer wieder, so wie sich auch die Fakten und Gefühle ihrer partnerschaftlichen Welt ändern.«[164] Je mehr ich über diese Landkarte, diese Welt meines Partners weiß, desto besser bin ich auf mögliche Schwierigkeiten oder Konflikte vorbereitet. Den anderen gut zu kennen hilft auch, empathisch zu reagieren und Wünsche, Bedürfnisse oder Ängste zu erkennen. Die folgende Übung soll Ihnen helfen, Ihr Wissen über Ihren Partner zu überprüfen.

ÜBUNG 1: KOMMENTIEREN SIE JEDER FÜR SICH DIE FOLGENDEN AUSSAGEN.

1. Ich bin mit den religiösen Vorstellungen und Überzeugungen meiner Partnerin oder meines Partners vertraut. (Vor allem bei einer interreligiösen Partnerschaft.)
2. Ich kenne die Wertvorstellungen meiner Partnerin oder meines Partners im Rahmen ihrer oder seiner kulturellen Herkunft sehr gut.
3. Ich kenne die Familienmitglieder meiner Partnerin oder meines Partners gut und weiß über die Beziehungen, die sie oder er zu ihnen hat, gut Bescheid.
4. Ich kenne die Herausforderungen (Sprache, Lebensweise, berufliche Ziele usw.), mit denen mein Partner oder meine Partnerin durch unsere interkulturelle Beziehung konfrontiert ist.
5. Ich kenne wichtige Freunde aus dem Heimatland meines Partners oder meiner Partnerin.
6. Ich weiß, welche Probleme oder Herausforderungen meine Partnerin oder meinen Partner gerade sehr beschäftigen.
7. Ich kenne das Heimatland und den Heimatort meiner Partnerin oder meines Partners sehr gut.
8. Ich weiß, welche Beziehung mein Partner oder meine Partnerin zu seinem oder ihrem Heimatland hat.
9. Ich kenne wichtige Sehnsüchte und Wünsche meines Partners oder meiner Partnerin.
10. Ich weiß, womit meine Partnerin oder mein Partner in dem Land, in dem wir gemeinsam leben, am meisten kämpft und was ihr oder ihm am meisten gefällt.

Es gibt sicher noch vieles aus dem kulturellen Kontext Ihres Partners oder Ihrer Partnerin, das Sie noch nicht kennen. Diese Übung soll zu gemeinsamen Gesprächen über die jeweiligen »Landkarten« anregen.

Die folgende Übung, um Wertehaltungen herauszufinden, die sich im Kommunikationsverhalten widerspiegeln, wird in interkulturellen Trainings gern angewandt.[165]

ÜBUNG 2: KREUZEN SIE JEDER FÜR SICH AN, WELCHE AUSSAGEN SIE BEJAHEN, UND BESPRECHEN SIE IHRE ERGEBNISSE ANSCHLIESSEND MIT IHREM PARTNER.

1. Ich beginne gern mit Leuten, die ich nicht kenne, ein Gespräch.
2. Es fällt mir schwer, Komplimente anzunehmen.
3. Tratschen und Klatschen sehe ich als schlechte Angewohnheiten.
4. Ich beginne ein Gespräch oft mit einem Scherz.
5. Wenn ich meine Meinung sage, dann immer sehr höflich und respektvoll.
6. Man soll seine Meinung immer ganz ehrlich sagen, auch wenn andere Personen sich möglicherweise verletzt fühlen.
7. Um den heißen Brei herumzureden, sehe ich als Zeichen von Schwäche.
8. In einer Diskussion tauscht man sich auf sachlicher Ebene aus.
9. Komplimente sind oft unaufrichtig oder falsch.
10. Ich schätze direkte und sachbezogene Kommunikation.
11. Starke Emotionen zu zeigen, ist ein Zeichen von Schwäche.
12. Emotionale und gefühlsbetonte Kommunikation führt Menschen zusammen.
13. Ich misstraue eher Menschen, die dauernd anderen Komplimente machen.
14. Wenn man mit etwas nicht einverstanden ist, sollte man das immer offen und freiheraus sagen.
15. Spontane Reaktionen sind immer ehrlich und offen.

DIE ANDERE KULTUR: EINANDER WERTSCHÄTZEN

Interkulturelle Partnerschaften gründen meistens auf einer besonderen Anziehung. Wer einen Partner aus einem anderen kulturellen Kontext wählt, drückt damit unter Umständen das Bedürfnis aus, sich vom »Normalen« abzugrenzen oder ein Muster zu durchbrechen, das im eigenen kulturellen Kontext vorherrscht. Mehrere Paare berichten in den Gesprächen, dass sie in ihrer interkulturellen Partnerschaft etwas gefunden haben, das ihnen ermöglichte, das »Normale« ihres eigenen Umfelds zu verlassen. Dieses attraktive Andere oder Besondere kann im oft schwierigen interkulturellen Alltag jedoch verschüttet werden, so dass es einer besonderen Wertschätzung bedarf, um die komplexen Schwierigkeiten zu meistern.

Eine Möglichkeit, diese Wertschätzung auszudrücken, sind Gespräche darüber, was Sie am Partner und an seinem kulturellen Kontext besonders schätzen und was Sie von seiner Kultur angenommen haben.

ÜBUNG 3: SPRECHEN SIE DARÜBER, WIE SIE DIE KULTUR DES JEWEILS ANDEREN WAHRNEHMEN.

1. Sprechen Sie darüber, was Sie am Anfang Ihrer Beziehung fasziniert und angezogen hat. Überlegen Sie, welche Rolle der kulturelle Kontext hier gespielt hat.
2. Überlegen Sie, ob sich die Anziehung über die Jahre geändert hat. Fasziniert Sie immer noch das Gleiche an Ihrem Partner / Ihrer Partnerin oder schätzen Sie nun andere Dinge, da Sie ihn / sie besser kennen? Sprechen Sie gemeinsam darüber, wie sich Ihr Verhältnis zum kulturellen Kontext des anderen verändert hat.
3. Was haben Sie von Ihrer Partnerin / Ihrem Partner angenommen? Wertehaltungen, Einstellungen, Verhaltensweisen, Gewohnheiten?
4. Überlegen Sie, ob die Anteile beider kultureller Kontexte in Ihrer Beziehung gleichermaßen Raum einnehmen. Wenn ja, in welchen Situationen fällt Ihnen das auf? Wenn nein, wie könnten Sie das gemeinsam ändern?
5. Überlegen Sie, ob eine der beiden Kulturen dominierender ist. Wenn ja, in welchen Situationen fällt Ihnen das auf?

Diese Fragen sollen dazu anregen, das in den Vordergrund zu stellen, was Sie als Paar ursprünglich zusammengeführt hat. Sie können dadurch unmittelbar Wertschätzung für Ihren Partner oder Ihre Partnerin ausdrücken.

AKTIVES ZUHÖREN: SICH IN DEN ANDEREN EINFÜHLEN

Aktives Zuhören ist eine Kommunikationstechnik, die im interkulturellen Bereich besonders wichtig ist. In den Interviews für dieses Buch haben die interkulturellen Paare immer wieder auf Missverständnisse in ihrer Kommunikation hingewiesen. Diese können aus Gesprächssituationen herrühren, in denen beide in ihrem eigenen kulturellen Kontext verbleiben und es nicht schaffen, die Perspektive zu wechseln und die Situation mit den Augen des anderen zu sehen. Um die Seite zu wechseln und sich in den anderen hineinzuversetzen, sind Fragen sinnvoll wie: »Wie könnte sie das gemeint haben? In ihrer Sprache hat dieser Begriff vermutlich eine andere Bedeutung.«

Während die Partner miteinander reden, ist es wichtig, dem anderen die ganze Aufmerksamkeit zu widmen, um einfühlsam reagieren zu können und ihn emotional zu unterstützen. Dies ist vor allem dann wichtig, wenn die gemeinsam gesprochene Sprache für einen der beiden Partner nicht die Muttersprache ist. Paare, die beide Sprachen gut beherrschen und gut aufeinander eingespielt sind, wechseln während des Gesprächs auch oft die Sprache. Damit wird ein Gleichgewicht gewahrt, denn beide Kontexte nehmen gleich viel Raum ein.

Einfühlsames Zuhören bedeutet auch, die Gefühle und Bedürfnisse wahrzunehmen, die der Partner durch das Gesagte indirekt ausdrückt. Wer aktiv zuhört, versucht, nicht zu werten, sondern lediglich seine Befindlichkeit und Gefühlslage festzustellen. Es geht nicht darum, Ratschläge zu erteilen oder zu versuchen, das Problem des Partners zu lösen.

Drei Dinge sind für ein aktives, einfühlsames Zuhören wichtig:

1. KEINE RATSCHLÄGE GEBEN, SONDERN VERSTÄNDNIS AUSDRÜCKEN:

Ratschläge geben die eigene Sichtweise der Situation wieder, nicht die des Partners. Beim einfühlsamen Zuhören kommt das Verständnis vor dem Rat. Im Bemühen, den anderen zu verstehen sowie seine Befindlichkeit und seine Erwartungen zu erfühlen, kann wirkliches Verständnis und damit Empathie vermittelt werden. Äußerungen, die Einfühlsamkeit vermitteln:

»Es tut mir leid, dass dich deine Chefin immer wieder falsch versteht und dich damit verärgert!«
»Dein Tag muss ja sehr stressig für dich gewesen sein.«
»Du wirkst ganz müde! Hattest du einen anstrengenden Tag? Möchtest du eine Tasse Tee?«

2. OFFENES INTERESSE ZEIGEN:

Aktives Zuhören zeigt sich auch in offenem Interesse am anderen. Dies wird ausgedrückt durch guten Blickkontakt, eine (auch körperlich) einander zugewandte Haltung, einen intensiven Austausch auf verbaler und nonverbaler Ebene, ständiges Feedback durch Nicken, Ja sagen, Nachfragen usw. während des Gesprächs, Aufnehmen nonverbaler Signale wie Lautstärke und Untertöne im Tonfall, Gestik und Körpersprache, Blicke. Wichtige Schritte sind dabei: zuhören, hinhören, nachfragen, bestätigen, was Sie verstanden haben, zustimmen, die Ansicht des Partners respektieren, auch wenn Sie anderer Meinung sind.[166] Hier einige Beispiele:

»Und, was hat deine Chefin noch dazu gesagt? War sie zufrieden mit deiner Arbeit? Was meinte sie denn? Deine Haltung verrät mir, dass du nicht so zufrieden bist.«
»Jetzt erzähl doch noch mehr von deinem neuen Projekt. Ich möchte mehr darüber erfahren!«
»Höre ich da Enttäuschung heraus? Was meinst du genau?«
»Ja, ich verstehe, so siehst du es. Ich sehe es so: ...«

3. SICH MIT DEM PARTNER SOLIDARISIEREN:

Partei für den Partner zu ergreifen, ist in vielen interkulturellen Situationen wichtig, nicht nur in Gesprächssituationen. In einer interkulturellen Partnerschaft, in der beide möglicherweise aus sehr unterschiedlichen Familienstrukturen kommen und unterschiedliche Spielregeln für den Beziehungsaufbau gelten, können durch gute Beobachtung der nonverbalen Ebene und durch aktives Zuhören unbewusst ausgedrückte Gefühle erfasst werden. Kommt es zu Spannungen innerhalb der Familie oder zwischen beiden Familien, ist gegenseitiger emotionaler Rückhalt für die Paarbeziehung entscheidend. Einige Beispiele, wie Solidarität ausgedrückt werden kann:

»Ich habe gespürt, dass unsere Entscheidung deinen Eltern nicht recht ist. Vielleicht kannst du ja nochmals mit deiner Mutter allein reden? Wie kann ich dich dabei unterstützen?«
»Ich stehe hinter dir, was immer auch passiert.«
»Ich verstehe ja deine Eltern. In ihrer Welt wäre es so richtig. Aber wir wollen doch auch unser gemeinsames Leben aufbauen. Da geht es darum, was wir gemeinsam wollen.«

EINE FRAGE DES STILS: BEWUSST MITEINANDER KOMMUNIZIEREN

Gespräche sind in interkulturellen Partnerschaften zentral, denn durch sie lernen die Partner einander besser kennen und schaffen ihre eigene Wirklichkeit. Beide Aspekte sind wichtige Voraussetzungen für ein gemeinsames Leben. Im Abschnitt über das aktive Zuhören haben wir festgestellt, dass in einer interkulturellen Beziehung ein Gleichgewicht hergestellt werden sollte, indem beide Sprachkulturen gleich viel Raum einnehmen. Wenn einer der Partner sich sprachlich nicht präzise genug ausdrücken kann oder es ihm schwer fällt, in der Fremdsprache über Gefühle und Befindlichkeiten zu sprechen, kann das zu Missverständnissen führen. Wichtig ist hier, die nonverbale Ebene wahrzunehmen und anzusprechen, wie in den folgenden Beispielen:

»Du klingst aber wütend! Erzähl doch mal, was ist los? Was macht dich so wütend?«
»Ich höre Enttäuschung aus deinen Worten heraus – was bedrückt dich, komm, erzähl es mir!«
»Wie wäre es, wenn du jetzt in deiner Sprache sprichst, und ich frage nach, wenn ich ein Wort oder einen Satz nicht verstehe. Vielleicht gelingt es dir dann besser, das zu sagen, was dir auf dem Herzen liegt.«
»Du bist plötzlich so still. Was ist los? Ist es wegen des Anrufs von vorhin? Erzähl!«

Bewusstes Kommunizieren bedeutet im interkulturellen Kontext, unterschiedliche Stile zu erkennen und zu wissen, wie man selbst kommuniziert. Die Fähigkeit, sich an unterschiedliche Kommunikationsstile anzupassen, ist ein Schlüssel in der interkulturellen Beziehung. In den Gesprächen erzählten Paare von der Erfahrung, dass der erlernte Kommunikationsstil im kulturellen Kontext des Partners nicht passt und nicht verstanden wird, und einige mussten mühsam lernen, direkt zu sein und klar zu sagen, was sie wollen. Bei diesem Lernprozess wird eine wichtige interkulturelle Kompetenz entwickelt: sich in beiden kulturellen Kontexten verbal und nonverbal auszudrücken.

Schön ist es, wenn ein interkulturelles Paar mit den unterschiedlichen Stilen spielerisch und humorvoll umgehen kann. Damit kommt auch Leichtigkeit in den Beziehungsalltag. Einige Beispiele dazu:

»In Japan könnte ich eine Unstimmigkeit nur indirekt ansprechen, sonst wäre es nur peinlich und alle würden betreten wegschauen. Aber hier werde ich ja anders nicht verstanden! Also: Ich bin sauer auf dich!«

»Ich passe mich ja sprachlich an, aber bestimmte Floskeln so wie dieses ›Grüß Gott‹ kriege ich nicht über die Lippen!«

»In Deutschland lernen die Kinder ›laufen‹, hier in Österreich lernen sie ›gehen‹! Was sagt das nur über diese beiden Kulturen aus!«

»Müssen wir hier jetzt wieder diese ›Weichmacher‹ verwenden? Also lieber Papa, wärst du so nett, mir freundlicherweise das Brot zu reichen ... oder gibst du's mir einfach rüber?«

»Wenn wir uns nicht einig sind, nehmen wir den Duden und schauen nach. Im Duden steht dann: die E-Mail (Deutschland), das E-Mail (Österreich, Bayern). Somit haben wir beide recht!«

Indem mit unterschiedlichen Stilen oder Ausdrucksweisen humorvoll umgegangen wird und Wortspiele den Alltag erheitern, wird beiden Sprachen gleich viel Raum und Bedeutung gegeben. Die folgende Übung macht Sie mit unterschiedlichen Sprechstilen vertraut.

ÜBUNG 4: STYLE-SWITCHING: WIE DER ANDERE SPRECHEN.

Versuchen Sie, einen Kommunikationsstil zu praktizieren, den Sie normalerweise im Alltag nicht anwenden. Wandeln Sie den folgenden direkten Stil in eine sehr höfliche, indirekte und ausgeschmückte Redeweise um.

»Ich bin sauer auf dich, weil ich gestern die ganze liegen gebliebene Hausarbeit tun musste.«
»Ruf an, wenn du was brauchst!«
»Da fehlt Salz, dann ist's gut.«

Nun versuchen Sie, die folgende sehr ausschweifende Ausdrucksweise in einen knappen, informationsfokussierten Stil umzuwandeln. Achten Sie dabei darauf, was in der Aussage indirekt mitschwingt, und versuchen Sie, den Kern der Aussage in direkte Worte zu fassen.

»Gestern erzählte mir eine Freundin, dass sie und ihr Mann am Schneeberg waren. Sie haben einen schönen Tag dort verbracht. Sie fuhren mit der Bahn hinauf und auch wieder hinunter. Es war ganz einfach. Gar nicht anstrengend. Und sie hatten viel Spaß miteinander. Sie meinte, sie würden öfters so einen Ausflug machen. Es hätte ihnen gut getan.«
»Heute war so viel los in der Arbeit. Alle wollten was von mir, ich bin kaum zu meiner wirklichen Arbeit gekommen. Ich bin jetzt total erschöpft. Und dabei müsste ich noch einkaufen gehen. Mir ist nämlich grad aufgefallen, dass wir wenig fürs Abendessen zu Hause haben. Übrigens hat ein neues japanisches Restaurant ein paar Gassen weiter von uns aufgemacht. Ich bin sehr neugierig, wie es ist.«
»Meine Mutter hat angerufen und gefragt, wann wir zu Hause sind, sie hätte die Kinder schon lange nicht gesehen. Sie hätte jetzt Zeit, denn in 2 Wochen fahren sie in Urlaub. Hast du diese Woche noch viel zu tun? Wie läuft dein Projekt? Seid ihr bald fertig? Ist dein Kollege aus Mumbai noch da oder schon wieder zurückgefahren?«

Indem Sie versuchen, einen anderen Stil anzuwenden, können Sie sich vielleicht besser in Ihren Partner hineinversetzen.

LÖSBAR ODER UNLÖSBAR: KONFLIKTE GEMEINSAM BEWÄLTIGEN

In interkulturellen Partnerschaften kommt es zwangsläufig zu Auseinandersetzungen und Konflikten. Was einen am Anfang der Beziehung faszinierte, kann allmählich an Reiz verlieren und Ärger oder Ungeduld auslösen. Die Partner müssen sich dabei eingestehen, dass manche Probleme nicht gelöst werden können, weil ihnen unterschiedliche Werte, unbewusste Ängste oder prägende Kindheitserlebnisse zu Grunde liegen. Der Paartherapeut John M. Gottmann hat bei seinen Studien festgestellt: »Immer wieder, wenn wir unsere beobachteten Paare nach vier Jahren noch einmal besuchen, stellen wir fest, dass sie noch über exakt dasselbe Thema streiten. Es ist, als wären nur vier Minuten und nicht vier Jahre vergangen. Sie tragen neue Kleider und eine neue Frisur, haben ein paar Pfund zugelegt oder verloren und ein paar mehr Falten, doch sie führen immer noch denselben Streit.«[167] Gerade bei interkulturellen Paaren häufen sich die so genannten »ewigen« Probleme wie zum Beispiel Erziehungsfragen bei gemeinsamen Kindern (religiöser oder schulischer Art), Loyalitätskonflikte mit Eltern oder Rollenkonflikte. Diese unlösbaren Probleme beruhen oft auf unterschiedlichen Werten und Einstellungen, die sich nicht vereinbaren lassen. Lösbare Konflikte hingegen beziehen sich auf eine konkrete Situation und können durch einen Kompromiss bewältigt werden.

Ein Beispiel für einen unlösbaren Konflikt: *T. möchte, dass die gemeinsamen Kinder römisch-katholisch erzogen werden, F. ist Muslima und möchte, dass sie nach dem islamischen Glauben erzogen werden.* Dieser Konflikt ist unlösbar, weil es um Überzeugungen und Werte geht, die für beide Partner hohe Priorität haben und einen wichtigen Teil ihrer Identität ausmachen. Eine Lösung könnte nur in einem Sowohl-als-Auch bestehen, indem beide Partner auf einander zugehen und beides ermöglichen.

Ein Beispiel für einen lösbaren Konflikt: *Das Paar hat sich geeinigt, dass er nach dem gemeinsamen Abendessen immer den Geschirrspüler einräumt. Doch in der letzten Zeit arbeitet er an einem Projekt mit baldigem Abgabetermin, so dass er es immer wieder vergisst. Entweder seine Frau macht es oder das Geschirr bleibt stehen. Sie ist sauer.* Dieser Konflikt ist lösbar, weil das Paar sich darauf einigen kann, dass er vorübergehend von dieser Aufgabe befreit wird, sie aber wieder aufnimmt, wenn er mit dem Projekt fertig ist.[168]

Lernt ein Paar, unlösbare Probleme zunächst einmal stehen zu lassen und sich mit ihnen zu arrangieren, dann ist dies ein Schritt hin zur Akzeptanz des anderen, so wie er ist. »Solche Paare verstehen unbewusst, dass Probleme ein unabwendbarer Bestandteil einer Beziehung sind, (...) die zwangsläufig mit dem Alter einhergehen.«[169] Mit unlösbaren Problemen können Paare auch umgehen, indem sie Situationen vermeiden, in denen diese Konflikte auftauchen oder die ihn verschärfen, und Alltagsstrategien zu entwickeln, die helfen, mit ihnen fertig zu werden, zum Beispiel Humor. Kann ein Paar über ein Problem lachen oder Witze machen, ist es fähig, konstruktiv damit umzugehen, wie in dem folgenden Beispiel:

> »Ich weiß, dass mein Mann ein völlig anderes Zeitverständnis hat. Wir kommen überall hin zu spät und erreichen Bahn oder Flugzeug immer erst in allerletzter Minute. Anstatt mich darüber mein Leben lang zu ärgern, entschloss ich mich, die Zeiten unbemerkt eine halbe Stunde vorzuverlegen. Dadurch bin ich entspannt. Um ihn zu necken, betone ich dann immer, um welche Zeit – ›europäische‹ oder ›mexikanische‹ Zeit – es sich bei unserem Termin handelt. Dann lachen wir und die Situation entspannt sich.«

Zu akzeptieren, dass es ein Problem gibt, das sich wegen der kulturellen Unterschiede nicht leicht aus dem Weg räumen lässt, und damit zu leben, ist leichter, wenn man dazu fähig ist, die Perspektive zu wechseln und die Situation mit den Augen des Partners zu sehen. Im folgenden Zitat wird deutlich, wie Perspektivenwechsel funktionieren kann:

> »Seitdem mir meine Frau vor Augen führte, wie unterschiedlich wir Entscheidungen treffen, kann ich sie besser verstehen. Sie brachte es auf den Punkt:

›Wenn ich eine Entscheidung treffen muss, dann rufe ich alle an, von denen ich glaube, dass sie mir bei der Lösung helfen können. Du hingegen gehst laufen. Du machst es mit dir allein aus.‹ Das öffnete mir die Augen. Auf einmal sehe ich diese Unterschiede ganz klar! Bei uns laufen einfach unterschiedliche Denkprozesse ab.«

Diese Erkenntnis ist die Voraussetzung, einander so zu nehmen, wie man ist, und den anderen nicht ändern zu wollen. Folgende Übung soll es Ihnen erleichtern, einen anderen Blickwinkel einzunehmen.

ÜBUNG 5: KONFLIKTE: KONSTRUKTIV NEUE SICHTWEISEN FINDEN.

1. Beispiel: Interreligiöse Erziehung: katholische oder muslimische Erziehung der Kinder.

Gehen Sie gemeinsam alle Möglichkeiten durch, um ein »Entweder-Oder« zu umgehen und zu einem »Sowohl-als-Auch« zu kommen. Fragen, die Sie sich stellen könnten:

- Wir sind ein interreligiöses Paar. Wie leben wir unserer Tochter Interreligiosität vor?
- Welche Geschichten erzählen wir unserer Tochter von Gott? Welches Bild von Gott wird sie haben? Wird dieser erweiterte Blick ihr in ihrem Leben nützlich sein?
- Wie machen es andere? Gibt es Leute in unserer Umgebung (Familie, Freunde, Priester, Imam), die ebenfalls mit diesem Thema konfrontiert sind und mit denen wir uns austauschen könnten?

2. Beispiel: Familie und Geschlechterrollen: Aufgaben und Tätigkeiten von Männern und Frauen sind in vielen Kulturen genau geregelt.

Diskutieren Sie die Veränderung der Rollen und damit der Aufgaben. Wie können Sie in Ihrer Beziehung ein Gleichgewicht Ihrer beider Bedürfnisse herstellen? Fragen, die Sie sich stellen könnten:

- Wie sind die Rollen in unseren beiden Kulturen? Wie sind wir erzogen worden? Wenn wir an unsere Geschwister denken, welche Aufgaben und Tätigkeiten waren für wen vorgesehen? Welche Werte sind damit verbunden?

- Wir vereinbarten am Anfang 50/50 im Haushalt. Was bedeutet das für uns beide? Welche Verpflichtungen und Verantwortungen für jeden von uns sind damit verbunden?
- Was bedeuten Egalität und Gleichwertigkeit in unserer Gesellschaft? Gibt es die auf allen Ebenen? Warum nicht? In welchen Situationen ist das spürbar?

3. Beispiel: Beziehungszeit versus Arbeitszeit: Wie schaffen Sie eine Work-Life-Balance?

Diskutieren Sie über Ihre unterschiedlichen Bedürfnisse und Erwartungen in Bezug auf Ihr Arbeits- und Privatleben. Fragen, die Sie sich stellen könnten:

- Welchen Wert hat Arbeit für uns? Was verstehen wir unter »beruflich erfolgreich sein« oder »Karriere machen«? Welche Konsequenzen sind damit für unseren gemeinsamen Lebensalltag verbunden?
- Zeichnen Sie einen Kreis und tragen Sie in Segmenten ein, wie viel Raum welche Tätigkeiten, Sozialkontakte und Freizeitaktivitäten in Ihrem Leben einnehmen. Achten Sie darauf, die Segmente entsprechend groß oder klein zu machen. Diskutieren Sie gemeinsam das Ergebnis Ihrer Darstellungen. Überlegen Sie, was Sie ändern könnten, um die gewünschte Balance in Ihrem gemeinsamen Leben zu erlangen.

DER KULTURELLE DIALOG: EINANDER NICHT ÄNDERN WOLLEN

Der Mensch ist grundsätzlich anpassungsfähig und offen für Neues. Das gehört zu seinen Bewältigungsstrategien. In einer Partnerschaft kommt es jedoch immer wieder zu Meinungsverschiedenheiten oder Konflikten, weil der andere eine Situation anders sieht oder sich auf Grund seiner Werte ganz anders verhält als sein Partner. Eine der größten Herausforderungen in Paarbeziehungen ist die Einsicht, dass man seinen Partner nicht ändern kann. Der Paartherapeut Martin Koschorke sagt, was das bedeutet: »Sie versuchen nicht, den anderen zu ändern. Wenn Sie wollen, dass Ihr Liebster oder Ihre Liebste so denkt oder ist wie Sie, werden Sie zum Missionar. Sie starten einen Kreuzzug. Dabei wird meist erbittert gekämpft. Doch Ihr Kampf ist von vornherein aussichtslos.«[170]

Die Unterschiedlichkeit ist bei interkulturellen Paaren oft Grundlage für die Beziehung. Sie anzuerkennen ist das erste Gebot für eine funktionierende Partnerschaft, denn »die Unterschiedlichkeit der Partner verhilft Ihnen dazu, dass Ihre Paarbeziehung im Gleichgewicht bleibt.«[171] Deshalb ist das Ziel beim Aushandeln von gemeinsamen Problemen immer ein Kompromiss, den beide Partner tragen. Bei interkulturellen Paaren geht es darum, die Argumentation des anderen aus dessen kulturellem Kontext heraus zu verstehen.

Eine Technik, die sich hierfür besonders gut eignet, ist der kulturelle Dialog.[172] Bei dieser Gesprächsform sprechen die Paare über ein konkretes Thema und versuchen dabei, kulturelle Unterschiede aufzudecken und gemeinsame Vorgehensweisen zu erarbeiten. Dazu werden gute Beobachtungsgabe und aktives Zuhören benötigt. Im Gespräch werden die unterschwelligen Missverständnisse oder Spannungen aufgedeckt, die vorher den Dialog erschwert haben. Verhaltensweisen, Einstellungen und Werte werden auf ihre kulturelle Zugehörigkeit geprüft und die Hintergründe erklärt. Voraussetzungen sind bei beiden Partnern Bereitschaft und Offenheit, Fähigkeit zum Perspektivenwechsel und gegenseitiges Verständnis sowie das Ziel, gemeinsam eine Lösung finden und Vereinbarungen treffen zu wollen. Hier ein Beispiel aus den für dieses Buch geführten Gesprächen:

SIE: »Als wir noch nicht verheiratet waren, hast du, wenn wir uns getroffen haben, immer darauf bestanden, mich nach Hause zu begleiten. Ich sagte dir immer wieder, dass das nicht nötig sei, ich könne schon allein nach Hause gehen, ich sei alt genug. Manchmal stritten wir fast. Ich fühlte mich entmündigt. Ich war doch eine unabhängige junge Frau!

ER: Ja, aber ich konnte nicht anders. Ich konnte nicht verantworten, dass du in der Nacht als Frau allein unterwegs bist. In der Türkei ist das nicht möglich. Es ist die Verantwortung des Mannes. Er ist der Beschützer seiner Frau oder Freundin. Ich bin so erzogen worden. Das hat nichts damit zu tun, dass ich es dir nicht zutraute. So wurde ich erzogen.

SIE: Was meinst du mit Beschützer? Wovor musstest du mich beschützen?

ER: Bei uns werden die Jungs dazu erzogen, auf ihre Schwestern aufzupassen und später ihre Freundinnen und Frauen zu beschützen. Dabei geht es um Ehre. Es darf der Frau nichts passieren, sie darf nicht in schlechte Gesellschaft kommen, ein Fremder darf sie nicht ansprechen. Sonst ist ihre Ehre verletzt. Das müssen die Männer in der Familie verhindern. Frauen müssen immer beschützt werden. Denn es geht ja um die Ehre der Familie. Deswegen bestand ich damals so darauf, dich zu begleiten.

SIE: Das verstehe ich jetzt. Und daher kommt deine Sorge heute noch, wenn ich abends unterrichte und spät heimkomme.

ER: Ja, ich möchte nicht, dass du in eine unangenehme Situation kommst. Du kommst schon allein damit zurecht, das weiß ich. Du bist stark und erkennst rasch eine Gefahrensituation. Aber es wäre schlecht für unseren Ruf. Wenn dir was passiert, wie stünde ich dann da? Obwohl dieser Wert hier ja nicht gilt. Aber ich habe es immer noch in mir. Das kommt halt manchmal durch.

SIE: Ja, diese Sorge, jetzt kann ich sie einordnen. Ich nahm sie bis jetzt als Einschränkung wahr, sogar an Kontrolle dachte ich. Deswegen reagierte ich so empfindlich. Ich bin erzogen worden, alles allein zu meistern. Niemanden zu brauchen. Meine Mutter sagte immer zu mir: ›Pass auf, dass du von niemandem abhängig bist!‹ Das steckt tief in mir.

ER: Ich verstehe das jetzt auch, deine Reaktionen, deine Angst, eingeschränkt zu werden. Aber ich will dich ja gar nicht einschränken, das ist nicht meine Absicht. Beschützen bedeutet für mich nicht Einschränkung. Aber ich weiß jetzt, dass du das mit deinem Hintergrund anders siehst.

SIE: Was machen wir jetzt? Wo ist die Lösung? Soll ich mich von dir wie ein kleines Kind abholen lassen?

ER: Sag das doch nicht so abwertend! Was könnte daran für dich von Vorteil sein, wenn du nun weißt, dass ich dich weder einschränken noch kontrollieren möchte? Überleg mal. Du bist rascher zu Hause, musst nicht auf die U-Bahn warten. Wir können uns unterhalten, wenn wir mit dem Auto gemeinsam heimfahren. Wir können auch noch gemeinsam essen gehen ...

SIE: Ja, wenn ich es so betrachte ...«

Dieses Beispiel zeigt, wie ein Paar im Gespräch auf tiefer liegende Ebenen kommen kann, um grundsätzlich unterschiedliche Betrachtungsweisen einer Situation und damit tief liegende Grundwerte aufzudecken. Dabei erklären die Partner die jeweiligen kulturellen Hintergründe, sprechen Emotionen wie Ängste oder Befürchtungen an und suchen nach einer gemeinsamen Vorgehensweise. Diese Betrachtung ermöglicht einen Perspektivenwechsel und damit ein tieferes Verständnis für unterschiedliche Verhaltensweisen in kulturellen Kontexten. Dazu eignet sich gut folgende Übung.

ÜBUNG 6: KULTURELLER DIALOG: DEN BLICKWINKEL DES ANDEREN EINNEHMEN.

Denken Sie an eine für Sie typische Auseinandersetzung zurück und erinnern Sie sich, wie Sie damals mit dem Konflikt umgegangen sind. Betrachten Sie nun Ihre beiden Positionen, die Sie damals eingenommen haben, und überlegen Sie, welche tiefer liegenden Werte dieser Auseinandersetzung zugrunde lagen. Sind sie auf kulturelle Unterschiede zurückzuführen? Spielen Erziehung, kulturelle Werte wie Höflichkeit, tradierte Rollenmuster oder historisches Gedächtnis eine Rolle? Versetzen Sie sich jeweils in Ihren Partner oder in Ihre Partnerin hinein und versuchen Sie, aus seiner oder ihrer Sicht die Situation zu sehen. Wie könnten Sie bei einem nächsten Mal besser kommunizieren? Wie könnte eine Lösung aussehen, die Sie beide akzeptieren können?

DIE HOHE KUNST: GEMEINSAM INTERKULTURELLE KOMPETENZ AUFBAUEN

Wie wir gesehen haben, bedarf es einiger Kompetenzen, um eine interkulturelle Partnerschaft erfolgreich zu leben – allen voran natürlich interkultureller Kompetenz. Was gehört alles zur interkulturellen Kompetenz? Dies sind die wesentlichen Aspekte für eine interkulturelle Paarbeziehung:[173]

1. Kulturelles Bewusstsein: Sensibilität für kulturelle Unterschiede; Offenheit und Neugierde; Interesse für den anderen; Überwindung des Ethnozentrismus.
2. Kommunikation: Sensibilität für die Wahrnehmung verbaler und nonverbaler Signale in der Kommunikation; Bewusstsein, wie der eigene Kom-

munikationsstil beim anderen ankommt; Abstimmen von Ich-Botschaften im jeweiligen Kontext.

3. Aufbau von Beziehungen: beziehungsorientierte Kommunikation; Aufbau von Verbindlichkeit und Loyalität; Konfliktlösungskompetenz.
4. Ambiguitätstoleranz: Umgang mit Unvertrautem und Widersprüchlichem; sich zurücknehmen können; den anderen annehmen, wie er ist; beiden Kulturen ihren Raum geben; eine gemeinsame neue, dritte Kultur schaffen.

ÜBUNG 7: BEANTWORTEN SIE BEIDE FÜR SICH FOLGENDE FRAGEN UND DISKUTIEREN SIE MIT IHREM PARTNER ODER IHRER PARTNERIN ANSCHLIESSEND DIE ERGEBNISSE.

1. Wenn ich mit meiner Partnerin oder meinem Partner spreche, achte ich auf die emotionale Botschaft, die in ihren oder seinen Worten mitschwingt.
2. Wenn ich mit etwas nicht einverstanden bin, dann zeige ich meine Unzufriedenheit gegenüber meiner Partnerin oder meinem Partner sehr unterschiedlich, je nachdem in welcher Situation wir uns befinden.
3. Ich bin mir über die unterschiedlichen Einstellungen, die unseren Konflikten zu Grunde liegen, meistens im Klaren und kann sie auf unsere jeweiligen Wertehaltungen zurückführen.
4. Ich bin gern mit meiner Partnerin oder meinem Partner zusammen, eben weil sie oder er ganz anders denkt und ganz andere Perspektiven hat als ich.
5. Nach Diskussionen mit meiner Partnerin oder meinem Partner überdenke ich meine eigenen Werte.
6. Wenn wir gemeinsam im Haushalt tätig sind, dann schaue ich immer, wie sie oder er verschiedene Tätigkeiten ausführt oder was ihr oder ihm besonders wichtig ist.
7. Ich denke oft darüber nach, wie unterschiedlich bestimmte Situationen von unseren beiden Familien gesehen oder bewertet werden können.
8. Ich achte sehr darauf, wie meine nonverbale Kommunikation auf meine Partnerin oder meinen Partner wirkt. Ich reagiere auf ihre oder seine nonverbalen Zeichen.
9. Mir liegt viel daran, zu allen Familienmitgliedern unserer Familie eine gute Beziehung zu haben. Ich bemühe mich aktiv darum.

10. Ich achte immer darauf, dass mich meine Partnerin oder mein Partner und die anderen Familienmitglieder sprachlich gut verstehen. Ich frage oft nach, wenn ich den Eindruck habe, sie hätten etwas nicht verstanden.

Interkulturelle Kompetenz aufzubauen ist wie Öl im Getriebe einer interkulturellen oder interreligiösen Partnerschaft: Man muss ständig überprüfen, ob genug davon vorhanden ist. Interkulturelle Kompetenz ist ein Lernprozess, der kontinuierlich unser Verständnis erweitert: In einer interkulturellen Beziehung lernen wir, die Welt aus mindestens zwei Blickwinkeln zu sehen. Und das ist viel.

ANMERKUNGEN

1 Zur Thematik Werte und Kulturen vgl. Karin Schreiner, *Würde, Respekt, Ehre. Werte als Schlüssel zum Verständnis anderer Kulturen,* Huber Verlag 2013.

2 Vgl. Klaudia Jacobs, »Paare und Globalisierung«, in: Brigitte Wießmeier/Klaudia Jacobs (Hg.), *Paarbeziehungen. Bikulturalität. Globalisierung,* LIT Verlag 2014, S. 11.

3 Vgl. Wolfgang Welsch: http://via-regia-kulturstrasse.org/bibliothek/pdf/heft20/welsch_transkulti.pdf

4 Weiterführende Literatur: Alexander Thomas (Hg.), *Handbuch interkulturelle Kommunikation und Kooperation,* 2 Bände, Vandenhoeck & Ruprecht 2008; Wilfried Dreyer/Ulrich Hößler (Hg.), Perspektiven interkultureller Kompetenz, Vandenhoeck & Ruprecht 2011; Hamid Reza Yousefi, *Grundbegriffe der interkulturellen Kommunikation,* UTB 2014, Mark Terkessidis, *Interkultur,* edition suhrkamp 2589, 2010.

5 Vgl. Paul Mecheril u.a., *Migrationspädagogik.* Beltz Verlag 2010.

6 Weiterführende Literatur: David C. Pollock/Ruth van Reken, *Third Culture Kids. Aufwachsen in mehreren Kulturen.* Francke Buchhandlung 2003; Karin Schreiner, *Mit der Familie ins Ausland. Ein Wegweiser für Expatriates,* Vandenhoeck & Ruprecht 2009, S. 120-132.

7 Weiterführende Literatur: Melanie Hühn/Dörte Lerp/Knut Petzold/Miriam Stock (Hg.), *Transkulturalität, Transnationalität, Transstaatlichkeit, Translokalität. Theoretische und empirische Begriffsbestimmungen,* LIT Verlag 2010; Dorothee Kimmich/Schamma Schahadat (Hg.), Kulturen in Bewegung. *Beiträge zur Theorie und Praxis der Transkulturalität,* transcript 2012.

8 Weiterführende Literatur: Dagmar Domenig, *Transkulturelle Kompetenz. Lehrbuch für Pflege-, Gesundheits- und Sozialberufe,* Huber Verlag 2007.

9 Deborah Bayceson/Ulla Vuorela (Hg.), *The Transnational Family. New European Frontiers and Global Networks,* Berg 2002, S. 10.

10 Vgl. Giampaolo Lanzieri, *Merging populations. A look at marriages with foreign-born persons in European countries. Eurostat European Commission,* Statistic in Focus 29/2012, European Union, S. 1.

11 Vgl. Statistik Austria, Statistik der natürlichen Bevölkerungsbewegung, *Eheschließungen seit 1970 nach Staatsangehörigkeit,* Wien 2014; Statistisches Bundesamt Deutschland 2013, Statistikamt Schweiz 2013; Lanzieri, *Merging populations,* S. 1.

12 Vgl. Lanzieri, *Merging populations.* In Österreich sind es 31,5 % Frauen im Vergleich zu 23,6 % Männern im gleichen Zeitraum, in der Schweiz 41,2 % Frauen im Vergleich zu 35,5 % Männern, Deutschland weist einen geringeren Unterschied auf mit 28,6 % Frauen im Vergleich zu 28,4 % Männern.

13 Vgl. Jacobs, »Paare und Globalisierung«, S. 10.

14 Paul Verhaeghe, *Und ich? Identität in einer durchökonomisierten Gesellschaft,* Kunstmann Verlag 2013, S. 11.

15 Weiterführende Literatur: Edward Said, *Orientalismus,* S. Fischer Verlag 2009; Ina

Kerner, *Postkoloniale Theorien zur Einführung*, Junius Verlag 2012; Arjun Appadurai, *Die Geographie des Zorns*, edition suhrkamp 2541, 2009.

16 Terkessidis, *Interkultur*, S. 12.

17 Jill M. Bystydzienski, *Intercultural Couples. Crossing Boundaries, Negotiating Differences*. New York University Press 2011, S. 105.

18 Ebenda, S. 65.

19 Terkessidis, *Interkultur*, S. 125f.

20 Monika Wienfort, *Verliebt, Verlobt, Verheiratet. Eine Geschichte der Ehe seit der Romantik*, C. H. Beck 2014, S. 34.

21 Antidiskriminierungsstelle des Bundes, (Hg.), *Benachteiligungserfahrungen von Personen mit und ohne Migrationshintergrund im Ost-West-Vergleich*, Deutschland 2014.

22 Ebenda, S. 17.

23 Vgl. Jacobs, »Paare und Globalisierung«, S. 21.

24 Irena Brežiná, *Die undankbare Fremde*. Roman, Galiani Berlin 2012, S. 5.

25 Jacobs, »Paare und Globalisierung«, S. 62f.

26 Vgl. zu dieser Thematik: Heidi Schrodt, *Sehr gut oder Nichtgenügend. Schule und Migration in Österreich*. Molden Verlag 2014; siehe vor allem das Kapitel 5: Die monolinguale Schule in einer mehrsprachigen Gesellschaft.

27 Vgl. zu dieser Thematik: Wielant Machleidt, Kapitel »Integration in der Aufnahmekultur«, in: *Migration, Kultur und psychische Gesundheit*, Verlag Kohlhammer 2013, S. 38ff.

28 Vgl. Wießmeier, Jacobs (Hg.), *Paarbeziehungen. Bikulturalität. Globalisierung*. S. 60ff.

29 Rüdiger Peuckert, *Familienformen im sozialen Wandel*, Springer VS, 8. Auflage 2012, S. 11.

30 Vgl. Wienfort, *Verliebt, Verlobt, Verheiratet*. S. 24f.

31 Vgl. Peuckert, *Familienformen im sozialen Wandel*, S. 23.

32 Vgl. Ebenda, S. 22 und S. 148. Die Rolle der Kirche ist in Österreich immer noch dominierend. Denn eine Ehe (standesamtlich) darf bis heute nur unter heterosexuellen Paaren geschlossen werden, nicht aber zwischen homosexuellen Partnern. Für diese gelten eingetragene Partnerschaften.

33 Vgl. Peuckert, *Familienformen im sozialen Wandel*, S. 22.

34 Ebenda.

35 Heute verzeichnet man in Österreich eine Scheidungsrate von 40,14 % im Jahr 2013. Statistik Austria, *Statistik der Ehescheidungen*. Erstellt am 28. 05. 2014: Ehescheidungen, Scheidungsrate und Gesamtscheidungsrate seit 1946. In Deutschland stieg die Zahl der Scheidungen auf 46,5 % im Jahr 2013. In der Schweiz stieg die Zahl von Geschiedenen auf 41,9 %. Vgl. Statistisches Bundesamt Deutschland 2013, Statistikamt Schweiz 2013.

36 Vgl. Peuckert, *Familienformen im sozialen Wandel*, S. 22. Vgl. auch: Schreiner, *Würde, Respekt, Ehre*. S. 97-102.

37 Ulrich Beck, Elisabeth Beck-Gernsheim, *Fernliebe. Lebensformen im globalen Zeitalter*, Suhrkamp Verlag (suhrkamp taschenbuch) 2013, S. 63.

38 Bzw. auch bei der hochgebildeten Mittelschicht in der Türkei oder in Indien, vgl. Rosemarie Nave-Herz, *Ehe- und Familiensoziologie. Eine Einführung in Geschichte, theoretische Ansätze und empirische Befunde,* Beltz Juventa 2013 (3. überarbeitete Auflage), S. 121.

39 Ebenda, S. 134: Das Gesetz der Homogamie betrifft: Ähnlichkeitsmerkmale z. B. Attraktivität, Korrelation zwischen Nationalität, Geburtsort und Konfession, räumliche Nähe, soziale Schicht, gleicher kultureller Hintergrund, gleiche ethnische Herkunft, Bildungshintergrund, zum Teil das Alter, Persönlichkeitsvariablen.

40 Randall Collins, »Heiratsmarkt und Liebe«, in: Barbara Kuchler, Stefan Beher (Hg.), *Soziologie der Liebe. Romantische Beziehungen in theoretischer Perspektive,* Suhrkamp Verlag, stw 2078, 2014, S. 226. Der französische Soziologie Pierre Bourdieu nennt dies »Klassenhabitus« und meint damit eine Verkörperung (Inkorporation) der Werte und Verhaltensweisen, die verobjektiviert als homogene und natürliche Lebensbedingungen wahrgenommen werden. In: Pierre Bourdieu, »Die Ökonomie der Praxisformen«, in: *Die feinen Unterschiede. Kritik der gesellschaftlichen Urteilskraft,* suhrkamp taschenbuch wissenschaft (Sonderausgabe zum 30jährigen Jubiläum der Reihe stw), Suhrkamp Verlag 1982, S. 175.

41 Wienfort, *Verliebt, Verlobt, Verheiratet.* S. 20f.

42 Collins, *Heiratsmarkt und Liebe,* S. 230.

43 Ebenda, S. 236f.

44 Nave-Herz, *Ehe- und Familiensoziologie.* S. 135.

45 Vgl. Wienfort, *Verliebt, Verlobt, Verheiratet.* S. 20.

46 Ebenda, S. 9.

47 Ebenda, S. 25.

48 Ebenda, S. 26.

49 Ebenda, S. 27.

50 Ebenda, S. 27.

51 Nave-Herz, *Ehe- und Familiensoziologie.* S. 124.

52 Vgl. Wienfort *Verliebt, Verlobt, Verheiratet.* S. 52; siehe auch: Helmut Eberhart, Karl Kaser (Hg.), *Albanien. Stammesleben zwischen Tradition und Moderne,* Böhlau Verlag 1995, S. 133f.

53 Vgl. dazu: Eberhart, Kaser (Hg.), *Albanien.* S. 133f.; siehe auch: Schreiner, *Würde, Respekt, Ehre.* S. 111f.

54 Nave-Herz, *Ehe- und Familiensoziologie.* S. 121.

55 Eberhart, Kaser (Hg.), *Albanien.* S. 134.

56 Vgl. Nave-Herz, *Ehe- und Familiensoziologie.* S. 121. Die arrangierte Heirat ist in folgenden Ländern bis heute üblich: Indien, China, Japan, Südkorea, Serbien, Kosovo, Montenegro, Afghanistan, Iran, Arabische Staaten, Teile der Türkei. Ebenda S. 120.

57 Wienfort, *Verliebt, Verlobt, Verheiratet.* S. 35f.

58 Ebenda, S. 13.

59 Vgl. »Mischehen«, in: Wienfort, *Verliebt, Verlobt, Verheiratet.* S. 39-43.

60 Ebenda, S. 33.

61 Ebenda, S. 28. Das Heiratsverbot galt in den USA an der Westküste auch zwischen weißen Amerikanern und Chinesen.

62 Vgl. Ebenda.

63 Vgl. Ebenda, S. 29.

64 Vgl. Medienservicestelle Neue ÖsterreicherInnen: In Österreich regelt das Niederlassungs- und Aufenthaltsgesetz (NAG), das seit 1. 1. 2006 in Kraft ist, die Vergabe von Aufenthaltstiteln an Ehepartner von österreichischen Staatsbürgern. Es müssen eine Reihe von Voraussetzungen erfüllt werden: keine Gefährdung der öffentlichen Ordnung und Sicherheit, Nachweis einer Unterkunft, Krankenversicherung. Zusätzlich muss der Ehepartner ein Nettoeinkommen von mindestens 1221,69 Euro monatlich nachweisen. Mietkosten und Kinder müssen zusätzlich abgedeckt werden. Seit 1. 7. 2011 besteht auch die Verpflichtung, vor der Einreise nach Österreich deutsche Sprachkenntnisse auf A1 Niveau zu besitzen, innerhalb von zwei Jahren muss das Niveau A2 erreicht werden. http://medienservicestelle.at/migration_bewegt/2012/04/17/fast-jede-vierte-ehe-ist-binational/

In Deutschland muss der Ausländer eine Niederlassungs- oder Aufenthaltserlaubnis oder eine »Blaue Karte EU« besitzen und über ausreichenden Wohnraum verfügen. Darüber hinaus müssen weitere Voraussetzungen, abhängig vom Status des bereits in Deutschland lebenden Ausländers, erfüllt sein. Beim Ehegattenachzug muss der nachziehende Ehepartner das 18. Lebensjahr vollendet haben und sich auf einfache Art in deutscher Sprache verständigen können. Quelle: http://www.auswaertiges-amt.de/sid_D7CB6F73FAF145739E61B6380E95E70D/DE/EinreiseUndAufenthalt/Zuwanderungsrecht_node.html#doc370708bodyText7; Beratungsstellen in Deutschland: Verband binationaler Familien und Partnerschaften www.verband-binationaler.de; Blog zum Thema binationale Beziehungen: http://blog.deutschland,de/heartbeats-intro/

Für die Schweiz vgl. Merkblatt für die Eheschließung in der Schweiz des Bundesamts für Justiz Nr. 150.1 vom März 2014: https://www.bj.admin.ch/dam/data/bj/gesellschaft/zivilstand/merkblaetter/ehe/mb-eheschliessung-schweiz-d.pdf

65 Beck, Beck-Gernsheim, *Fernliebe.* S. 37.

66 Ebenda, S. 31.

67 Wießmeier, Jacobs (Hg.), *Paarbeziehungen. Bikulturalität. Globalisierung.* S. 21.

68 Zum Verlauf des kulturellen Anpassungsprozesses und zu Kulturschock vgl. Young Yun Kim, *Becoming Intercultural. An Integrative Theory of Communication and Cross-Cultural Adaptation,* Sage Publications 2000; Colleen Ward, Stephen Bochner, Adrian Furnham (Hg.), *The Psychology of Culture Shock,* Routledge Chapman & Hall 2001; Karin Schreiner, *Mit der Familie ins Ausland. Ein Wegweiser für Expatriates,* Vandenhoeck & Ruprecht 2009.

69 Wießmeier, Jacobs (Hg.), *Paarbeziehungen. Bikulturalität. Globalisierung.* S. 63.

70 Beck, Beck-Gernsheim, *Fernliebe.* S. 228.

71 Ebenda, S. 229.

72 Ebenda.

73 Vgl. Alexander Thomas, »Die Bedeutung von Vorurteil und Stereotyp im interkulturellen Handeln«, in: *Intercultural Journal* 2006, S. 2.

74 Beck, Beck-Gernsheim, *Fernliebe.* S. 39.

75 Vgl. Peter L. Berger, Hansfried Kellner, »Die Ehe und die Konstruktion der Wirklichkeit. Eine Abhandlung zur Mikrosoziologie des Wissens.« In: Barbara Kuchler, Stefan Beher (Hg.), *Soziologie der Liebe. Romantische Beziehungen in theoretischer Perspektive,* Suhrkamp Verlag stw 2078, 2014, S. 201f.

76 Chitra Banerjee Divakaruni, *Der Duft der Mangoblüten.* Erzählungen, Wilhelm Heyne Verlag 1995, S. 207f.

77 Peter L. Berger, Thomas Luckmann, *Die gesellschaftliche Konstruktion der Wirklichkeit. Eine Theorie der Wissenssoziologie.* Fischer Taschenbuch Verlag 2004, S. 140.

78 Berger, Kellner, »Die Ehe und die Konstruktion der Wirklichkeit«, S. 194.

79 Ebenda, S. 203.

80 Wießmeier, Jacobs (Hg.), *Paarbeziehungen. Bikulturalität. Globalisierung.* S. 63.

81 Vgl. Gert Jan Hofstede, *Humor across Cultures: an Appetizer.* Pdf-Datei.

82 Hadayatullah Hübsch, *Der muslimische Witz,* Patmos Verlag 2013.

83 Psychologie heute, *Jüdischer Humor: Tränen gelacht,* 12/2008.

84 Vgl. www.uni-protokolle.de *Wiener Schmäh.* siehe auch: Gerhard Loibelsberger, *Wiener Seele: Spannendes und Skurriles über die Donaumetropole,* Gmeiner Verlag 2014.

85 Wießmeier, Jacobs (Hg.), *Paarbeziehungen. Bikulturalität. Globalisierung.* S. 68f.

86 FIBEL: Fraueninitiative Bikulturelle Ehen und Lebensgemeinschaften; Familienleben im Ausnahmezustand, in: Bericht des Vereins FIBEL – Fraueninitiative Bikulturelle Ehen und Lebensgemeinschaften zum EU-Projekt *fabienne,* 2001, S. 34.

87 Joy Hendry, *Understanding Japanese Society,* Routledge Curzon Japanese Studies Taylor & Francis Group 2003 (3. Aufl.), S. 50.

88 Vgl. Günter Haasch (Hg.), *Japan – Land und Leute. Geographie und Geschichte, Politik und Wirtschaft, Kultur und Gesellschaft,* BWV Berliner Wissenschafts-Verlag 2011, S. 69f., S. 88f.

89 Beck, Beck-Gernsheim, *Fernliebe.* S. 170.

90 Dániel Z. Kádár and Sara Mills (Hg.), *Politeness in East Asia.* Cambridge University Press 2011, S. 147.

91 Beck, Beck-Gernsheim, *Fernliebe.* S. 41.

92 Ebenda, S. 42.

93 Pierre Bourdieu, *Entwurf einer Theorie der Praxis auf der ethnologischen Grundlage der kabylischen Gesellschaft,* suhrkamp stw 291, 1979, S. 21, 24.

94 Paul Verhaeghe, *Und ich? Identität in einer durchökonomisierten Gesellschaft, S. 25.*

95 Vgl. Berger, Kellner, »*Die Ehe und die Konstruktion der Wirklichkeit.*« S. 190–213.

96 Vgl. Abbe J.A. Dubois, *Hindu Manners, Customs and Ceremonies,* Rupa Publications India 2011 (1. Ausgabe 1906); Sudhir Kakar und Katharina Kakar, *Die Inder. Porträt einer Gesellschaft,* C. H. Beck Verlag 2006.

97 Monika Malinowska, »Soziale Gedächtnisse in einer interkulturellen Ehe«, in: Gerd Sebald, René Lehman, Monika Malinowska, Florian Öchsner, Christian Brunnert,

Johanna Frohnhöfer, *Soziale Gedächtnisse. Selektivitäten in Erinnerung an die Zeit des Nationalsozialismus,* transcript Verlag 2011, S. 161.

98 Verhaeghe, *Und ich? Identität in einer durchökonomisierten Gesellschaft,* S. 24.

99 Maurice Halbwachs, *Das Gedächtnis und seine sozialen Bedingungen.* Suhrkamp taschenbuch wissenschaft 538, 1985, S. 200f.

100 Halbwachs, *Das Gedächtnis und seine sozialen Bedingungen,* S. 57.

101 Die Beschreibung von Generationen beschäftigt heute Sozialarbeit und Organisationspsychologie, da es heute aufgrund längerer Arbeitszeiten verstärkt um eine Kooperation zwischen den Generationen geht. Vgl. dazu Marie Hödl, *Kooperationsverhalten der Generationen – Chancen für das Case Management.* Masterarbeit im Bereich Social Work an der Donau Universität Krems, 2015.

102 Ebenda, S. 28f.

103 Vgl. dazu ausführlich: Dagmar Domenig (Hg.), *Transkulturelle Kompetenz. Lehrbuch für Pflege-, Gesundheits- und Sozialberufe.* Verlag Hans Huber 2007, Kapitel »Schwangerschaft und Geburt«, S. 439-456; siehe auch: Paula-Irene Villa, *Soziologie der Geburt: Diskurse, Praktiken und Perspektiven,* Campus Verlag 2011.

104 Vgl. Ning Huang, *Wie Chinesen denken. Denkphilosophie, Welt- und Menschenbilder in China,* Oldenburg Verlag 2008; vgl. auch: Schreiner, *Würde, Respekt, Ehre.* S. 102f., S. 120.

105 Vgl. Amy Chua, *Die Mutter des Erfolgs: Wie ich meinen Kindern das Siegen beibrachte.* Nagel & Kimche 2011 (5. Aufl.) Der amerikanische Titel lautet: *Battle Hymn of the Tiger Mother.*

106 Jürgen M. Meisel, *Zur Entwicklung der kindlichen Mehrsprachigkeit,* pdf, Universität Hamburg, Institut für Romanistik, S. 3. Siehe auch: Jürgen M. Meisel, *First and Second Language Acquisition: Parallels and Differences,* Cambridge University Press 2011; Tej K., Bhatia, Willian C. Ritchie (Hg.), *The Handbook of Bilingualism and Multilingualism,* John Wiley & Sons 2014.

107 Vgl. Meisel, *Zur Entwicklung der kindlichen Mehrsprachigkeit,* S. 5.

108 Vgl. ebenda, S. 10.

109 Vgl. Sonja Radatz, Elsbeth Balmer, Fritz Simon, *Interrelationales Konfliktmanagement,* Verlag systemisches Management 2007.

110 Vgl. David C. Pollock, Ruth van Reken, *Third Culture Kids: Aufwachsen in mehreren Kulturen,* Francke Buchhandlung 2003; siehe auch: Schreiner, *Mit der Familie ins Ausland.* S. 120 -132.

111 Citizentimes.eu/2011/02/01/muslimische-bevoelkerungsentwicklung-1990-2030

112 Vgl. ebenda.

113 Vgl. Statistik Austria, *Statistik der natürlichen Bevölkerungsbewegung* 2014; Statistisches Bundesamt Deutschland, *Eheschließende nach der Religionszugehörigkeit der Ehepartner 2013;* Bundesamt für Statistik Schweiz, *Eheschließungen nach gegenseitiger Konfession 2013.* Aus diesen Statistiken geht nicht hervor, welchen islamischen Schulen – Sunniten oder Schiiten – die Muslime angehören; vgl. dazu: Bundesverwaltungsamt, *Informationsstelle für Auswanderer und Auslandstätige: Islamische*

Eheverträge 2011, S. 7ff.

114 Vgl. Terri Karis, Kyle Killian (Hg.), *Intercultural Couples. Exploring Diversity in intimate Relationships,* Routledge Taylor & Francis Group 2009, S. 206.

115 Susanne Heine, Ömer Özsoy, Christoph Schwöbel, Abdullah Takim (Hg.), *Christen und Muslime im Gespräch. Eine Verständigung über Kernthemen der Theologie,* Gütersloher Verlagshaus 2014, S. 340f.

116 Vgl. David Parsian, *Ehen zwischen Muslimen und Nicht-Muslimen in Österreich.* Abschlussthese für den Lehrgang für akademische Orientstudien universitären Charakters an der österreichischen Orient-Gesellschaft Hammer-Purgstall, Wien 2008, S. 17.

117 Vgl. Ebenda S. 23; vgl. auch Diakonisches Werk der Evangelischen Kirche Deutschlands e.V., 2004: *Hinweise für Deutsche, die eine Eheschließung mit einer Muslima oder einem Muslim planen;* Schweizerische Eidgenossenschaft, Eidgenössisches Justiz- und Polizeidepartement, Bundesamt für Justiz: *Merkblatt über die Eheschliessung in der Schweiz Nr. 150.1,* Stand März 2014.

118 Peter Scholz, *Islam-rechtliche Eheschließung und deutscher ordre public,* erschienen in: Das Standesamt, Heft 11/2002, S. 1.

119 Vgl. Parsian, *Ehen zwischen Muslimen und Nicht-Muslimen in Österreich.* S. 22.

120 Vgl. Scholz, *Islam-rechtliche Eheschließung und deutscher ordre public,* S. 1.

121 Vgl. Susanne Heine, Rüdiger Lohlker, Richard Potz, *Muslime in Österreich. Geschichte, Lebenswelt, Religion, Grundlagen für den Dialog,* Tyrolia 2012, S. 143; vgl. auch Parsian, *Ehen zwischen Muslimen und Nicht-Muslimen in Österreich.* S. 23.

122 Heine, Lohlker, Potz, *Muslime in Österreich.* S. 143.

123 Vgl. Parsian, *Ehen zwischen Muslimen und Nicht-Muslimen in Österreich.* S. 11.

124 Ebenda, S. 33.

125 Ebenda, S. 34f.

126 Weitere Beratungsstellen für christlich-muslimische Partnerschaften und Ehen: **Österreich:** Verein FIBEL – Fraueninitiative bikulturelle Ehen und Lebensgemeinschaften www.verein-fibel.at; christlich-muslimische Beratung in der Pfarre Fünfhaus Wien www.neufuenfhaus.at/content/bruecken/ehe/0; **Deutschland:** Verband binationaler Familien und Partnerschaften www.verband-binationaler.de; Evangelische Kirsche in Deutschland christlich-muslimischer Dialog: www.ekd.de/international/islam/adressen.html; **Schweiz:** Beratungsstelle für binationale Familien und Paare: www.binational-bs.ch; Arbeitsgruppe für empirische Religionsforschung (AGER) Forschungsbereich Interreligiöse Ehen und Partnerschaften www.ager.unibe.ch; Binational CH – Portal. Rund um Eheschließung und Recht www.binational.ch.

127 Matthias Rohe, Havva Engin, Mouhanad Khorchide, Ömer Ozsoy, Hansjörg Schmid (Hg.), *Handbuch Christentum und Islam in Deutschland, Grundlagen, Erfahrungen und Perspektiven des Zusammenlebens,* Band 2, Herder Verlag 2014, S. 1218.

128 Vgl. Anm. 126.

129 Vgl. Judith Könemann, Georg Vischer (Hg.), *Interreligiöser Dialog in der Schweiz,* TVZ Theologischer Verlag Zürich 2008, S. 141.

130 Annelies Ismail, Mona Gabriel, *Mein Mann ist Ägypter. 15 Frauen erzählen aus ihrem Leben.* Glaré Verlag 2008, S. 153.

131 Ebenda, S. 101f.

132 Gespräche mit Gertrud Schmutzer, Mitarbeiterin bei FIBEL – Fraueninititative Bikulturelle Ehen und Lebensgemeinschaften, Wien, und Fatima Altzinger, Psychotherapeutin und Psychoanalytikerin in Wien.

133 Vgl. Norbert Kunze, »Interkulturelle psychologische Beratung«, in: *Wege zum Menschen,* 1998, 4, S. 195-204.

134 Schächtung: das Tier wird gemäß der religiösen Vorschrift durch Schnitte in den Hals und Ausblutenlassen geschlachtet.

135 Heine, Özsoy, Schwöbel, Takim (Hg.), *Christen und Muslime in Gespräch.* S. 226.

136 Werner Schiffauer, *Die Gewalt der Ehre,* Suhrkamp 1983, S. 90.

137 Zum Thema Frauenräume – Männerräume vgl. Pierre Bourdieu, *Die männliche Herrschaft,* Suhrkamp 2005, S. 21 und S. 185; vgl. auch Schreiner, *Würde, Respekt, Ehre,* Kapitel »Innen und Außen: Umgang mit Räumen«, S. 127-144.

138 Ismail, Gabriel, *Mein Mann ist Ägypter.* S. 17f.

139 Pierre Bourdieu, *Entwurf einer Theorie der Praxis auf der ethnologischen Grundlage der kabylischen Gesellschaft,* Suhrkamp stw 291, 1979, S. 37.

140 Vgl. Heine, Lohlker, Potz, *Muslime in Österreich.* S. 137.

141 Heine, Özsoy, Schwöbel, Takim (Hg.), *Christen und Muslime im Gespräch.* S. 347.

142 Ebenda, S. 348.

143 Ebenda.

144 Ziba Mir-Hosseini, Kari Vogt, Lena Larsen, Christian Moe (Hg.), *Gender and Equality in Muslim Family Law. Justice and Ethics in the Islamic Legal Tradition,* I. B. Tauris 2013, S. 193.

145 Vgl dazu: »Von der im traditionellen Recht zulässigen polygynen Ehe mit bis zu vier Frauen sind lediglich die Türkei und Tunesien zugunsten der Einehe abgerückt. In den anderen islamischen Staaten ist sie nach wie vor erlaubt, aber in unterschiedlicher Weise beschränkt.« Scholz, *Islam-rechtliche Eheschließung und deutscher ordre public,* S. 19.

146 Vgl. Scholz, *Islam-rechtliche Eheschließung und deutscher ordre public,* S. 21ff.

147 Judith Könemann, Georg Vischer (Hg.), *Interreligiöser Dialog in der Schweiz,* TVZ Theologischer Verlag Zürich 2008, S. 143.

148 Heine, Özsoy, Schwöbel, Takim (Hg.), *Christen und Muslime im Gespräch.* S. 300.

149 Vgl. Heine, Lohlker, Potz, *Muslime in Österreich.* S. 144; vgl auch: Parsian, *Ehen zwischen Muslimen und Nicht-Muslimen in Österreich.* S. 33.

150 Heine, Lohlker, Potz, *Muslime in Österreich.* S. 144.

151 Vgl. Parsian, *Ehen zwischen Muslimen und Nicht-Muslimen im Österreich.* S. 33.

152 Vgl. Kunze, *»Interkulturelle psychologische Beratung«,* in: *Wege zum Menschen,* 1998, 4, S. 195-204.

153 Vgl. Parsian, *Ehen zwischen Muslimen und Nicht-Muslimen in Österreich.* S. 36.

154 Vgl. http://www.bertelsmann-stiftung.de/fileadmin/files/Projekte/51_Religionsmo-

nitor/Zusammenfassung_der_Sonderauswertung.pdf; vgl. auch: https://www.tagesschau.de/inland/islam-101.html

155 Ich danke meinen Gesprächspartnerinnen und Gesprächspartnern, die mit ihrem Fachwissen dieses Kapitel ermöglicht haben: Fatma Altzinger, Psychotherapeutin und Psychoanalytikerin in Wien (www.psyonline.at/altzinger), Gottfried Kühbauer, Paartherapeut und Mediator in Wien (www.kuehbauer.at), Karin Quigley-Draxler, Psychotherapeutin in Wien (www.kquigley-draxler.eu), Martin Rupprecht, Dechant und Pfarrer in Wien (www.neufuenfhaus.at), Gertrud Schmutzer, Mitarbeiterin beim Verein FIBEL in Wien (www.verein-fibel.at) und Esin Suvarierol, Systemische Lösungen in Wien (www.systemischeloesungen.at).

156 Folgende Modelle kommen zur Anwendung: Kulturschock-Modell nach Oberg (vgl. Schreiner, *Mit der Familie ins Ausland*), Entwicklungsmodell interkultureller Sensibilität nach Milton Bennett (vgl., Milton Bennett (Hg.), *Basic Concepts of Intercultural Communication. Selected Readings,* Intercultural Press 1998) und Intercultural Readiness – Four Competences nach Ursula Brinkmann und Oscar van Weerdenburg (vgl. Ursula Brinkmann, Oscar van Weerdenburg, *Intercultural Readiness. Four competences for working across cultures.* Palgrave macmillan 2014).

157 Verhaeghe, *Und ich? Identität in einer durchökonomisierten Gesellschaft,* S. 22.

158 Erwachsene Beziehung bedeutet, dass die Suche nach der kindlichen Verschmelzung, wie sie in der symbiotischen Mutter-Kind-Beziehung erlebt wurde, aufgegeben wird angesichts der Erkenntnis, dass in einer Paarbeziehung der Partner für die Erfüllung dieser Sehnsucht nicht zuständig ist.

159 Natürlicher Ethnozentrismus bedeutet, dass jeder Mensch durch seine Sozialisierung ethnozentrisch ist. Erst durch vielfältige Erfahrungen und Kennenlernen unterschiedlicher kultureller Kontexte kann sich dieser Ethnozentrismus in einen Ethnorelativismus entwickeln. Vgl. Bennett (Hg.), *Basic Concepts of Intercultural Communication.*

160 Vgl. Bennett (Hg.), *Basic Concepts of Intercultural Communication.*

161 Vgl. The Gottman Institute, www.gottman.com, siehe auch: John M. Gottman, Jan Silver, *The Seven Principles for Making Marriage Work,* Harmony 2015; siehe auch: John M. Gottmann, *Die 7 Geheimnisse der glücklichen Ehe,* Ullstein 2014.

162 Vgl. Fritz B. Simon, *Einführung in Systemtheorie und Konstruktivismus,* Carl Auer Verlag 2009.

163 »Intercultural Readiness – Four Competences« nach Ursula Brinkmann und Oscar van Weerdenburg (vgl. Brinkmann, van Weerdenburg, *Intercultural Readiness*). Paartheorien von J. Gottmann und M. Koschorke, Ergebnisse meiner eigenen interkulturellen Coachingpraxix.

164 Gottmann, *Die 7 Geheimnisse einer glücklichen Ehe,* S. 66.

165 In Anlehnung an: »Communication Walk«, IRC – Intercultural Readiness Check Seminar: Intercultural Business Improvement B.V., Ursula Brinkmann, Yvonne van der Pol und Juanita Wijnands.

166 Vgl. Martin Koschorke, *Wie Sie mit Ihrem Partner glücklich werden, ohne ihn zu ändern,* Herder Verlag 2013, S. 79.

167 Gottmann, *Die 7 Geheimnisse einer glücklichen Ehe,* S. 156.
168 Vgl. ebenda, S. 156ff.
169 Ebenda, S. 157.
170 Koschorke, *Wie Sie mit Ihrem Partner glücklich werden, ohne ihn zu ändern,* S. 137.
171 Ebenda, S. 138.
172 Vgl. Jan Schmitz, *Cultural Orientations Guide, The Roadmap to Cultural Competence,* Princeton Training Press 2006.
173 In Anlehnung an Brinkmann, van Weerdenburg, *Intercultural Readiness.*

LITERATURVERZEICHNIS

Antidiskriminierungsstelle des Bundes, Hg., Benachteiligungserfahrungen von Personen mit und ohne Migrationshintergrund im Ost-West-Vergleich, Deutschland 2014

Antweiler, Christoph: Mensch und Weltkultur. Für einen realistischen Kosmopolitismus im Zeitalter der Globalisierung, transcript Verlag 2010

Appadurai, Arjun: Die Geographie des Zorns, edition suhrkamp 2541, 2009

Ariès, Philippe: Die unauflösliche Ehe. In: Ariès, Béjin, Foucault (Hg.), Die Masken des Begehrens und die Metamorphosen der Sinnlichkeit. Zur Geschichte der Sexualität im Abendland, S. Fischer 1984, S. 176-196

Ariès, Béjin, Foucault (Hg.), Die Masken des Begehrens und die Metamorphosen der Sinnlichkeit. Zur Geschichte der Sexualität im Abendland, S. Fischer 1984

Basu, Srimati, Ramberg, Lucinda (Hg.): Conjugality Unbound. Sexual Economies, State Regulation and the Marital Form in India, Women Unlimited (an associate of Kali for Women) 2015

Bayceson, Deborah, Vuorela, Ulla (Hg.): The Transnational Family. New European Frontiers and Global Networks, Berg 2002

Beck, Ulrich, Beck-Gernsheim, Elisabeth: Fernliebe. Lebensformen im globalen Zeitalter, Suhrkamp 2011

Bennett, Milton (Hg.): Basic Concepts of Intercultural Communication. Selected Readings, Intercultural Press 1998

Berger, Peter L., Kellner, Hansfried: Die Ehe und die Konstruktion der Wirklichkeit. Eine Abhandlung zur Mikrosoziologie des Wissens. In: Kuchler, Barbara, Beher, Stefan (Hg.): Soziologie der Liebe. Romantische Beziehungen in theoretischer Perspektive, Suhrkamp Verlag stw 2078, 2014, S. 190–213

Berger, Peter L.: Luckmann Thomas, Die gesellschaftliche Konstruktion der Wirklichkeit. Eine Theorie der Wissenssoziologie, Fischer Taschenbuch Verlag 2004 (20. Aufl., 1. Aufl. 1969)

Bourdieu, Pierre: Entwurf einer Theorie der Praxis auf der ethnologischen Grundlage der kabylischen Gesellschaft, suhrkamp stw 291, 1979

Bourdieu Pierre, Die feinen Unterschiede. Kritik der gesellschaftlichen Urteilskraft, Sonderausgabe zum 30jährigen Jubiläum der Reihe suhrkamp taschenbuch wissenschaft, Suhrkamp Verlag 1982

Bourdieu, Pierre: Die männliche Herrschaft, Suhrkamp Verlag 2005

Brežiná, Irena: Die undankbare Fremde. Roman, Galiani Berlin 2012

Brinkmann, Ursula: van Weerdenburg, Oscar: Intercultural Readiness. Four competences for working across cultures, Palgrave Macmillan 2014

Bystydzienski, Jill M.: Intercultural Couples. Crossing Boundaries, Negotiating Differences, New York University Press 2011

Chua, Amy: Die Mutter des Erfolgs: Wie ich meinen Kindern das Siegen beibrachte, Nagel & Kimche 2011 (5. Aufl.)

Citizentimes.eu/2011/02/01/muslimische-bevoelkerungsentwicklung-1990-2030/Muslimische Bevölkerungsentwicklung 1990-2030

Collins, Randall: Heiratsmarkt und Liebe, in: Kuchler, Barbara, Beher, Stefan (Hg.): Soziologie der Liebe. Romantische Beziehungen in theoretischer Perspektive, Suhrkamp Verlag stw 2078, 2014, S. 217-241

Divakaruni, Chitra Banerjee: Der Duft der Mangoblüten. Erzählungen, Wilhelm Heyne Verlag 1995

Domenig, Dagmar: Transkulturelle Kompetenz. Lehrbuch für Pflege-, Gesundheits- und Sozialberufe, Verlag Hans Huber 2007

Dreyer, Wilfried, Hößler, Ulrich (Hg.): Perspektiven interkultureller Kompetenz, Vandenhoeck & Ruprecht 2011

Dubois, Abbe J.A.: Hindu Manners, Customs and Ceremonies, Rupa Publications India 2011 (1. Ausgabe 1906)

Eberhart, Helmut, Kaser, Karl (Hg.): Albanien. Stammesleben zwischen Tradition und Moderne, Böhlau Verlag 1995

Foucault, Michel: Der Kampf um die Keuschheit. In: Ariès, Béjin, Foucault (Hg.), Die Masken des Begehrens und die Metamorphosen der Sinnlichkeit. Zur Geschichte der Sexualität im Abendland. S. Fischer 1984, S. 25-39

Geller, Helmut: Liebe zwischen Ehre und Engagement. Zur Konfrontation zweier Orientierungssysteme in binationalen Ehen zwischen deutschen Frauen und Einwanderern der ersten Generation aus mediterranen Ländern, Leske und Budrich 1999

Glowsky, David: Globale Partnerwahl. Soziale Ungleichheit als Motor transnationaler Heiratsentscheidungen, VS Verlag 2011

Gottman, John M., Silver, Jan: The Seven Principles for Making Marriage Work, Harmony 2015

Gottmann, John M.: Die 7 Geheimnisse einer glücklichen Ehe, Ullstein 2014

Haasch, Günther (Hg.): Japan – Land und Leute. Geographie und Geschichte, Politik und Wirtschaft, Kultur und Gesellschaft, Berliner Wissenschafts-Verlag 2011

Halbwachs, Maurice: Das Gedächtnis und seine sozialen Bedingungen, Suhrkamp Verlag, stw 538, 1985 (erstmals erschienen bei Luchterhand 1966)

Hamon, Raeann R., Ingoldsby, Bron B. (Hg.): Mate Selection Across Cultures, Sage Publications 2003

Hankeln, Mareile D.: India's Marriages Re-Arranged. Changing Patterns Among Urban Middle Class, Verlag Dr. Müller 2008

Heine, Susanne, Lohlker, Rüdiger, Potz, Richard: Muslime in Österreich. Geschichte, Lebenswelt, Religion, Grundlagen für den Dialog, Tyrolia 2012

Heine, Susanne, Özsoy, Ömer, Schwöbel, Christoph, Takim, Abdullah (Hg.): Christen und Muslime im Gespräch. Eine Verständigung über Kernthemen der Theologie, Gütersloher Verlagshaus 2014

Hendry, Joy: Understanding Japanese Society, Routledge Curzon Japanese Studies, Taylor & Francis Group 2003 (3. Aufl.)

Hofmann, Corinne: Die weiße Massai, Knaur Taschenbuch Verlag 2000

Hofmeister, Klaus, Bauerochse, Lothar (Hg.): Himmlische Lust. Religion und Sexualität – eine spannungsreiche Beziehung, Claudius Verlag 2011

Hübsch, Hadayatullah: Der muslimische Witz, Patmos Verlag 2013

Hühn, Melanie, Lerp, Dörte, Petzold, Knut, Stock, Miriam (Hg.): Transkulturalität, Transnationalität, Transstaatlichkeit, Translokalität. Theoretische und empirische Begriffsbestimmungen, LIT Verlag 2010

Ismail, Annelies, Gabriel: Mona, Mein Mann ist Ägypter. 15 Frauen erzählen aus ihrem Leben, Glaré Verlag 2008

Jacobs, Klaudia: Paare und Globalisierung, in: Wießmeier Brigitte, Jacobs Klaudia (Hg.), Paarbeziehungen. Bikulturalität. Globalisierung, LIT Verlag 2014, S. 9-34

Kádár, Dániel Z., Mills, Sara (Hg.): Politeness in East Asia, Cambridge University Press 2011

Kakar, Sudhir, Kakar, Katharina: Die Inder. Porträt einer Gesellschaft, C. H. Beck Verlag 2006

Karis, Terri, Killian, Kyle (Hg.): Intercultural Couples. Exploring Diversity in intimate Relationships, Routledge Taylor & Francis Group 2009

Kerner, Ina: Postkoloniale Theorien zur Einführung, Junius Verlag 2012

Kim, Young Yun: Becoming Intercultural. An Integrative Theory of Communication and Cross-Cultural Adaptation, Sage Publications 2000

Kimmich, Dorothee: Schahadat Schamma (Hg.), Kulturen in Bewegung. Beiträge zur Theorie und Praxis der Transkulturalität, transcript 2012

Köchritz, Angele, Niejahr, Elisabeth: *Die Einsamkeit der vielen,* in: *DIE ZEIT* vom 9.11.2011

Könemann, Judith: Vischer, Georg (Hg.): Interreligiöser Dialog in der Schweiz, TVZ Theologischer Verlag Zürich 2008

Koschorke, Martin: Wie Sie mit Ihrem Partner glücklich werden, ohne ihn zu ändern, Herder Verlag 2013

Kuchler, Barbara, Beher, Stefan (Hg.): Soziologie der Liebe. Romantische Beziehungen in theoretischer Perspektive, Suhrkamp Verlag stw 2078, 2014

Kunze, Norbert: Interkulturelle psychologische Beratung, in: Wege zum Menschen, 4/1998

Lanzieri, Giampaolo: Merging populations. A look at marriages with foreign-born persons in European countries. Eurostat European Commission, Statistic in Focus 29/2012, European Union

Laungani, Pittu D.: Understanding Cross-Cultural Psychology, Sage Publications 2007

Machleidt, Wielant: Migration, Kultur und psychische Gesundheit, Verlag Kohlhammer 2013

Malinowska, Monika: Soziale Gedächtnisse in einer interkulturellen Ehe, in: Sebald, Gerd, Lehman, René, Malinowska, Monika, Öchsner, Florian, Brunnert, Christian, Frohnhöfer, Johanna, Soziale Gedächtnisse. Selektivitäten in Erinnerung an die Zeit des Nationalsozialismus, transcript Verlag 2011

Mecheril, Paul: u.a. Migrationspädagogik: Beltz Verlag 2010

Mir-Hosseini, Ziba, Vogt, Kari, Larsen, Lena, Moe, Christian (Hg.): Gender and Equality in Muslim Family Law. Justice and Ethics in the Islamic Legal Tradition, I. B. Tauris 2013

Nave-Herz, Rosemarie: Ehe- und Familiensoziologie. Eine Einführung in Geschichte, theoretische Ansätze und empirische Befunde, Beltz Juventa 2013 (3. überarbeitete Auflage)

Rohe, Matthias, Engin, Havva, Khorchide, Mouhanad, Ozsoy, Ömer, Schmid, Hansjörg (Hg.): Handbuch Christentum und Islam in Deutschland, Grundlagen, Erfahrungen und Perspektiven des Zusammenlebens, Band 2, Herder Verlag 2014

Parsian, David: Ehen zwischen Muslimen und Nicht-Muslimen in Österreich. Abschlussthese für den Lehrgang für akademische Orientstudien universitären Charakters an der österreichischen Orient-Gesellschaft Hammer-Purgstall, Wien 2008

Peuckert, Rüdiger: Familienformen im sozialen Wandel, Springer VS, 8. Auflage 2012

Pollock, David C., van Reken, Ruth: Third Culture Kids: Aufwachsen in mehreren Kulturen, Francke Buchhandlung 2003

Psychology Today, Culture Conscious: What's Funny? May 18, 2012

Said, Edward: Orientalismus, S. Fischer 2009

Schaap, Fritz: Männerüberschuss ist für China ein riesiges Debakel, in: *DIE WELT* vom 26.11.2014

Schiffauer, Werner: Die Gewalt der Ehre, Suhrkamp, 1983

Schlieper, Andreas: Die Nähe fremder Kulturen. Parallelen zwischen Japan und Deutschland, Campus Verlag 1997

Schlippe von, Arist, El Hachimi, Mohammed, Jürgens, Gesa: Multikulturelle systemische Praxis. Ein Reiseführer für Beratung, Therapie und Supervision, Carl-Auer Verlag 2008

Schmitz, Jan: Cultural Orientations Guide, The Roadmap to Cultural Competence, Princeton Training Press 2006

Scholz, Peter: Islam-rechtliche Eheschließung und deutscher ordre public, in: Das Standesamt, Heft 11/2002

Schreiner, Karin: Mit der Familie ins Ausland. Ein Wegweiser für Expatriates, Vandenhoeck & Ruprecht 2009

Schreiner, Karin: Würde, Respekt, Ehre. Werte als Schlüssel zum Verständnis anderer Kulturen, Verlag Hans Huber 2013

Schrodt, Heidi: Sehr gut oder Nichtgenügend. Schule und Migration in Österreich, Molden Verlag 2014

Simon, Fritz B.: Einführung in Systemtheorie und Konstruktivismus, Carl Auer Verlag 2009

Smith, Peter, Harris Bond, Micheal, Kağıtçıbaşı, Çiğdem (Hg.): Understanding Social Psychology Across Cultures. Living and Working in a Changing World. Sage Publications 2006

Statistik Austria, Statistik der natürlichen Bevölkerungsbewegung, Eheschließungen seit 1970 nach Staatsangehörigkeit; Gesamterstheiratsrate und mittleres Erstheiratsalter seit 1946, Wien 2014

Statistik Austria, Statistik der Ehescheidungen. Erstellt am 28.05.2014. Ehescheidungen, Scheidungsrate und Gesamtscheidungsrate seit 1946, Wien 2014

Terkessidis, Mark: Interkultur, Suhrkamp Verlag, edition suhrkamp 2589, 2010

Thomas, Alexander: Die Bedeutung von Vorurteil und Stereotyp im interkulturellen Handeln, in: Intercultural Journal 2006

Thomas, Alexander (Hg.): Handbuch interkulturelle Kommunikation und Kooperation, 2 Bände, Vandenhoeck & Ruprecht 2008

Ward, Colleen, Bochner, Stephen, Furnham, Adrian (Hg.): The Psychology of Culture Shock, Routledge Chapman & Hall 2001

Wienfort, Monika: Verliebt, Verlobt, Verheiratet. Eine Geschichte der Ehe seit der Romantik, C. H. Beck 2014

Wießmeier, Brigitte, Jacobs, Klaudia (Hg.): Paarbeziehungen. Bikulturalität. Globalisierung, LIT Verlag 2014

Verhaeghe, Paul: Und ich? Identität in einer durchökonomisierten Gesellschaft, Kunstmann Verlag 2013

Yousefi, Hamid Reza: Grundbegriff der interkulturellen Kommunikation, UTB 2014

Xinran: The Woman whose marriage was arranged by the Revolution, in: The Good Women of China. Hidden Voices, Vintage Books 2003

Klaus Sejkora

TRENNUNG ODER NEUBEGINN

Hilfe für Paare in der Krise

14 x 22 cm, ca. 350 Seiten

ISBN 978-3-903072-00-8

WAS TUN, WENN ALLE VERSÖHNUNGEN immer wieder scheitern, Konflikte und Verletzungen bei einem Paar den Alltag bestimmen? Bleibt dann nur die Trennung oder gibt es eine Chance auf einen Neubeginn? Der erfahrene Paartherapeut hilft Betroffenen, die Konfliktmuster in ihrer Beziehung zu erkennen. Um sie zu verändern, müssen auch die Herkunftsfamilien von Frauen und Männern in den Blick genommen werden. Welche Erfahrungen aus der Vergangenheit wirken in die Gegenwart des Paares hinein? Beziehungs-Checklisten und Fragebögen unterstützen Paare, ihre lange Geschichte von Liebe und Verletzung ehrlich zu durchleuchten. Anhand von speziell entwickelten Übungen lernen sie Schritt für Schritt, die Spielräume für tiefgreifendere Veränderungen auszuloten. Erst dann kann eine tragfähige Entscheidung für die gemeinsame Zukunft gefällt werden: eine Trennung in Respekt und Würde – oder Verzeihen, Versöhnung und ein wirklicher Neubeginn.

Eduard Waidhofer

DIE NEUE MÄNNLICHKEIT

Wege zu einem erfüllten Leben

14 x 22 cm, ca. 300 Seiten
ISBN 978-3-903072-03-9

VIELE MÄNNER FÜHLEN SICH UNTER DRUCK: Beruf, Partnerin, Kinder, sie alle erfordern höchsten Einsatz – und doch ist es nie genug. Wer zu sehr in der Arbeit aufgeht, riskiert Konflikte in der Partnerschaft, enttäuscht seine Kinder und ruiniert seine Gesundheit. Wie diese wachsenden Herausforderungen bewältigen?
Auf der Grundlage aktueller Männerforschung gibt Eduard Waidhofer Einblick in die Männerseele von heute und zeigt neue Lebenskonzepte auf. Wie gehen Männer mit dem Vereinbarungsproblem um? Wer Beruf, Familie und Innenwelt ausbalanciert, wird mehr Lebensqualität gewinnen. Wer seine Beziehungen bewusster und achtsamer gestalten lernt, dem werden Partnerschaft und Vatersein besser gelingen. Und wer schließlich den Mut hat, Zugang zu seiner eigenen Gefühlswelt zu finden, der wird auch mehr Verantwortung für sein Leben übernehmen.
Ein von großer Erfahrung getragenes Buch – für alle, die wissen wollen, wie ein wahrhaft erfülltes Leben als Mann heute gelingen kann.

SIGRID SATOR

NIE WIEDER LAMPENFIEBER

ENTSPANNT UND SOUVERÄN REDEN UND PRÄSENTIEREN

11 x 16 cm, ca. 130 Seiten

ISBN 978-3-903072-07-7

BERÜHMTE SCHAUSPIELER HABEN ES, Sänger, Musiker, auch selbst Politiker und Fernsehprofis. Kaum jemand ist davor gefeit: Lampenfieber. Doch diese Angst muss nicht sein. Jeder kann lernen, Auftritte im Rampenlicht gut und sogar gerne zu bewältigen!
Sigrid Sator bietet in diesem Praxisbuch kompaktes Basiswissen. Was ist eigentlich Lampenfieber, woher kommt es, was sind die Ursachen? Wann handelt es sich wirklich um Lampenfieber oder um eine andere Form der Angst? Tests und Fragebögen geben Hilfestellungen zur Selbstdiagnose. Neben konkreten nachvollziehbaren Tipps zur Bewältigung enthält der Ratgeber ein Lampenfieber-Tagebuch. So können persönliche Erfahrungen, Eindrücke und Erfolgserlebnisse festgehalten und besser verankert werden. Für alle, die Auftritte vor Publikum besser und sicherer meistern wollen.